国家开放大学开放教育·现代物业管理专业系列教材

广州市高等教育教学质量与教学改革工程

物业管理法规

主　编　王燕军　孙　彬
（广州开放大学）
副主编　赵岗宁

广东高等教育出版社
Guangdong Higher Education Press
·广州·

图书在版编目（CIP）数据

物业管理法规 / 王燕军，孙彬主编．—广州：广东高等教育出版社，2024.12.

（国家开放大学开放教育·现代物业管理专业系列教材）

ISBN 978-7-5361-7811-3

Ⅰ．D922.181

中国国家版本馆 CIP 数据核字第 2024VG2111 号

WUYE GUANLI FAGUI

出版发行	广东高等教育出版社
	地址：广州市天河区林和西横路
	邮编：510500　电话：（020）87551597
	http://www.gdgjs.com.cn
印　　刷	东莞市雅达彩印有限公司
开　　本	787 毫米×1 092 毫米　1/16
印　　张	15
字　　数	312 千
版　　次	2024 年 12 月第 1 版
印　　次	2024 年 12 月第 1 次印刷
定　　价	42.00 元

前　言

急剧变化的中国，一个显著的特征就是以伦理、血缘、地域维系的传统社会逐渐走向解体，伴随着城市化进程的加快，社区生活将成为我国未来居民的基本生活模式。而涉及小区居民生活方方面面，与每个业主日常起居细节相连的物业管理随之兴起，由于我国城市基层社会并无相关的实践经历，一切都尚在摸索之中，因而与之相关的问题和矛盾日益凸显：物业服务公司的性质如何？政府基层建设行为和物业管理的活动是趋于一致，还是各有分工？相关仲裁诉讼的法律依据何在？当人们把寻求答案的目光聚焦到法律上的时候，物业管理法规的完善和具体实践自然成为焦点。

所幸的是，2020 年 5 月 28 日颁布，2021 年 1 月 1 日起开始施行的《中华人民共和国民法典》“物权编”不仅加强了对建筑物业主权利的保护，而且其在物业管理上的探索实践也有了更有力的依据，与各地竞相出台的物业管理地方性法规相呼应，我国的物业管理法规终于有了比较完整的框架体系。它们不仅成为解决物业服务公司和业主之间矛盾纠纷的基本标尺，更是维护双方合法权益的利器。

本书就是在这样的法治背景之下，对相关的物业管理基本法律知识做了简明介绍，同时针对当前出现的物业管理方面的问题和矛盾，尝试提出解决思路，以求对物业管理法治建设进行理论和实践上的探索和尝试。在写作过程中，参考了近年来许多专家、学者的论著，汲取了其中许多重要论断和材料，在此一并聊表谢忱。

参加本书编写的是常年工作在教学第一线的中青年教师。开放大学法学教育，使得他们的教学要同实践结合起来，不仅要传播相关的法律知识，还要引导学生们通过对真实案例的剖析，培养解决实际问题的能力，在此教学和实践的互砺过程中，教与学相得益彰。

党的二十大报告指出：“教育、科技、人才是全面建设社会主义现代化国家的基础性、战略性支撑。”支持为党育人、为国育才，全面提高人才自主培养质量，落实立德树人根本任务，是新时代高等教育面临的中心任务。作为物业管理专业主干课教材之一，本书贯彻了党的二十大精神，不忘立德树人初心，牢记为党育人、为国育才使命，为培养堪当民族复兴大任的时代新人而贡献力量。

本书的主要内容是介绍物业管理专业学生必须掌握的基本法律知识。本书力求理论与实践并重，贴近生活，融理论性、知识性、实用性和工具性为一体。理论上强调物业管理法规体系的完整，实践上旨在解决物业管理实务中的常见问题，并对一些疑难问题进行探讨。

本书可供高职高专相关专业教学使用，也希望能对司法实务人员、物业管理人员、业主及物业使用人带来一点帮助。

限于学识，加上成书仓促，书中难免存在错漏，还望专家和读者斧正。

本书的主编是王燕军、孙彬。

各章撰稿人分别为：

王燕军　第一章、第二章、第四章、第七章、第八章

孙　彬　第三章

何苏芸　第五章、第六章

本书编写组

2024 年 8 月

目 录

第一章 绪 论

【学习目的和要求】

了解：物业的特征和种类、物业管理的类型和内容、物业管理的作用。

掌握：物业的概念和构成、物业管理的概念和特征、物业管理法的地位和作用。

应用：物业管理的双重性质、物业管理法的概念、物业管理法律制度的基本原则、物业管理法的渊源。

【思政目标】

通过讲解我国城市物业管理快速发展历史，强调物业管理行业对城市发展和人民生活的重要性，激发学生的民族自豪感和职业责任感。

[案例]

某小区物业服务公司的管理人员打电话给本小区C栋2302房的户主曾女士，要求其交纳所欠的3个月物业管理费共计528元。后来曾女士回函拒绝交纳，并提出以下理由：①曾女士的丈夫已调至附近另一座城市工作，曾女士随迁过去已经4个月有余，C栋2302房暂时无人居住，故近3个月曾女士一家未享受小区任何物业服务，因而无须支付近3个月的物业管理费。②该小区的物业管理费为1.6元/平方米，曾女士所在的C栋2302房每月需要交纳176元管理费，曾女士认为小区的物业服务就是保安和清理垃圾两项，根本无须交纳如此昂贵的服务费，物业服务公司收费过高，提供服务太少，所以应降低物业管理费。

[问题]

曾女士的说法有无道理？

第一节 物 业

一、物业的概念

（一）物业的词义辨析

“物业”一词，原是我国香港地区房地产业中惯用的术语，是指与地产相联系的单元性房产，其对应的英文是 real estate 或 real property（土地及其附属固定物、不动产资产、房地产）。基于香港和内地法律及传统的不同，以及《中华人民共和国民法典》（以下简称《民法典》）“物权编”的规定，我国香港的“物业”概念跟内地通常理解的房地产或不动产，性质上有所差异；从物业管理对象的角度，两者基本趋同，均可指已建成投入使用的各类建筑物及其相配套的设备、设施和场地。各类建筑物可以理解为一建筑物、一住宅单位、一工厂楼宇、一农庄等及其分割体；相配套的设备、设施和场地则指为上述建筑物而存在或者为建筑物使用者服务的如室内外各类设备、市政公用设施和与之相邻的场地、庭院、道路等。

“物业”一词很早就出现在我国的法律典籍中。在中国古代民法中，称动产为“物”“财”或“财物”；称不动产为“产”“业”或“产业”。[①] 早在唐代的法律典籍当中就已经出现了“物业”这一术语。《宋刑统》卷十三《户婚律·典卖指当论竞物业》转引唐代敕文：“应典卖倚当物业，先问亲房。亲房不要，次问四邻。四邻不要，他人并得交易。”[②] 该词流传至今，不只是一个概念，其内涵已经远远超出古语所指的范围。

2007 年实施，2018 年修订的《中华人民共和国物业管理条例》（以下简称《物业管理条例》）第二条将“物业管理”界定为：“业主通过选聘物业服务企业，由业主和物业服务企业按照物业服务合同约定，对房屋及配套的设施设备和相关场地进行维修、养护、管理，维护物业管理区域内的环境卫生和相关秩序的活动。”据此可知，该条例所谓的“物业”，是指“房屋及配套的设施设备和相关场地”。其中的“房屋”，是指土地上的房屋等建筑物及构筑物［《中华人民共和国城市房地产管理法》（以下简称《城市房地产管理法》）第二条］，即能够遮风避雨并供人们居住、工作、娱乐、储藏物品、纪念和进行其他活动的空间场所，包括住宅房屋，如居民楼、公寓、别墅；也包括非住宅房屋，如工厂、仓库、商店、饭店、宾馆、教学楼、医院、体育场所、公

① 张晋藩．中华法制文明的演进［M］．北京：中国政法大学出版社，1999：564.

② 张小林．清代北京城区房契研究［M］．北京：中国社会科学出版社，2000：10.

共建筑、办公楼。各类房屋可以是一个建筑群，如住宅小区、工业区；也可以是单位建筑，如一幢高层或者多层住宅楼、停车场。同时物业也是单元房地产的称谓，如一个住宅单位。同一宗物业，往往分属于一个或多个产权所有者。

从上述规定可以得出结论，所谓“物业”，是指在一定建筑用地范围内已经建成并竣工验收的，可投入使用的各类房屋、相关建筑物及其所属配套设施设备与场地。

“物业”具有以下三个独特的属性。

1. “物业”属于不动产

1988 年 1 月 26 日最高人民法院《关于贯彻执行〈民法通则〉若干问题的意见（试行）》第一百八十六条，对《中华人民共和国民法通则》（以下简称《民法通则》）[①] 第八十三条确定的“不动产”用语作出了司法解释，明确指出不动产的范围包括“土地、附着于土地上的建筑物及其他定着物、建筑物的固定附属设备”。我国《城市房地产管理法》第二条又将房屋解释为“是指土地上的房屋等建筑物及构筑物”。可见，物业应该是指不动产。

2. “物业”具有单元性

物业的单元性，是指人们可根据经济上或管理上的需要，将有特定“四至”范围内的建设用地和房屋及其固定附着物确定为一独立（单独、个别化）的财产，以便确权、交易、使用或管理。香港李宗锷所著《香港房地产法》中指出：“物业是单元性地产。一住宅单位是一物业，一工厂楼宇是一物业，一农庄也是一物业。故一物业可大可小，大物业又可分割为小物业。”[②]

3. “物业”具有空间和环境性

构成物业主要内容的房屋和土地，其基本功能是围界和提供一定的有“四至”范围的空间，便于人们在其中进行生活、生产等活动。物业为人们提供了生存和活动的空间，实物性的物业本身就是人们生活、生产的物质的环境条件的构成部分，既能在生态学意义上影响人们的生存质量和行为方式，又能在美学意义上体现人们可感触的文明景观，是人类生态文明的有机组成部分。物业构成的空间和环境，是一种客观存在，是物业业主权益维系的重要对象，也是物业管理存在之依托。[③]

（二）“物业”与“房地产”“不动产”的区别

物业概念通常与房地产、不动产等概念联系密切，有时会被相互交叉混用，但实际上它们之间是有区别的。这种区别主要表现在以下几方面。

“房地产”是房产与地产的合称，指可开发的土地及其地上定着物、建筑物，包

---

① 注：《民法通则》于 2021 年 1 月 1 日废止。

② 李宗锷. 香港房地产法［M］. 香港：商务印书馆香港分馆，1988：9.

③ 徐建明. 物业管理法规［M］. 南京：东南大学出版社，2000：13－14.

括物质实体和依托于物业实体上的权益，具体是指房屋、土地及其上下空间。这个观念多用在经济商业活动和相关的法律领域。

“不动产”，是指依自然性质或法律规定不可移动的土地、土地定着物、构筑物、与土地尚未脱离的土地生成物、因自然或者人力添附于土地并且不能分离或移动否则会损害其主要价值的其他物。其主要范围也是房地产，但不仅仅是房地产。这个概念是民法上常用的法律术语。

“物业”与“房地产”的主要区别在于，房地产相对物业而言是一个比较宏观的抽象性概念，是房产与地产的泛称。物业则是一个必须微观的具体化的概念：一方面，物业是房地产中的一个环节、一个部分和一个类别，主要指已经建成可投入使用或已经投入使用并可具体量化的房地产中的项目，具有实物性；另一方面，物业又包括了与房地产相联系的配套设施、设备、实物性资产、场地及相关权益。

“物业”与“不动产”的主要区别在于，不动产侧重以不可移动性来说明和界定某类别的物，除房地产外广义上还包括了林木、道路等其他同样不好移动之定着物、固定物。而物业则侧重以房地产业为基础来界定物，是限定在一定范围内的不动产，具有限定性和单元性，同时物业中也包括了一些可移动的设施设备。

（三）“物业”与“建筑物区分所有权”的关系

“物业”的概念，从法律角度讲，与《民法典》“物权编”上的“业主的建筑物区分所有权”概念也密切相连。由于现代的“物业”多是以多层建筑或者住宅公寓大厦的方式出现的，因此，私人所有的物业，就常常要以区分所有的法律形式来体现其权利义务。在一个大的“物业”里，一方面，每个人都拥有专有的一部分物业产权及其相关权利；另一方面，各专有部分又连为一体，密不可分，每一物业的权利人，要按照份额比例或者相互间的约定来享有公共部位的共有或者共用权利、承担相应的义务，并对物业共同事务享有共同管理的成员权利。与此同时，生活在同一建筑物或者同一物业区域内的物业所有权人和使用人，虽高度聚居、利益相连、关系密切，但因为处世方式、生活习惯以及对居住环境要求的不尽相同导致冲突争执也在所难免，因此，在国外及我国的港澳台地区，多按照建筑物区分所有权的法律原则来规范物业管理、解决各种矛盾纠纷、协调业主间的关系。长期以来，我国内地没有在法律上确立起物权建筑物区分所有权制度，物业管理中所采取的一套习惯做法，与国外普遍采用的以区分所有权制度为主的物业管理方式存在较大的差异，所应用的概念与国际通行的法律概念无法很好地对应，一些制度没有建立或者不够健全，管理规范上也存在着技术上的缺陷。而《民法典》所使用的业主的建筑物区分所有权、管理规约等概念暂时又不为我国内地物业界及普通业主所熟知和应用。

二、物业的构成

（一） 物业的物理属性构成

作为物质存在形态的物业，即单元性房地产，由土地和附属建筑物构成，是建筑物与建筑地块的统一。具体而言，一个完整意义上的物业，其物理构成一般可分为以下四个部分。

1. 建筑物本体

建筑物本体可以是供居住用的住宅房屋，也可以是非居住用的厂房、仓库、商场等。以居住物业为例，建筑物本体既包括住宅的业主、使用人自用的卧室、客厅、厨房、卫生间、阳台、天井庭院以及室内墙面等部分，也包括一幢住宅内部由整幢住宅的业主、使用人共同使用的门厅、楼梯间、水泵间、电表间、电梯间、电话分线间、电梯间、走廊通道、传达室、内天井、房屋承重结构、室外墙面、屋面等部分。

2. 附属设备

附属设备即房屋建筑内部的各项附属设备。附属设备是物业的有机组成部分。现代的房屋功能，已从过去的遮风避雨发展到为人们舒适生活和工作提供综合服务。例如，5A智能大厦包括楼宇、通信、办公、消防、保安五个自动化系统。因此，物业的附属设备种类日益增多，以居住物业为例，附属设备包括住宅内部的业主、使用人自用的门窗、卫生洁具以及通过总管的供水、排水、燃气管道、电线等设备，也包括住宅内部由整幢住宅业主、使用人使用的供水管道、排水管道、落水管道、照明灯具、垃圾通道、电视电线、水箱、水泵、电梯、邮政信箱、避雷装置、消防器具等。

3. 公共设施

物业的公共设施是城市市政设施的一部分。一般指物业管理区域内，由业主和使用人共同使用的道路、绿地、停车场库、照明路灯、排水管道、窨井、化粪池、垃圾箱（房）等设施。

4. 建筑地块

建筑地块，即物业所占用的场地。

（二） 物业的法律区分

根据业主或使用人对物业享有的不同权限，物业在法律意义上可划分为以下部分。

1. 专有部分

对于专有部分，除了法律另有限制外，业主得以自由使用、收益、处分，并排除他人干涉。专有部分，是指物业构造上和使用上具有相对独立性的部分。专有部分的范围一般认为以墙壁柱、地板、天花板等墙界部分的中心线为界限，中心线以内组成的空间为业主的专有部分。现在，在墙界中心线以外的建筑物本体以及附属设备均视为专有部分。

2. 共用部分

对于共用部分，业主须根据共用部分设置的目的和通常使用方法或业主间的约定加以使用，并可根据共有的持份比例或业主间的约定获得共用部分所滋生的收益。共用部分一般包括：①物业所在的土地；②维持建筑物安全所必要的建筑物本体，如外墙、承重墙体、柱、梁、楼板、屋顶等；③连通专有部分的走廊、楼梯通道等；④供全体业主共同使用的附属设备、设施等。

3. 约定公共用部分

约定公共用部分，是指原本在构造上和使用上具有独立性的专用部分，但根据业主的约定，成为共用部分，供共同使用，如建筑物的管理室。

4. 约定专用部分

约定专用部分，是指原本为共用的部分约定由特定业主使用。约定专用部分的取得有两个途径：一是购买物业时，在买卖契约中约定某一共用部分由特定业主使用，并在管理公约中公告；二是业主大会通过决议，约定某一共用部分由特定业主使用。

三、物业的种类

物业的分类，一般以其所有权性质、占有方式、存在形式、用途等标准，根据不同的工作研究或统计方向作出不同的划分。

第一，按照所有权性质，物业可以分为公共物业和非公共物业。我国的土地只能是国家或集体所有，但土地上的建筑物可归不同主体所有。以地上建筑物的所有权归属划分，物业可分为公共物业和非公共物业。前者如政府办公楼、国家图书馆、公立学校、公立医院等；后者如企业、机构和个人的生产、办公、居住等物业。

第二，按使用性质，物业可分为居住物业、商用物业、工业物业、特殊用途物业等。居住物业，包括住宅小区、单位住宅楼、公寓、别墅、度假村等；商用物业，包括综合楼、写字楼、商业中心、酒店、宾馆等；工业物业，包括厂房、仓库等；特殊用途物业，包括车站、码头、机场、医院、学校等。

第三，按占有的形式，物业可以分为自用物业和出租物业。自用物业的所有权人和使用权人合一，业主以直接占有使用自己所有的物业为目的；出租物业的所有权人和使用权人往往不一致，业主将物业出租，以收取租金、获得利润为目的。

第四，按存在的形式，物业可以分为一个建筑群（如住宅小区）、一栋单体建筑（如住宅楼、别墅）或一个单元（如住宅单位）。

第二节　物业管理

一、物业管理的概念和特征

（一）物业管理的概念

根据2002年建设部[①]《房地产统计指标解释（试行）》对物业管理下的定义是："物业管理企业接受业主委托，依照合同约定，对物业进行专业化维修、养护、管理，

① 2008年，组建中华人民共和国住房和城乡建设部，简称住建部，不再保留建设部。

对相关区域内的环境、公共秩序等进行管理，并提供相关服务的活动。”

建设部2003年颁布的《房地产业基本术语标准》对物业管理下的定义是：“物业产权人对物业负责区域内共同利益进行维护的行为。”2020年5月出台的《民法典》，虽未对物业管理做出定义，但在“物权编”之“业主的建筑物区分所有权”一章中，对物业管理的范围作出了明确的界定。《民法典》第二百八十四条规定：“业主可以自行管理建筑物及其附属设施，也可以委托物业服务企业或者其他管理人管理。对建设单位聘请的物业服务企业或者其他管理人，业主有权依法更换。”第二百八十五条规定：“物业服务企业或者其他管理人根据业主的委托，依照本法第三编有关物业服务合同的规定管理建筑区划内的建筑物及其附属设施，接受业主的监督，并及时答复业主对物业服务情况提出的询问。”

广东省2023年新修订的《广东省物业管理条例》第二条也对物业管理作了界定：“本条例所称物业管理，是指业主通过选聘物业服务企业，由业主和物业服务企业按照物业服务合同约定，对房屋及配套的设施设备和相关场地进行维修、养护、管理，维护物业管理区域内的环境卫生和相关秩序的活动。”

由此，可以得出这样的结论：物业管理，是指物业产权人及其他主体自行管理各类物业以及委托物业服务机构对物业进行维护、管理，并对物业区域内的公共秩序、交通、消防、环境、卫生等事项提供协助管理或服务的活动。

（二）物业管理的特征

物业管理具有以下几个方面的特征。

1. 物业管理职能的社会化

物业管理将物业区域内分散的社会服务统一起来，在不同程度或不同方式上承担着某些社会职能，如环保、卫生、保安、消防等。物业管理的基本运作是业主按约定交纳服务费，即可享受相应的服务；物业服务企业通过竞争，拓展接管物业范围。在上述过程中，各方均得利益，与此同时，城市化管理的社会化程度也得以提高。

2. 物业服务机构的专业化

随着社会的发展，分工日趋专业。物业服务企业设置的专门的管理机构、配备专业人员运用现代科技，提供高水平的管理。而且物业管理中的相关事项可由物业服务企业委托专业机构负责。

3. 物业管理过程市场化

物业管理按照市场经济原则运作。物业服务机构是市场主体，而非行政主体，物业管理是一种经营行为，各物业服务企业间开展竞争；业主与物业服务机构是平等的交易关系，业主有选择、变更物业服务企业的自由；物业管理实行有偿服务，收费标准除个别因政府定价或指导价外，一般由市场定价。

4. 物业管理形式的规范化

物业服务企业的设立、选聘，必须依照相关的政策法规；物业管理的开展也必须符合相关规定，如物业接管验收、委托合同与业主的签订、业主大会的召开等均应在法律框架下进行。

5. 物业管理关系的契约化

物业服务企业与业主签订的物业服务委托合同，以及业主之间订立的管理规约等一系列的契约，它们是物业管理开展的前提条件。委托合同是物业服务企业接管、管理物业的依据，而且明确物业管理的服务事项，界定物业服务企业与业主的权利义务。管理规约是全体业主的自治协议，约定业主对物业的使用、维护制度。

二、物业管理的双重法律属性

（一） 物业管理的私权性质

物业管理的管理对象是“物业”，对“物业”实施有效的管理，是物业管理最根本的基础，而物业首先是作为一种私有物、一种私有财产而存在的，物业权利的本质是物权，它体现了物业权利人对特定物业的直接支配和排他的权利，体现了人与物之间的关系。因此，它具有私权性质，属于私权范畴。物业本身的这种私权属性，也就决定了物业管理更多地体现民事法律调整的平等主体的私权关系。物业的管理过程，实际上就是处理协调一个物业管理区域内的业主建筑物区分所有权法律关系的过程。物业管理法律关系的设立和变化，均源于法律法规的规定和平等主体间的意思自治。尽管物业管理设计了物业管理区域内因其不可分割性而产生的物业公共部位、共有或公用设施设备等公共物业及公共事务的统一管理，但这种公共性管理也仍然不改变其本质上的私权性质。

（二） 物业管理的公权性质

物业是一个包含了建筑物本体、附属设施设备和区域道路、场地、绿化及多个部分在内的一定空间环境范围的集合体，具有社区人文与环境的公益性，这就决定了物业管理除了主要对“物”进行管理外，还具有社会化的特征。物业管理在不同程度上承担了某些社会的职能，如环保、卫生、保安、消防以及因群居生活关系而产生的社区建设、社区秩序管理。由于物业管理活动实际上也超过了业主个人利益而直接影响到社区的公益事务，因此，为了规范物业管理活动，维护业主和物业服务企业的合法权益，改善物业管理区域内业主的生活和工作环境，政府的行政权力在一定程度上也必须介入管理。当然，这种介入不是具体、直接的干预，而是以指导为主，目的是加强物业公共秩序管理和社会建设的指导与监督，以强调和突出物业管理的公共服务宗旨。同时，物业管理的服务对象是人，物业管理需要协调好物业管理区域内为数众多的业主与业主、业主与物业使用人、业主与物业服务企业及有关行政管理机关等各类物业管理法律主体之间的关系，制止个人对建筑物的不当使用与毁损行为，防止个人对共同生活的妨害，以维护与形成物业管理区域内的社群间的和谐秩序。对业主一些经营性的专项服务和特约服务，也必须考虑物业管理区域整体公共利益的需要。而物业管理区域内的物业管理权力，因其来自于业主集体的委托，同样体现了物业管理在一定范围内的公共属性。

（三）结论

由于“管理”一词，既广泛用于公法制度，也为私法制度所确认与使用。因此，从法律角度讲，物业管理也就具有了双重属性：它既是对“物”的管理，同时也是对“人与秩序”的管理，在以私权为根本属性的同时，也带有公权色彩，兼具了公权管理属性，这两种属性体现了物业管理“私权”与“公权”、“人权”与“物权”的结合与协调，两个属性互为表里，密不可分。

三、物业管理的类型

根据物业管理的主体、物业管理的运作方式和目标以及物业管理的对象，可将物业管理的类型分为以下几种。

第一，根据物业管理的主体，即物业业主是否委托专业的物业服务企业，是否实现物业所有权与管理权的分离，可以分为委托型物业管理和自主型物业管理。

委托型物业管理，指物业业主将自己的物业委托专业管理机构进行管理。委托型物业管理是典型的市场化物业管理方式，代表物业管理的发展方向。物业管理中双方通过合同约定管理服务事项，明确双方权利义务，实现所有权与管理权的分离。实践中，物业开发商作为第一业主，往往先行委托选聘物业服务企业；业主大会召开后，全体业主再决定继续或另行委托物业服务企业。

自主型物业管理，指物业业主不委托专业管理机构而由自己直接实施管理。自主型物业管理是传统的物业管理方式。自主型物业管理中的物业所有权与管理权未实现分离，两权合一；物业业主是管理人。例如，业主购置物业后，物业不由房地产开发公司负责管理，也不聘请社会上专门的物业服务公司负责，而是由业主自治管理。

第二，根据物业管理的运作方式和目标，物业管理可以分为服务型物业管理与租赁经营型物业管理。

服务型物业管理，指专业机构对物业的管理，实际是物业的一种售后服务，目的在于确保物业正常使用，延长物业使用寿命，方便业主生活。服务型物业管理一般采取委托服务方式，例如，房地产开发公司将开发建成的物业出售给用户，一次性收回投资利润，用户（业主）则委托物业服务企业为其物业的维修管理事项提供服务。

租赁经营型物业管理，指对物业的管理，实际是物业的经营，即创造租赁条件，赢得租户并为之服务，通过收取租金，获得利润，租赁经营型物业管理一般是自主经营。例如，房地产开发公司建成物业后并不出售，而是自己提供管理等各种条件，招揽租户办公、经营、收取租金。

第三，根据物业管理的对象，物业管理可以分为居住物业管理、商用物业管理、特种物业管理。

居住物业管理针对业主（使用者）居住的房屋及与之配套的设备、设施；商用物业管理针对写字楼、商场宾馆以及旅游场地设施；特种物业管理针对特定工业生产活动的各种厂房、仓库以及医院、图书馆等特殊物业。

当然，上述各种物业管理的分类并不是绝对的，其范围多有交叉。另外，以房地产企业出售物业时间前后及业主大会成立并选聘新的物业服务企业进行管理的时间前后来划分，物业管理还可以分为前期物业管理和（常规的）物业管理等。

四、物业管理的内容

物业管理的主要任务是对管理区域的各类物业实体及依托于此之上的相关财产权利实施维护、管理与经营。物业管理的内容因物业管理的类型及等级的不同而有所不同，同时，随着人们对物业管理认识的深入和物业管理的不断发展完善，其所涉及的范围、内容也会不断充实和扩大。但总的来说，物业管理不外乎以下三个方面的内容。

（一）涉及管理方面的内容

1. 政府的行政监督管理

此管理属行政法范畴，由公法调整。如建筑物及基地的规划、建设质量的监控、安全环保的规范、物业产权登记管理、物业管理市场的准入、物业服务企业的资质管理、物业服务收费及相关财务监督管理，以及对物业管理中的违法、违规行为实施行政处罚，对业主自治机构的组建进行行政指导与运作监督等。

2. 业主的自治管理

此管理属于业主自主范畴，由私法调整。涉及的主体有业主、业主大会、业主委员会、物业服务企业及居委会、村委会等。这种自治管理表现在，业主、物业使用人可以依照《民法典》《物业管理条例》的规定，通过订立共同的管理规约协调相互关系，建立管理机构来规范物业的保存、使用、维护、改造与处分，对违反管理规约和其他惯例制度的不当行为（如物业的不当利用、毁损、违章建筑、妨害相邻关系等）予以制止和纠正，共同维护区域内的治安、消防、车辆交通等公共生活秩序，保存物业管理资料和业主档案资料，参与社区社会福利保障、文化建设活动等。

3. 物业服务企业的专业管理

此管理基于平等主体的自由意志，亦属私法调整。它是在业主自治管理的框架内，通过业主与物业服务企业或其他物业管理人、物业服务人签订物业服务和委托管理合同来实现，目的是以专业化的管理，进一步促进物业的良好维护，切实保证物业管理区域的安定、稳定和业主规范有序的生活秩序。这种管理的内容依业主的委托范围而确定，涉及物业及配套设施的使用管理、业主公共物业财务收支管理、专项维修资金管理、区域内的卫生环境管理及公共秩序管理等。

（二） 涉及服务方面的内容

其主要是由物业服务企业或其他物业管理人、物业服务人对物业管理区域的业主及物业使用人提供常规性的公共服务，如对房屋建筑主体及设施设备进行日常保养维修、区域内的卫生保洁、绿地保养、物业使用相关费用的代收代办等。同时，物业服务企业或其他物业管理人、物业服务人还可以接受业主的特别委托，为业主提供部分的装修装饰、维修养护以及其他如家政、文化、教育等业主日常生活中的专项服务或特约服务。

（三） 涉及经营方面的内容

其主要是由物业服务企业、其他物业管理人、服务人或专业经营者接受业主委托，对物业管理区域内停车场、商业网点、广告招牌、文体休闲娱乐场所及其相关场地设施进行租赁经营，对物业管理区域内的房产的销售、转让实施中介代理，接受业主或业主大会委托代理业主进行公共积累基金的投资理财等，目的是促进物业的保值创造和获取来自物业的收益。

五、物业管理的作用

（一） 提高房地产经营活动效益

市场经济的原理之一是：消费市场决定流通市场和生产市场。房地产活动由投资开发、流通营销和消费使用三个环节组成。物业管理作用作为房地产活动的最终环节——消费环节，对前级环节有强烈反弹和刺激作用。物业管理不仅使物业保值增值，更是消费者购置物业的重要因素，具有提高房地产经营效益、完善房地产市场的功能。

（二） 促进城市管理工作

城市管理是现代政府的重要职责。物业小区是城市的缩影、城市的细胞，物业的容貌构成城市的整体形象，物业管理是城市管理工作系统的一个组成部分。物业服务企业开展的受托服务工作是政府市政管理工作的延伸补充，例如，物业区域的环保、卫生、治安、交通等服务管理事项，实质上是政府市政管理在物业产权私有化的基础上实现“私营化”。因此，物业管理的成效影响一个城市的市政形象。

（三） 提升业主生活质量

随着经济的发展，人们对住宅面积数量的关注逐渐转向对居住环境质量的强调。

物业管理不仅维修养护物业，充分发挥物业的最大功能，而且以物业为媒、以人为本，物业管理与社区建设相得益彰，为业主创造安全、舒适、文明、和谐的生活工作环境。如此，群众安居乐业，社区安定团结。

（四） 增加劳动就业，繁荣第三产业

物业管理作为服务行业可以吸纳各类劳动力，提供就业机会，同时物业管理带动装饰维修业、家政服务业、园林绿化业等相关行业的发展，从而将有效推动第三产业以及国民经济的发展。

第三节 物业管理法

一、物业管理法的含义

一般认为，物业管理法是指国家和地方职权机关依其职权制定、认可、颁布执行的有关调整物业管理法律关系的各种法律规范的总和。广义的物业管理法，既包括了对物业管理关系进行调整的所有法律规范，如宪法规范、民法规范、经济法规范、行政法规范、刑法规范等，还包括国务院及其各部委颁布的条例、规章、规定等，以及各地方人民代表大会和政府颁布的地方性法规与地方规章。狭义的物业管理法，一般理解为规范物业管理的专门法律文件，如《物业管理条例》。《物业管理条例》是为了规范物业管理活动，维护业主和物业服务企业的合法权益，改善人民群众的生活和工作环境而制定的法律条例。《物业管理条例》由国务院于 2003 年 6 月 8 日发布，自 2003 年 9 月 1 日开始施行，最新修订时间是 2018 年 3 月 19 日。

二、物业管理法律制度的基本原则

物业管理法律原则，是指贯穿整个物业管理立法，对各项物业管理法律规定制度起统率、指导作用的立法原则，也是参与物业管理的各方主体应当遵循的行为准则，同时还是解释应用物业管理法律法规和研究发展物业管理法律理论的依据。因此，物业管理主要应该体现三个基本法律原则：一是尊重和维护业主财产权利原则；二是自治管理、民主协商、契约自由、平等守信原则；三是政府适度监管原则。

（一） 尊重和维护业主财产权利原则

所谓尊重和维护业主财产权利原则，是指在物业管理活动中，参与物业管理的各方主体，都必须充分尊重和维护业主的财产权利，保证业主充分独立自由地行使财产权。在物业管理中，管理权力应与业主的财产权利相对应，不得侵犯业主的合法财产权益。这一原则源于民法的基本精神，它是物业管理法的首要和核心的原则，它反映了物业管理法律关系的基本特征。这一原则要求：一是人们要树立物业服务区域是私

权领域的观念，自觉尊重和维护业主私权；二是政府公权力不应当介入该领域，政府主管部门在许多物业管理事项上应以指导为主而不直接参与；三是物业服务企业也必须摆正自己的位置，要将自己定位在服务者的角色，不得以领导者自居，不得擅自处分物业财产等。当然，这一原则的确立，并不是说业主的私有物业财产权利行使可以毫无限制。实际上20世纪以来，世界各国对所有权的限制都有所增加，均通过立法规定了物权所有权的征收、征用等具有公法意义的制度，也强调了私法上的公序良俗原则及禁止权利滥用原则。在物业管理方面也不例外。例如，规定业主在自家的装修装饰中对物业的不当利用要受到相邻关系和共有关系的制约，对养宠物、放音响甚至自愿将生活中违反公序良俗的不良私密展露在邻居目光可触的自家物业部位也要受到限制等。

（二）自治管理、民主协商、契约自由、平等守信原则

所谓自治管理、民主协商、契约自由、平等守信原则，是指在物业管理活动中，参与物业管理的业主，均有平等的权利，也有平等的义务，通过民主协商的方式，按照平等原则和共同约定的议事规则，自由而不受干涉地决定物业管理区域范围内的管理事项。同时，参与物业管理的业主与物业服务企业，应以平等的身份，通过协商订立合同，设定权利义务并严格履行合同，规范自身行为，实现物业管理与服务目标。这个原则源自于自由市场、商品经济的民主平等思想和合同法的基本精神与原则，它实现了现代的物业管理的市场运行规律。

（三）政府适度监管原则

政府适度监管原则，是指在物业管理活动中，需要政府有关行政职能部门或法院，在一定范围内，在适当的时候，以适当的方式进行监督或在必要时实施行政和司法的干预，以维护物业管理的正常秩序，保证物业管理各方主体在法律规定的框架下活动，保障物业各方主体的合法权益。确立这一原则，是基于行政法上的原则精神，强调的是政府的相关职责作用。物业管理具有双重的法律属性，既具有私权性质，又具有社会化的公共管理特征。所以在物业管理中明确政府适度监管原则是很有必要的，物业管理其实也是社区乡镇管理的基本组成部分之一，管理维护物业及公共环境秩序是一种重要的社会管理内容。因此，物业管理法律关系不完全是一种民事关系，它还存在相关主体在公共安全、公共秩序、社区建设等方面所形成的行政管理关系及应当承担的相关法律责任。物业管理所具有的这种一定范围内公共属性，决定了业主和物业服务企业不可能完全独立面对和处置因公共管理而产生的关系或后果，政府不可能也不应该置身于管理之外。片面主张物业私权至上的观点，实际上忽略了政府对建设单位、物业服务企业、业主、物业使用人在物业建设、使用、维护、管理方面的监管关系，掩盖了拥有物业财产权的业主或物业使用人对他人、对社会所应承担的责任，对建立真正公平的物业管理市场体系也是有害的。当然，确定政府部门的适度监督检查与管

理原则，并不意味着政府部门要直接参与物业管理，也不是要求政府部门去具体干预业主的物业管理自治，而是强调政府部门要加强对房地产项目从设计规划到施工建设和竣工验收全过程的监控，确保物业质量符合设计要求。同时采取措施鼓励和促进物业服务企业尽早介入物业管理区域内房地产配套项目的后期管理，加强监管衔接。而政府在物业交付使用后的物业管理监管职能也主要是制定相关的管理市场准入制度、培育扶持管理市场健康发展、监督物业服务企业对物业进行规范管理，同时以类似"观察员"的身份，对业主自治机构的组建提供政策指导和操作协调，促使其规范运作和发挥应有作用。而当物业管理出现失范、失控或业主自治权利被滥用时，政府能够充分发挥监督检查的执法功能，给予及时有效的行政干预，甚至司法干预，制裁危害公共利益的物管违法违规行为，以切实维护业主和其他物业管理主体的合法权益，维护物业管理区域的稳定、和谐秩序。

（四）保障物业合理使用

物业管理是城市管理的重要组成部分，良好的物业管理对于树立城市形象，提高居民的居住生活质量，改善城市投资环境等方面都有着积极的作用。管理好、使用好、经营好物业，对城市的发展、社会的进步都具有极为重要的意义。2024 年 1 月，国家统计局发布了 2023 年全国房地产市场基本情况。仅 2023 年一年，房地产开发企业房屋施工面积 838 364 万平方米，比上年下降 7. 2%。其中，住宅施工面积 589 884 万平方米，下降 7. 7%。房屋新开工面积 95 376 万平方米，下降 20. 4%。其中，住宅新开工面积 69 286 万平方米，下降 20. 9%。房屋竣工面积 99 831 万平方米，增长 17. 0%。其中，住宅竣工面积 72 433 万平方米，增长 17. 2%。据粗略计算，如果经营管理好，使全国城镇所有住宅的使用年限延长 1 年，则可为国家节约资金数百亿元；反之，若管理不当，使这些住宅自然淘汰加快，缩短使用期限 1 年，就会给国家造成数百亿元的损失。另外，广大住户拥有了自己的物业，对保持物业和附属设施的完好，以达到保值增值的观念也逐步树立。因此，保障物业的合理使用，从大的方面讲，是加强城市管理的一部分；从小的方面讲，可以为居民创造整洁、文明、安全、生活方便的居住环境。物业管理的推进与发展，改革了我国的城市管理体制和房地产管理体制，改善了广大居民的生活、工作环境，推动了"两个文明"建设，为促进住宅建设成为新的经济增长点作出了积极的贡献。

三、物业管理法的表现形式

调整社会关系的法律规范都有一定的表现形式，物业管理法也不例外。我国物业管理法的表现形式主要包括宪法、法律、行政法规、地方性法规、行政规章、司法解释等。

（一）宪法

《中华人民共和国宪法》（以下简称《宪法》）是国家的根本大法，其规定拥有最高的法律效力。鉴于《宪法》具有原则性、概括性的母法特征，虽然其对物业管理法律规范未作出具体详尽的规定，但其涉及物业管理内容的规定，则是制定各层级物业管理法律规范的依据。

《宪法》中关于住宅、城市管理、公民权利等方面的规定和原则，既是公民的基本权利，也是物业管理立法的根本依据和指导思想，是物业管理法律规范最重要的组成部分。比如《宪法》（2018 年修正文本）第十条规定："城市的土地属于国家所有。农村和城市郊区的土地，除由法律规定属于国家所有的以外，属于集体所有；宅基地和自留地、自留山，也属于集体所有。国家为了公共利益的需要，可以依照法律规定对土地实行征收或者征用并给予补偿。任何组织或者个人不得侵占、买卖或者以其他形式非法转让土地。土地的使用权可以依照法律的规定转让。一切使用土地的组织和个人必须合理地利用土地。"《宪法》的这些规定，对物业管理的立法、司法均有最高指导作用。

（二）法律

法律是我国最高国家权力机关即全国人民代表大会及其常务委员会，经过一定程序制定的规范性文件。我国有多部法律直接或间接涉及物业管理，例如，在私法方面，《民法通则》的相邻关系制度，《中华人民共和国物权法》①（以下简称《物权法》）的建筑物的区分所有权制度，《中华人民共和国合同法》②（以下简称《合同法》）的委托合同制度均是物业管理立法的基础；在公法方面，《中华人民共和国土地管理法》《中华人民共和国城市规划法》以及《城市房地产管理法》等法律则包括一些物业管理应该遵循的强制性规范。

（三）行政法规

行政法规是国务院根据宪法和法律制定和发布的规范性文件，国务院制定的与物业管理活动相关的行政法规主要有：1993 年发布，2011 年修订的《中华人民共和国土地增值税暂行条例》；1986 年发布，2011 年修订的《中华人民共和国房产税暂行条例》；1997 年发布的《中华人民共和国契税暂行条例》③；1998 年发布，2011 年、2018 年、2019 年、2020 年四次修订的《城市房地产开发经营管理条例》；2000 年发布，2017 年修订、2019 年修改的《建设工程质量管理条例》；2003 年发布，2018 年最新修

---

①② 以上法律均于 2021 年 1 月 1 日废止，其内容并入《中华人民共和国民法典》。

③ 2021 年 9 月 1 日起，《中华人民共和国契税法》施行，《中华人民共和国契税暂行条例》同时废止。

订的《物业管理条例》；2011 年发布并施行的《国有土地上房屋征收与补偿条例》以及其他相关的行政法规。

（四） 地方性法规

地方性法规是省、自治区、直辖市或全国人民代表大会常务委员会特别授权的城市的人民代表大会及其常务委员会制定和发布的实施于本地的规范性文件。目前全国已制定有大量的物业管理法规，它们仍在本级区域范围内生效。例如，1997 年发布的《上海市居住物业管理条例》；1998 年发布，2008 年修订的《广东省物业管理条例》；等等。

（五） 行政规章

行政规章是国务院主管部门、县级以上各级人民政府依照法律规定的权限制定和颁布的规范性文件。涉及规范物业管理活动的行政规章有很多，其中以建设部的规章居多。

（六） 司法解释

为了解决物业管理纠纷司法实践中的具体应用问题，最高人民法院先后出台了两个有关的重要司法解释：《最高人民法院关于审理物业服务纠纷案件具体应用法律若干问题的解释》和《最高人民法院关于审理建筑物区分所有权纠纷案件具体应用法律若干问题的解释》。

四、物业管理立法的主要内容

物业管理立法不仅应当解决物业管理运作中直接面临的各种问题，而且应当和其他相关法律法规相协调、相统一、相衔接，形成一个严密的法律体系，以使各方面问题从根本上得到全面彻底的解决，因此，物业管理立法应包括以下主要内容。

1. 明确政府主管部门的职责

（1） 组织制定科学有效的物业管理条例和规定。

（2） 审验和检查物业服务公司的资质。

（3） 负责对物业服务公司的监督，协调物业服务公司与工商、税务、公安、卫生、园林、供电供水等部门的关系。

（4） 指导成立业主管理委员会。

2. 对房地产开发公司的要求

（1） 房地产开发公司在报建开发项目时，应该提供日后物业管理问题的有关资料，作为项目申请的必备文件之一。

（2） 房地产开发公司在项目规划、设计、审报时，必须提供拟聘物业服务公司对该规划设计的意见。

（3）房地产开发公司在和建设单位签订工程委托合同时，应把物业服务公司列为管理成员之一。

（4）在工程质量验收时，要赋予物业服务公司验收签字的权利。

（5）物业销售时，要在售房合同中明确规定把物业移交给业主后的管理权力赋予所聘物业服务公司。

（6）在建筑物移交给物业服务公司后，开发公司应按规定一次性划拨物业维修基金，否则不予颁发质检证书，不予办理房产证。

3. 明确业主的权利和义务

（1）业主的主要权利：对其名下的物业享有所有权；有权与其他业主共同使用物业公共设施；依法组建业主管理委员会，选聘或解聘物业服务公司，监督物业服务公司等。

（2）业主的主要义务：遵守业主公约；遵守物业管理制度；按时交纳物业管理及维修费用等。

4. 明确业主大会的职权

（1）确定业主委员会组成、召开办法及其职责。批准物业管理受托合同。

（2）规定物业服务公司的具体服务内容。如对建筑物及附属设施的养护、维修；绿化、环境卫生管理；安全防范服务等。

（3）规定物业管理费用的确定方式和构成标准。

（4）规定物业管理中的各种法律责任。

5. 明确业主委员会的职责

（1）执行业主大会的有关决议、决定。

（2）召集业主大会会议。

（3）听取业主、使用者的意见和建议，并向业主大会报告。

（4）业主大会赋予的其他职责。

五、物业管理法的效力等级和效力范围

（一）物业管理法的效力等级

物业管理法的效力等级也称物业管理法的效力层次，是指我国物业管理法的体系中不同表现形式的物业管理法律规范在效力方面的等级差别。确定物业管理法律规范的效力等级通常应遵循以下原则。

第一，物业管理法律规范的效力等级首先取决于其制定机关在国家机关体系中的地位，由不同机关制定的物业管理法律规范，效力等级也不相同。除特别授权的情况以外，一般来说，制定机关的地位越高，物业管理法律规范的效力等级也越高。下位法必须服从上位法。

第二，在同一主体制定的物业管理法律规范中，按照特定的、更为严格的程度制定的法律规范，其效力等级高于按照普通程序制定的法律规范。我国全国人民代表大会可以制定宪法和基本法律，依特殊程序制定的宪法的效力便高于基本法律的效力。

第三，当同一制定机关按照相同的程序先后就同一领域的问题制定了两次以上的物业管理法律规范时，后来制定的物业管理法律规范在效力上高于先前制定的法律规范，即所谓“后法优于前法”。

第四，当同一主体在某一领域既有一般性立法，又有不同于一般性立法的特殊立法时，特殊立法的效力通常优于一般性立法，也即所谓“特别法优于一般法”。但必须注意，“特别法优于一般法”的原则只限于同一主体制定的物业管理法律规范，对于不同主体制定的物业管理法律规范，仍然适用制定机关等级决定法的效力的一般原则。

第五，当某一国家机关授权下级国家机关制定属于自己立法职能范围内的物业管理法律、法规时，被授权的机关在授权范围内制定的该项法律、法规在效力上通常等同于授权机关自己制定的法律或法规，但仅授权制定实施细则者除外。

（二）物业管理法的效力范围

物业管理法的效力范围指物业管理法律规范的约束力所及的范围，即所谓物业管理法的生效范围或适用范围，包括物业管理法律规范的空间效力范围、时间效力范围和对人的效力范围三个方面。

1. 物业管理法的空间效力

物业管理法的空间效力是指物业管理法律规范生效的地域范围，包括域内效力和域外效力两个方面。法律规范的域内效力原则是基于国家主权而产生的。我国物业管理法的域内效力具体表现为以下两种形式：①物业管理法律规范的效力及于制定机关管辖的全部领域。中央国家机关，如全国人民代表大会、全国人大常委会和国务院制定的宪法、法律和行政法规等在全国范围内有效。②地方国家机关在宪法和法律授权范围内制定的地方性法规、自治条例和单行条例及规章等在制定机关管辖的行政区域内有效。我国物业管理法一般没有域外效力。

2. 物业管理法的时间效力

物业管理法的时间效力指物业管理法律规范的有效期间，包括何时开始生效、何时终止生效和有无溯及力的问题。物业管理法律规范开始生效的时间通常有以下两种情形：①自法律规范颁布之日起生效；②法律规范通过并颁布后经过一段时间才开始生效。

物业管理法律规范终止生效的形式可以分为明示废止和默示废止两种，明示废止的具体形式包括：①新法律规范明确规定当本法开始生效时，旧有的同类法律规范即行失效。②有关立法机关发布专门文件宣布某一规范性文件终止生效。

默示废止的形式主要指已生效的新法律规范与原有法律规范的规定在某些方面有冲突时，尽管新法律规范或立法机关并未明确废止旧法律规范，但按照“新法优于旧法”的原则，原有法律规范中与新法律规范冲突的部分自然废止。

物业管理法的溯及力又称物业管理法律规范溯及既往的效力，是指新法律规范可否适用于其生效以前发生的事件和行为的问题。如果可以适用，该法律就有溯及力；如果不能适用，则没有溯及力。现代国家一般通行的原则有两个：①“不溯及既往”原则，即国家不能用现在制定的法律规范指导人们过去的行为，更不能由于人们过去从事了某种当时是合法而现在看来是违法的行为而依照现在的法律处罚他们。②“有利追溯”原则，是对前一个原则的补充，在我国民法中，有利追溯原则表现为，如果先前的某种行为或关系在行为时并不符合当时法律规范的规定，但依现行法律规范则是合法的，并且相关各方都有利，就应当依新法律规范承认其合法性并予以保护。

3. 物业管理法对人的效力

物业管理法对人的效力，是指物业管理法律规范可以适用的主体范围，即对哪些主体有效。依受调整主体国籍的不同，我国物业管理法对人的效力具体表现有以下两方面。

（1）对国内主体的法律效力。中国公民、法人、社团在中国领域内一律适用中国的物业管理法。中国公民在国外时，应区别情况，并根据有关国际条约、惯例和国内法的特殊规定来确定在某一具体场合应当适用哪个国家的法律。

（2）对外国人的法律效力。包括两种情况：一是外国人在中国领域以内的，一律适用中国的物业管理法；二是外国人在中国领域之外，不适用中国的物业管理法。

六、物业管理法的地位和作用

（一）物业管理法的地位

物业管理法作为我国社会主义法律体系的一个组成部分，它既具有民事性质的规范，又具有行政性质的规范。综观物业管理法的全部规范，其主要性质为民法，并受经济法、行政法的规制，是一个综合性的法律体系。虽然我国物业管理法的名称冠以“管理”二字，但这种管理不同于传统意义上的房地产管理。产权人、使用人可以通过市场招标的方式来选择管理单位，同时也有权按照一定的法律程序撤换管理单位。确定物业管理单位后，就要通过协商，规定双方的权利和义务，按照规则办事。反之亦然，作为物业管理单位也可以从自身发展考虑，选择合适的物业管理区域进行管理。经济法是着眼于从社会整体利益出发，由国家依法管理和协调国民经济运行关系的。物业管理中虽然也有国家对经济生活的调整，但物业管理法律关系中更多的是平等主体之间的关系，国家对物业管理行为的干预是为了保证物业管理关系中平等主体的权利和义务得以实现，而民法是调整平等主体的公民之间、法人之间、公民和法人之间的财产关系和人身关系规范的总称。物业管理法是一个以民法为核心，并以行政法、经济法为保障的综合性的法律关系。

（二）物业管理法的作用

市场经济是法制经济，它需要通过一系列的法律、法规、规章来规范经济运行的秩序，物业服务行业的蓬勃发展，客观上要求用物业管理法来加以规范、推动和保障。物业管理法的作用，是指该法能实际发挥对物业管理社会关系秩序产生现实影响或社会效应。加强物业管理法制建设，对我国现代化的历史进程，对人民群众日常生活秩序，对业主群体的合法权益等有着十分重大的作用。

1．维护物业管理市场秩序

我国的物业管理市场正处于起步阶段，市场管理还是很薄弱的，问题很多。第一，物业产权关系不明晰，受物业产权人的委托实行物业管理服务，应以产权明晰为管理的基础。但是很多住宅小区房屋的共用部位，共用的设施设备及小区配套的房屋，设施设备、道路、场地等产权界定尚未明确，责、权、利难以界定，给物业管理和发展带来困难。第二，建设管理之间缺乏有效的衔接。一些开发项目在规划设计、施工阶段遗留下较多的问题，建设管理脱节造成物业管理先天不足。有的工程质量低劣，有的配套设施不完善，有的开发建设单位在商品房促销时对物业管理作出不切实际的承诺，给后续的管理带来困难。第三，业主与物业服务企业双向选择的机制尚未建立。在大多数地区，物业管理的市场环境没有形成。因此，为了维护物业管理市场秩序，应当通过法律的形式，规范各市场主体的权利和义务，保障物业管理市场的健康发展。

2．保障物业管理权利人合法权益

物业管理权益是一个统一的、多层次的整体。从现有的物业管理权益来看，主要包括的权益有物业所有权、物业使用权、物业抵押权、物业租赁权等。物业管理权利人包括国家（有时作为特殊民事主体）、公民、法人和其他组织等。物业在现阶段既是重要的生产资料，又是必需的生活资料，因此，成为人们最重视、最宝贵的一种财产形式，也是人们乐于选择的投资对象。国家为了维护物业所有人或者使用人的利益，也为了维护社会稳定，因而在物业管理法中规定了许多维护物业管理权益的制度。比如，为规范物业管理服务收费，明确规定了物业管理收费定价原则、定价方式和价格构成。

3．为优质服务创设保障，为解决纠纷提供依据

物业管理的核心内容是委托物业服务公司为业主提供满意的人居服务。物业管理服务质量的优劣直接关系到能否创建和保持安全舒适的人居环境。物业管理法既是业主和物业服务公司约定权利和义务的法律依据，也是业主和物业服务公司的行为准则。

业主所享有的权利与物业服务公司提供的服务既不能违约，更不能违法。在遵纪守法的前提下，物业服务公司必须严格履行合同约定，为业主提供满意的管理和服务。

物业管理法在业主与物业服务公司之间因合同的订立与履行发生纠纷时，也是人民法院进行审判的依据。任何法律都有预测的功能，据此，双方在签订合同时既应本着审慎的态度，保证订约时文本意思表述真实，合同内容合法，合同条款缜密。可见，物业管理法尚有为解决纠纷提供法律依据的作用与功能。

第四节 部分国家以及我国香港和台湾地区的物业管理立法概况

19 世纪以来，市场经济和城市经济日益发达，工业化、城市化、用地紧缺化、建筑多层高层化日益发展。与此同时，人们对企业化经营、专业化管理、社会化服务的需要，为以维护共同利益和公共秩序为中心的物业管理行业兴起提供了必要条件，并成为物业管理立法的起因。以下是部分国家以及我国香港和台湾地区物业管理立法的简介。

一、法国物业管理立法概况

法国最早于1804 年《法国民法典》第六百六十四条中确立了建筑物区分所有权制度，为以后的物业管理立法奠定了理论基础，开辟了 19 世纪各国以民法形式对物业管理予以立法确认之先河，具有开创性意义。

第一次世界大战后，法国一方面因战争及人口大量流入都市而产生了住宅缺乏问题；另一方面，由于建筑技术进步，卫生设备、瓦斯、自来水、电气等广泛在建筑物中予以设置并作为建筑物共用部分而占据着日益重要的地位。面对一些新问题，《法国民法典》第六百六十四条的规定已不能提供充分的法律依据，于是，立法机关于 1938 年 6 月 28 日废止了第六百六十四条，并制定了《有关区分各阶层不动产共有之法律》。该法律第一部分规定了区分所有权人团体关系，如第一条规定区分所有权人团体关系的设立及解散；第二部分规定了有关区分所有权人之间法律关系，如关于共同承担共用部分的保存费、维修费及管理费；第八条规定区分所有规约的订定、追加或修改，由区分所有权人过半数以上及表决权的 3/4 加以决定。这部法律对于解决当时法国社会日益普遍的住宅欠缺危机发挥了积极作用，标志着法国以民法典模式对物业管理予以立法的旧时代的结束，一个以单行物业管理法律来规范建筑物区分所有及其管理的崭新时代的来临，具有重要意义。

1965 年 7 月 10 日，法国立法机关鉴于 1938 年法律存在诸多不适合的规定，对其进行修订。1967 年 3 月 17 日，法国又以一项行政命令对该项法律予以补充。此项行政命令连同 1965 年法律经立法机关编纂，正式命名为《法国住宅分层所有权立法》，沿用至今。其内容详尽，是现代各国物业管理中具有代表性的一部法律。这部法律规定了区分所有权的定义及机构、物业管理者的义务及责任、管理团体的债权确保、有偿让渡等，以及专有场所的改良、增设附属设施之行使等诸方面内容。该部法律加强了物业所有人集会之功能，并由通常多数表决管理普通共同义务，以 2/3 特别多数决定特别重要共同事项，团体法理的精神深植于物业管理制度之中。

二、日本物业管理立法概况

日本关于建筑物区分所有及物业管理立法正式开始于昭和三十七年（1962）四月四日的《有关建筑物区分所有权等之法律》。该法规定了物业所有人的权利及其限制、先取特权、关于共用部分的共有、关于共用部分变更及其管理、管理人及其权限与任务、关于规约的规定、关于集会的规定、关于对社区准用及关于罚款的规定等。但该法有关管理制度的规定缺乏灵活性。例如，依规定，规约的订立、变更等均须得全体物业所有人一致同意方可进行，而事实上却非常困难，从而影响了管理团体的自治功能和灵活性。

20 世纪 80 年代，由于日本经济高度发展，人口大量集中于都市，地价高涨，土地立体空间利用急速发展，分层大楼日渐高层化、大型化。而此时期，学术界对该法有关专有部分、共用部分的界限和其对物业所有权人相互间权利义务关系调节的不足产生了许多批判和责难，因而政府于昭和五十四年（1979）一月开始修订昭和三十七年法律，于昭和五十八年（1983）五月二十日修订完成，并予公布。昭和五十八年法律克服了原有法律的弊端，采用集会中心主义及多数表决方法，使物业所有人关系的团体性得以强调，即对规约的设定、变更与共用部分的变更、对物业所有权有重大影响的事项以集会的特别多数表决予以决定。修订后的《有关建筑物区分所有权等之法律》成为当今日本物业管理中的一项基本法律。

进入 21 世纪后，随着社会的多元化发展以及科技的日新月异，日本的物业管理立法也紧跟时代步伐。例如，为应对老龄化社会带来的特殊需求，日本出台了专门针对老年社区物业管理的法律法规；在智能化管理方面，日本出台了《物业管理智能化促进法》等来进行规范和引导。

三、德国物业管理立法概况

德国是大陆法系主要国家之一。第二次世界大战使德国城市房屋建筑遭受严重破坏，德国经受空前的“房屋荒”威胁，都市住宅重建成为极其迫切的问题。在此背景下，德国在比较研究、参考邻国法律的基础上，于 1951 年 3 月 15 日制定了《关于住房所有权及继续居住权的法律》，建立了德国自己的建筑物业管理制度。1956 年 6 月 27 日，德国制定《第二次住宅建筑法》，该法第十二条对区分所有住宅的促进作用，成为物业管理制度进一步向前发展的开端。20 世纪 60 年代，德国区分所有建筑物得到了飞速发展，同时也出现了一系列问题：关于住宅所有权的让与限制及使用限制的程度、关于管理人的任免、关于住宅所有人负担加重的条件等。这些问题的存在，成为对 1951 年住宅所有权法进行修改的动因。1973 年 5 月 30 日和当年 7 月 30 日，德国政府对 1951 年住宅所有权法进行了两次修改。其中关于停车场作为特别所有权要件的增订，解决了实务上有关停车场登记的问题，此为该国立法所独创，对他国解决同类问题具有重要参考意义。修订后的住宅所有权法还对有关管理人的各种事宜作出了规定，修改了关于管理人任免的有关规定等。

四、美国物业管理立法概况

美国是英美法系主要国家之一。20 世纪 60 年代以前，美国一直采取信托方式或股份公司的方式对物业进行管理。信托方式是经由信托契约将建筑物的产权让与受托人（通常为法人），再由受托人发信托权利证明书给受益人，允许受益人拥有排他性的权利，以便占有、使用信托财产。同时于信托契约条款中约定公寓或建筑物共有部分的使用及费用规则，且选定管理人监督建筑物公寓之使用、费用分担等。股份公司方式，是将整栋建筑物的所有权给予一非营利性公司，由其维持管理，再由此公司将建筑物的部分出租给股东，股东经由支付相当的代价取得公司股份，租金则是维持建筑物所需费用的一定比例。1961 年美国《国家住宅法》（*The National Housing Act*）的颁布，推动了物业管理的发展。1962 年，美国联邦住宅局制定了《公寓大厦所有权创设之形态法》（*The Federal Housing Administrations Model Statute for the Creation of Apartment Ownership*）标准规范，供各州立法时参考。由于各州立法相差甚远，在此不详述。

五、中国香港特区物业管理立法概况

中国香港是享誉全球的国际金融、商贸中心，其地少人多，总面积约 1 000 平方千米，是世界上人口最密集的地区之一。房地产业在香港经济发展中具有举足轻重的地位，是香港经济的一大支柱。香港法属英美法系，在过去数十年间，香港建立了一套颇具特色的物业管理制度。

20 世纪 60 年代中期，随着香港大批公屋和居屋的建成，尤其是随着人口密度的增长、高层建筑和屋村规模的扩大，人们对居住环境的要求越来越高，最终促成了香港于 1970 年 6 月 19 日制定了《多层大厦（业主立案法团）条例》（以下简称《条例》），共七部四十三条。《条例》制定的目的在于使多层大厦里的各个业主能够共同组织一个有制度规范、稳定的法团和管理委员会，妥善管理物业，使各业主和使用人有一个优良、安全的居住环境。1993 年通过的《建筑物管理条例》为大厦管理提供了健全的法律框架。根据该条例，业主可成立业主立案法团，负责管理屋苑/屋邨的公用部分，还可以代表业主就管理事宜作出决定。

此外，香港还有其他一些与物业管理相关的法规和规定，涉及安全控制、清洁卫生、差饷及地租缴纳、消防安全、电力及气体安全等方面。例如，《香港法例》第 299 章规定了“看守人”的定义及相关要求；《2023 年罚款及定额罚款（公众地方洁净及阻碍）（杂项修订）条例》提高了在公众地方乱抛垃圾和吐痰等行为的定额罚款金额等。

六、中国台湾地区物业管理立法概况

中国台湾地区物业管理立法应追溯到 1929 年公布的民法典物权篇第七百九十九条和第八百条的规定。直至今日，这两条规定仍是台湾地区物业管理的法律基础。20 世纪 70 年代以来，随着台湾地区经济的高速增长，人口迅速增加并集中于台北、高雄等大城市，导致城市地价暴涨，为解决市民居住问题，各城市住宅都向高层发展，由此带来的纷争日渐复杂多样。在此情形下，台湾地区“内政部营建署”于 1987 年 6 月制定了《商楼集合住宅管理维护法（草案）》。

中国台湾地区关于物业管理的立法主要有 1995 年立法的《公寓大厦管理条例》及《公寓大厦管理条例施行细则》，明文规定了公寓大厦管理委员会制度。

【小　结】

物业，是指在一定建筑用地范围内已经建成并竣工验收的，可投入使用的各类房屋、相关建筑物及其所属配套设施设备与场地。物业管理，是指物业产权人及其他主体自行管理各类物业以及委托物业服务机构对物业进行维护、管理，并对物业区域内的公共秩序、交通、消防、环境、卫生等事项提供协助管理或服务的活动。物业管理法，是指国家和地方职权机关依其职权制定、认可、颁布执行的有关调整物业管理法律关系的各种法律规范的总和。物业管理具有私权和公权双重法律属性。物业管理法律制度体现三个基本法律原则：一是尊重和维护业主财产权利原则；二是自治管理、民主协商、契约自由、平等守信原则；三是政府适度监管原则。我国物业管理法律体系是由宪法、法律、行政法规、地方性法规、行政规章、司法解释等构成的有机整体。物业管理法在维护物业管理市场秩序、保障物业管理权利人合法权益等方面发挥着十分重要的作用。

拓展阅读

【典型案例】

保安员擅闯民宅案

资料来源：中国物业管理信息网。

北京朝阳某住宅区张先生夫妇在凌晨被室内的响动惊醒，他们立即起床并打开卧室的门，发现有人已走到客厅和卧室过道处，这个人自称是物业服务公司的保安员。于是张先生夫妇把物业服务公司告上了法庭，并要求赔偿每人精神损失费 5 万元。此案件在北京各界，尤其是在居民和物业管理界引起了强烈震动和激烈争论，最后的焦点集中在物业服务公司保安的素质和持续教育问题上。

问题：

1. 物业服务公司保安进入居民住宅，是否属于违纪？
2. 遇到保安进入居民住宅问题，物业服务公司该如何处理？
3. 张先生夫妇把物业服务公司告上法庭，法庭应如何判决？

【分析】

无论是中国的法律制度，还是外国的法律制度，都明确规定住宅是神圣不可侵犯的，因为对住宅的保护实际上是对个人人身自由的延伸。未经主人允许，任何单位或个人无法定的根据或事由，是不能强入民宅的，否则将被视为侵权，情节严重的，甚至可以追究擅自闯入者的刑事责任。最常见的法定事由是国家为了追究刑事犯罪的需要，在办了合法手续后，可以强行进入居民住宅。

具体到本案，物业服务公司的保安有着极为特殊的义务，须保护服务范围内的财产安全，维护服务范围内的正常秩序，做好服务区域内的防火、防盗、防爆炸、防破坏、防治安灾害事故等安全防范工作。据调查，物业服务公司的保安是在深夜值班时发现张先生家的门虚开，在经按门铃房内无反应的可疑情况下，他才进入房内进行检查，完全是在履行职责，是对张先生夫妇的安全负责。

根据物业服务公司了解的情况及相关物业管理制度，保安当时不可能拿到张先生家的钥匙，而张先生既没有任何物品丢失，也无门锁及其他损坏后果。物业服务公司认为在此种情况下保安入室没有违法，只属于违纪行为，因为公司的《住户手册》规定，保安员在社区内 24 小时巡逻，如遇紧急情况，应按登记的电话号码联系有关住户并立即通知公安部门或消防部门，如无法联系到有关住户时，即邀请公安人员或消防人员开启正门，进入住宅审查事故情况，并做适当处理。

【处理】

由于张先生夫妇与物业服务公司在处理上述事件时存在较大意见分歧，张先生夫妇遂一纸诉状将物业服务公司告到了法院，要求物业服务公司就保安深夜入室原因、处理及在解决该事件中的消极、不负责任的行为向他们书面道歉，并赔偿每人精神损失费 5 万元。

法院查明，1 月 19 日凌晨 3 点，物业服务公司聘请的张姓保安进入了张先生夫妇的房屋。当天，张先生夫妇向物业服务公司投诉。物业服务公司即日以“工作中有违章操作行为”为由将张姓保安辞退，并于次日派物业服务公司经理、保安部经理两次登门致歉，并免费更换门锁。此后，物业服务公司又接到张先生的投诉，称深夜接到骚扰电话，已向公安机关报案，但至今未查清骚扰电话是何人所为，张先生夫妇怀疑是被开除的张姓保安所为，但无法提供证据。《民法典》第三条规定：“民事主体的人身权利 、财产权利以及其他合法权益受法律保护，任何组织或者个人不得侵犯。”第一百七十九条规定：“承担民事责任的方式主要有：（一）停止侵害；（二）排除妨碍；（三）消除危险；（四）返还财产；（五）恢复原状；（六）修理、重作、更换；（七）继续履行；（八）赔偿损失；（九）支付违约金；（十）消除影响、恢复名誉；（十一）赔礼道歉。”以上承担民事责任的方式，既可以单独使用，也可以合并使用。人民法院审理民事案件，除适用上述规定外，还可以予以训诫、责令具结悔过、收缴进行非法活动的财物和非法所得，并可以依照法律规定处以罚款、拘留。

法院认为，张先生夫妇身为业主（住户），与物业服务公司间形成了委托管理关系。保护业主的安全、维护业主的利益是物业服务公司的职责。但在履行职责时应注意采取适当合理的方式，如果措施不当侵害了业主的权利，应承担相应的法律责任。物业服务公司保安在值班时进入张先生夫妇的房屋，其自称因为房门虚掩，为张先生夫妇的安全和利益而入室检查。而按照《住户手册》规定，遇此紧急情况其既不与业主家人电话联系，又未请公安人员见证，该行为是不符合有关规定的，侵害了公民住宅不受侵犯的权利。而且其是在张先生夫妇深夜熟睡之机闯入，给张先生夫妇带来了一定的精神刺激，影响了生活，应该就此不当行为承担责任。因该保安员是在履行职务中侵害了张先生夫妇的权利，故由物业服务公司承担责任。

关于赔礼道歉的方式，因该事实仅发生在原、被告之间，口头方式已经足够消除影响，因此法院对张先生夫妇要求书面致歉的请求不予支持。对物业服务公司作的口头致歉行为予以认可。关于赔偿损失问题，因为被告工作人员深夜入室给熟睡中的张先生夫妇带来一定的精神恐惧，因此应给予适当的精神抚慰。最后法院判决，物业服务公司除向张先生夫妇口头道歉外，还应一次性向张先生夫妇赔偿精神抚慰金各 1 500 元。

【启示】

尽管业界对此判决异议较大，但也不能否认“坏事会变成好事”，震动和刺激使业界争议不断、警钟长鸣，也使物业服务行业更为重视保安的职业道德教育和素质教育。遇到类似问题，物业服务行业公司既可以对保安人员进行批评教育，也可以根据有关规定，对其做出相应的处理，并向住户说明情况，赔礼道歉。

第二章　物业管理法律关系及其相关制度

【学习目的和要求】

了解：物业民事法律关系、物业行政法律关系、物业的相邻关系。

掌握：物业管理法律关系的概念和特征，物业管理法律关系主体、客体的概念，物业服务企业的权利和义务。

应用：业主的建筑物区分所有权制度、物业管理法律关系的构成要素。

【思政目标】

通过介绍物业管理法律关系和业主的区分所有权制度，培养学生法治意识，尊重和维护法律权威，领悟“良法善治”的精神。

［案例］

家住广州市海珠区某小区的王先生称，在购房时开发商承诺物业管理费为1元/平方米，有管道煤气、24小时热水等配套服务，且写进了购房合同，但入住近一年了，非但管道煤气、24小时热水等没有落实，物业管理费反而涨到2.38元/平方米。物业服务公司说：“开发商说的不算数，收费是依据有关标准确定的。”而开发商则称物业管理已移交，自己无权过问。

［问题］

本案涉及的是房屋买卖法律关系，还是物业管理法律关系？

第一节　物业管理法律关系概述

一、物业管理法律关系的概念和特征

（一）物业管理法律关系的概念

法律关系是法律规范在调整一定社会关系过程中所形成的人们之间的权利义务关系。物业管理关系是法律关系的一种，是现代社会一种重要的生活联系，是物业管理法律规范在调整物业管理活动过程中所产生的社会关系而形成的具体的权利义务关系。物业管理法律关系实际上是包含物业管理活动各类社会关系的一种法律形式，是随着房地产产业及物业管理的发展而出现的新型法律关系，已成为当今社会中非常重要的一种法律关系。物业管理法律关系同样由主体、客体、内容三要素构成。

研究物业管理法律关系具有积极的意义。首先，物业管理法律关系的产生是以物业管理法律规范的存在为前提，如中国现行的物业管理收费的法律规范中明确的有关外销商品房、内销商品房、售后公房等不同档次的物业根据提供服务的不同而采取不同的收费标准的规定，依此就可以形成人们在物业管理过程中有关物业管理收费方面的法律关系。实际上，研究物业管理法律关系就是从具体的视角研究现实物业管理法律制度，这对于完善我国物业管理法制建设会产生积极意义。其次，在具体的物业管理行为中，有关当事人必须遵守物业管理法律关系的具体内容，否则将承担相应的法律责任。因此，研究物业管理法律关系，对于加强物业管理立法、执法、守法有着重要意义。

（1）物业管理法律关系是物业管理法规控制、调整物业管理社会关系的产物（结果），是根据物业管理法律规范确立的以民事经济权利义务为主要内容的社会关系，是用来直接规范现实物业管理关系，使该关系在法律轨道上运行的根本手段和法律模式，它作为法律模式（一种法律关系形式），从始至终规范着被物业管理法律调整的物业管理社会关系，使之符合法规的规定。法律规范是抽象的，因为法律规定是并且只能是针对受其规范的时空之内不特定的一切人和生活事实而发生，而法律关系却是具体的。物业管理法律关系与作为物业管理法规调整对象的社会关系实际上只是一个关系，换言之，受物业管理法规调整的社会关系是以物业管理法律关系出现的。因此，物业管理法律关系是物业管理法规调整约束、组控物业管理关系和活动最直接的基本性方法，既是物业管理法规发挥功能的始点，又是归结点。所以，物业管理法律关系论在物业管理法学理论中居于核心地位。研究物业管理法律关系，有利于掌握物业管理法学的核心理论，明确了社会物业管理各种关系哪些已被纳入法规组控范围及其组控重点所在，正确理解对物业管理实务活动和纠纷处理所应坚持的“以事实为根据，以法律为准绳”的法律原则，学会运用物业管理社会关系的法律模式去分析、评价、调整物业管理实际关系。

（2）物业管理法律关系是物业管理法规与现实物业管理事务活动发生联系的途径，物业管理法规是通过物业管理法律关系实现其调整物业管理社会关系的目的。由于物业管理法律关系是与物业管理法律规范紧密结合在一起的，是以物业管理法规的存在为前提，因而研究它也就是研究物业管理法规在实施中对现实物业管理社会关系规范化、法制化的适宜程度和组控效果的问题，以便结合物业管理社会关系发展变化实际情况，采取有效措施及时完善物业管理法规和保证其正确实施，这对于加强中国物业管理法制建设健全物业管理具体法律制度会产生有益的促进作用。

（3）物业管理法律关系是一种由物业管理法规规定的居于特定境位主体间权利义务关系，以有关当事人的境位权利义务为主要内容。在具体的物业管理实务活动中，有关当事人行为应当遵守物业管理法律关系内容的具体要求，在充分享有权利的同时全面履行自己承担的合法义务，若其行为违反义务规则，就要依法承担相应的法律责任。因此，研究物业管理法律关系，有利于通过完善立法、严格执法、加强司法、采用促进自觉守法综合措施等方式办法，有针对性地解决中国现实改革和发展过程中所产生的物业管理关系各类主体间居处境位所含利益、权利和义务的不平等、不公平、不协调等矛盾问题，有效化解有关当事人间的利益冲突，从而对建立和稳定和谐的物业管理法律秩序起到积极影响效应。

（二）物业管理法律关系的特征

物业管理行为的特殊性和我国物业管理行为的特殊发展阶段，决定了现阶段物业管理法律关系在保留一般法律关系共有特征（如社会关系、思想意志关系、以国家强制力为基础等）的同时，又具有本身的独特特征。概括地说，主要体现在以下五个方面。

1. 物业管理法律关系性质的多重性

物业区分所有关系和物业管理业务内容的复杂性决定了物业管理法律关系的复杂性和复合性，使其在性质上体现出多重特征。物业管理法律关系既有横向的平等主体之间在物业委托管理和特约服务过程中发生的物权、债权等民事法律关系，又有纵向的法律地位不平等主体之间即与物业管理有关的国家职能机关同业主、业主团体、物业使用人、物业服务企业在业主、物业开发建设单位之间所发生的行政管理关系，还包括因国家对物业管理行业和物业管理市场的调控干预而发生的经济法律关系，有时还会有刑事法律关系的发生。因此，物业管理法律关系具有一定的综合性，这是由多种性质法律关系交叉重叠复合构成的。这就使它与只具有某种单一性质的法律关系相区别开来。

2. 物业管理法律关系基本主体的特定性

物业管理法律关系的基本主体是享有物业所有权的业主及其团体和合法取得物业管理权的物业服务企业，双方是平等的民事主体的关系，均通过市场机制作用和合同来建立有偿的管理服务关系。

3. 物业管理法律关系客体的特殊性

物业管理法律关系的客体是物业和基于物业派生出来的服务。物业虽然属物的范畴，但又不同于传统法律规定的不动产或房地产之物。现代意义的物业更突出物业依托的空间和环境，保护业主们的共有共用空间权和共享环境权是现代物业管理法规的重要任务之一。从物业服务企业的产品类型看，其产品是服务类产品。这种服务虽然像其他商业性服务一样具有有偿性，但是受特定物业管理辖区的规范限制，且受国家对住宅物业管理的特别优惠政策的调控。

4. 物业管理法律关系的国家干预程度比较大

物业的价值、物业围界的人居环境和工作环境对于业主、城市生活和城市风貌都有很大的影响。物业占用的土地所有权属于国家，土地用途受国家管制，土地的房屋和其他定着物的管理状况对于土地的增值情况影响也很大。因此，国家为保护业主的重大利益、维护国有土地收益和避免因管理不善而人为地造成物业类社会财富的减损，并为促进人居环境和城市工作、投资环境的可持续改善，必然要通过法规政策对物业管理市场和物业服务企业资质的管理，对某些物业管理运作环节和行为关系施以必要的有效干预。这种干预也是国家对物业服务行业的管理，干预的目的在于引导物业服务行业的健康发展。例如，政府对物业管理投标活动的管理，推行《前期物业管理协议》；对业主委员实行登记确认制度，政府物业管理行政主管部门负责组织特定住宅区的首次业主会议，选举产生业主委员会；政府组织旧住宅区的整治活动以利实行物业管理等。这些都是政府干预物业管理的表现。

5. 物业管理法律关系的产生、变更、终止有严格的程序性和要式性

业主团体的组建，管理规约的订立，物业服务企业的选聘、续聘、改聘，物业和管理权交接，物业管理权行使，物业管理实施的技术规程等都要按法规规定的程序和具体的行为规则进行。比较重要的物业管理法律关系的成立、变更和终止，应当采用法规规定的特定书面形式，并由有关政府职能机关通过备案登记予以公示，以确保物业管理法律关系的稳定性和严肃性。

二、物业管理法律关系分类

物业管理既涉及人们特别是现代城市居民日常生活中相当多的方面，又涉及政府的行政管理及社区自治的管理，是一项非常复杂的系统工程，涉及的法律关系错综复杂，物业管理不仅仅局限于民事关系，而且涉及诸多政府部门（公共安全、共同秩序、

社会责任等方面）对开发建设单位、物业服务公司、业主、物业使用人有关物业使用、维护行为的监管关系。因此，物业服务区域主要存在着民事法律关系、行政法律关系，在某些特征情况下也会出现经济法律关系和刑事法律关系。

其中刑事法律关系一般不在物业管理规范性法律文件中直接作出规定，只是指出物业管理行为涉及犯罪的按《中华人民共和国刑法》（以下简称《刑法》）相应规定处理，因此本节不对物业管理刑事法律关系作论析。

（一）物业管理民事法律关系

物业管理民事法律关系是指根据民法规范（民事法律规范）组控所确立的以民事境位（指特定的身份、地位）和民事权利义务为内容的物业管理社会关系。

“民法”作为一个法律部门的名称，具有两方面的含义：在性质上是指组控法律地位平等主体之间民事财产关系和人身关系的一系列民事法律规范的总称；在形式上是指通过一定立法程序制定的，按照一定体系编纂的民法典。目前，我国已经出台了《民法典》，并于 2021 年 1 月 1 日起施行。

民事法律关系主要有以下三个特点。

第一，民事法律关系的参与者法律地位是平等，当事人之间不存在不平等的命令与服从、管理与被管理的关系。

第二，民事法律关系大多是由当事人自愿设立的，是否建立和以何种形式建立何种民事法律关系，一般是由当事人的合法意思决定的。

第三，民事法律关系中当事人的权利义务一般是对等的，权利义务对等是指当事人双方之间互相享有权利和负有义务。也有只是一方享有权利，另一方仅负有义务的民事法律关系。

物业管理民事法律关系最主要体现在业主与物业服务公司的委托管理的合同关系。合同的订立使物业管理民事法律关系具有了权利义务明确，履约与解纠均有充分依据的特征。

物业管理法律关系中民事法律关系占多数，如物业产权行使法律关系、物业管理或人居服务合同关系、不动产相邻关系、民事违约和侵权关系等。但在物业管理法规中都为避免与专门民法的规定过多重复而较少有对物业管理民事权利义务的具体规定。

物业管理民事法律关系具有一些自身特色，具体如下：

（1）物业管理民事法律关系的基本主体为业主、业主团体组织和物业服务企业。国家虽然作为城市土地所有者而成为物业的最大业主，但并不以土地业主的身份直接参与物业管理民事法律关系，只是在国有土地使用权出让合同期限届满时，才依法出面收回出让的地块及地上物业。

（2）物业管理民事法律关系的客体主要是物业和基于物业管理发生的服务。

（3）物业管理民事法律关系的内容即权利义务的设定，受国家意志制约性较强。鉴于物业管理涉及公共利益较为重大，物业管理法规在尊重民事法律关系当事人自愿的前提下，对当事人的民事权利义务特别是义务作出了较多的指导性和强行性规定。例如，业主公约的订立，物业管理项目委托合同的订立在行为形式上都要求采用书面形式，为规范服务行为的义务提供"物业管理服务等级标准"等。

物业管理民事法律关系主要包括以下几方面。

（1）物业区域全体业主、物业使用人之间物业共有及相邻关系。

（2）业主与物业使用人之间关于物业使用的租赁及其他关系。

（3）业主与开发商因销售合同产生的物业保修等民事关系。

（4）开发商与物业服务企业因前期物业管理而产生的委托关系。

（5）业主与物业服务企业因物业管理合同而产生的委托关系。

（6）物业服务企业与其他专业服务机构就物业区域相关服务订立合同而产生的承包关系。

（二）物业管理经济法律关系

物业管理经济法律关系，又称物业管理事业法律关系，是指国家及各级政府职能部门在协调和控制物业管理事业运行过程中与业主、业主团体组织、物业管理事业及其他单位（物业的开发建设单位、公房出售单位等）和社会组织（物业管理行业协会、业主自治团体等）之间依经济法形成的经济权利义务关系。

中国物业管理经济法律关系具有一些自身特色，具体如下：

（1）物业管理经济法律关系分为业主自治管理法律关系和物业管理行业管理法律关系两大板块。其中业主自治管理板块不仅包含物业经济管理的关系内容，而且融入人居环境文明建设管理的内容关系。

（2）物业管理经济法律关系中代表国家执行对物业管理事业的归口管理的机关，不是一般综合经济管理部门（如国家发展和改革委员会、国家工商行政管理总局等），而是国务院房地产行政主管部门（住建部）和由县级以上地方政府确定负责物业管理归口管理的部门。

（3）物业管理经济法律关系涉及经济法律规范所组控的各种经济关系（规划、计划、财政、物价、工商、税收、金融、会计、劳动、环境保护、反不正当竞争、产品和服务质量监督、消费者权益保护等经济法律关系）。

物业管理经济法律关系，按经济关系的性质不同，可以划分为组织性法律关系和运行性法律关系两类。

物业管理组织性法律关系，是指物业管理法规所组控的有关国家及政府和职能部门、业主及其团体组织、物业服务企业、物业管理协会等相关社会组织和单位，在物业管理事业体系中的主体境位关系以及它们在物业管理经济组织系统中各自存在方式和各自职权、职务、职责的权利义务关系。例如，业主及其团体组织在物业管理事业体系中居于主导地位，业主团体组织采取业主委员会组织形式作为其存在实体，法规对业主委员会及其委员的职权、职务、职责都作出了明确的规定。

物业管理运行性法律关系，是指国家及其代表机关、业主及其团体组织、物业使用人、物业服务企业、其他有关社会组织和单位之间，为了实现一定的物业管理经济目的而通过市场运行机制的国家宏观调控机制所形成的有关物业及其价值形态物（货币、物业维修基金）的占有、使用、经营管理、收益分配和处分法律关系以及提供人居服务经济交易市场法律关系。这类关系是基于物业财产权利归属、运用状况和物业管理服务的经济利益、载体（服务效果、货币）交易事实而发生和变化，又可称为物业管理财产性法律关系。

（三）物业管理行政法律关系

物业管理行政法律关系是指受与物业管理相关的行政法组控而在政府、物业管理归口主管行政部门、其他有关职能部门之间及其与业主、物业使用人、业主团体组织、物业服务企业、其他与物业管理有关社会组织和单位之间形成的行政管理事务方面的境位、权利义务关系。

物业管理行政法律关系一般划归行政管理法律关系类，中国物业管理法规对物业管理行政法律关系的规定有以下侧重点。

（1）解决多头行政管理混乱问题，明确政府职能部门的归口主管权和分工管理权关系。县级以上各级人民政府依法指定本级政府的物业管理归口管理行政部门，其他相关行政职能部门按各自管辖权限配合主管部门实施管理。

（2）解决行政“不作为”问题，政府有关机关应充分行使其管理职能。行政机关不得任意干预属于社会组织和个人自主决定的事项，不得滥用行政职权，严格依法办事。一方面，只要属于物业管理事务中业主与服务公司合法约定的事项，行政机关就不能干涉干预。另一方面，凡属于政府有关机关职责范围内的事，有关机关则应当积极主动依法行政。但从这些年的物业管理实践上来看，政府“不作为”的现象较之于政府违法干预的现象更为普遍。归口机关不明确，纠纷发生求告无门。《物业管理条例》明确规定了国务院建设行政主管部门负责全国物业管理的监督管理工作，县级以上地方人民政府房地产行政主管部门负责本行政区域内物业管理活动的监督管理工作。并赋予房地产行政主管部门处理投诉、罚款、吊销资质证书等职权。这些规定既为政府机关依法行政提供了法律依据，也对政府机关不得不作为，不得怠于行使其职权职责提出了强制性要求。因此，政府有关机关应当更加积极主动地履行其职责，而对政府的“不作为”，业主和物业服务公司亦享有监督之权。

（3）解决物业管理事业发展经济障碍问题，将行政管理法律关系与经济管理法律关系有机结合起来，充分利用行政资源和社会资源，以行政立法和行政执法方式积极促进物业管理市场和物业管理行业健康发展，保护业主自治管理的经济利益。社会化业主自治管理与专业化、市场化物业管理相结合体制的建立和实行，能更高效地使物业保值增值和可持续地增进人居环境文明福利。为达到此目的，物业管理法规及有关政策文件要求：市场调节与政府监控要结合，遵循利益规律和市场规律，依经济原则和法制原则协调各方管理关系，建立物业管理市场机制，培育人居服务市场体系，鼓励正当市场竞争活动，规范物业管理市场行为，支持物业管理行业自律管理，保持政府对市场适度有力的监控，高效查处物业管理方面违法行为的投诉案件，加强政府对业主自治管理和物业服务企业标准化服务的行政指导，运用政府考评手段和舆论宣传力量促进物业管理行业整体竞争能力和服务质量水平全面提高，保证业主自治管理这一社会事务民主制度新生事物不断发展和良性运行。

第二节　物业管理法律关系的构成要素

法学上，通常把法律关系主体、客体、内容——权利义务关系称为法律关系构成的三要素。物业管理法律关系也是由三要素构成的，即主体、客体、内容。

一、物业管理法律关系的主体

法律关系的主体，是指法律关系的参加者，是法律关系中权利的享有者和义务的承担者。物业管理法律关系的主体，是指物业管理法律关系的参加者，是物业管理法律关系中权利的享有者和义务的承担者。法律主体是法律规范所规定的，而法律规范确定什么人和社会组织能够成为具体法律关系的主体不是任意的，而是由一定物质生活条件所决定的。根据我国目前的物业管理法的规定，我国物业管理法律关系的主体主要有以下几种。

（一）业主、物业使用人、开发商

1．业主

业主是物业所有权人，按其拥有的物业所有权状况，又可分为独立所有权人和区分所有权人。[①] 独立所有权是典型的传统不动产所有权类型，严格遵循“地上物属于土地所有人”的原则，土地上的建筑物专属于某一业主。区分所有权是19世纪以来因城市多层建筑兴起而开始出现的权利。它指数人区分一块土地上同一建筑物而各有其

① 王青兰，齐坚，顾志敏．物业管理理论与实务［M］．2版．北京：高等教育出版社，2006：51.

专有部分所有权，就共用部位按其应有部分享有所有权，并拥有成员权的复合性权利。现代物业区域各业主权利形态一般是区分所有权。如此，各业主之间共同关系之复杂已超出传统民法相邻关系，于是全体业主通过召开业主大会，选举业主委员会实施自治管理。

2. 物业使用人

物业使用人，是指物业的承租者和其他实际使用物业的人。物业使用人未与开发商、物业服务企业有直接关系，不是物业销售合同的当事人，也不是物业管理合同的委托方，物业使用人不是物业区域的区分所有权人，不具有成员权，一般不参加业主大会与业主委员会。但物业使用人却是现代物业区域的重要成员，无论是居住型还是非居住型物业，业主常将物业出租以获收益，另外还有其他多种合法占有使用物业但不拥有所有权的情形。为了能约束物业使用人的行为，保障物业使用人的权益，物业管理立法中均明确规定了物业使用人独立存在的地位。所以物业使用人的权利义务不仅源自其与业主间租赁合同的约定，而且也出自法律法规以及管理规约的规定。

3. 开发商

开发商，又称发展商，即房地产开发企业，依据《城市房地产管理法》第三十条规定："房地产开发企业是以营利为目的，从事房地产开发和经营的企业。"开发商作为物业的投资建设单位，原始取得物业的所有权。在物业销售之前，是物业唯一所有人，因此被称为第一业主。开发商作为第一业主，物业开始出售后的一段时期内仍持有较多所有权比例，因此有第一次选择物业服务企业的优先权与便利。开发商常直接以自己作为委托方，签订前期物业管理合同，并作为住宅等物业出售合同的附件。

（二）物业服务企业

物业服务企业根据合同接受业主或者业主管理委员会的委托，依照法律或合同约定，对物业进行专业化管理，是物业管理法律关系的重要主体。

物业服务企业是物业服务合同的一方当事人，与业主是平等的民事主体，双方存在服务与被服务、委托与被委托的关系。物业服务企业在向业主提供服务的同时，也承担了部分政府对城市管理的职能，如物业区域内的环保、卫生、治安、交通等。

物业服务企业即可采用具有独立法人资格的公司制形式，也可采用不具有法人资格的其他企业形式，在所有制结构上又可分为全民、集体、联营、三资、私营等多种形式。

物业服务企业一般须经工商行政管理部门的核准登记以及颁发营业执照，而且物业服务企业还由房地产管理部门进行资质管理。

（三）国家行政管理机关

市场经济中的物业管理活动一般通过业主、物业服务企业平等主体间的合同约定开展。但物业管理涉及百姓日常生活、城市正常秩序，政府行政机关如公安、消防、环保机关基于行政权均介入物业管理活动，对各方的行为进行指导、监督。在我国，房地产主管部门还直接负责对公房的物业管理。

《物业管理条例》第五条规定："国务院建设行政主管部门负责全国物业管理活动的监督管理工作。县级以上地方人民政府房地产行政主管部门负责本行政区域内物业管理活动的监督管理工作。"《北京市物业管理办法》第四条也规定："区县人民政府应当做好辖区内物业管理以及和谐社区建设的相关工作。"可见，国家行政管理机关作为物业管理法律关系的主体，具有突出的法律地位。

二、物业管理法律关系的客体

法律关系客体，是指法律关系主体权利义务共同指向的对象，包括物、行为和非物质财富。在具体的法律关系场合，权利和义务由客体作为中介而发生联系。客体的存在、变更、转移、灭失始终影响着人与人之间的法律关系。因此，客体是法律关系不可缺少的要素。

物业管理法律关系的客体，是指物业管理法律关系主体承受的权利义务共同指向的对象。哪些是物业管理法律关系的客体，学术界有不同的认识。第一种观点认为只有物业；第二种观点认为包括物、行为和精神财富（智力成果）；第三种观点认为包括物、行为、精神财富和人（人身安全、人格尊严）。更为中肯的观点是，从客体的利益实质出发，结合不同类别，物业管理法律关系的客体有一定差异的情况，将物业管理法律关系的客体按利益载现形式的不同，划分为物和行为两大类。

第一，物。作为物业管理法律关系的客体专指物业，包括物业管理辖界范围内的全部物业的实物体和所包容的空间环境。物业既是业主所有权、共有权、自治共管权、使用权等法律关系的客体，又是物业服务公司物业代管权法律关系的客体。

第二，行为。作为物业管理法律关系的客体，主要是指物业服务企业按委托物业服务合同提供的有偿服务的行为。行为是客体的一种类型，例如，运输合同中的运输行为、建筑合同中的建筑行为、劳务合同中的劳务行为、服务合同中的服务行为，均为法律关系的客体。需要说明的是，作为法律关系客体的行为并非指一系列机械的动作，就物业管理而言，达到一定的效果乃是"行为"的应有之义。

三、物业管理法律关系的内容

法律体系的内容即主体享有的权利和承担的义务。物业管理法律关系的内容，是指物业管理法律关系主体享有的权利和承担的义务。主体的权利和义务关系是法律关系的最基本的要素和实质，任何法律关系都是在法律关系主体间形成的一种权利和义务关系。因此，权利和义务就构成了法律关系的内容，离开特定的权利和义务，法律关系也就不能构成和存在。

在物业管理法律关系内容中，权利是指物业管理法律关系主体依法具有的，在法律允许的范围内，为实现或维护某种利益，按照自己的意志，自由地做出某种行为，控制他人一定行为和利用国家强制力的资格。义务是指物业管理法律关系主体合法承受的，在法律拘束的条件下，为实现或保障对应的权利，按照法定或约定的要求，必须做出或不做出一定行为的负担。物业管理法律关系的内容主要包括业主及物业服务企业的权利和义务。

（一） 业主的权利和义务

见第三章（略）。

（二） 物业服务企业的权利和义务

1．物业服务企业的权利

物业服务企业是物业服务合同的受托方，物业服务企业享有的权利主要是由业主在合同中授予以及法律明确规定的物业管理权。

物业服务企业的权利主要包括：①根据物业服务合同的规定，结合实际情况，制定小区管理办法并报房地产行政主管部门备案；②依照物业服务合同对住宅小区实施管理；③依物业服务合同和有关规定收取管理费；④制止违反规章制度的行为；⑤有权选聘专业机构承担专业管理义务；⑥有权要求业主委员会协助管理；⑦可以实行多种经营以其收益补充小区管理经费。

2．物业服务企业的义务

物业服务企业的管理权经合同授予由业主所有权处分离取得，故其首要义务即是接受受托方的监督。物业服务企业的义务是：①履行物业服务合同，依法经营；②接受业主委员会和住宅小区居民的监督；③重大管理措施应当提交业主委员会批准；④接受房地产行政管理部门、有关行政主管部门及住宅小区所在地人民政府的监督指导。

第三节　物业管理法律事实

一、物业管理法律事实的概念和意义

物业管理法律事实是指物业管理法规所规定或认可，能引起物业管理法律关系产生、变更、终止的客观现象或条件。

物业管理法律关系既不会自然而然地产生，也不会仅凭法律规定就可以在当事人之间发生，只有法律事实的出现，才能在当事人之间发生一定的法律关系或者使原来的法律关系变更或终止。物业管理法律关系的产生、变更、终止总是以一定的法律事实的出现和存在为根据。在物业管理法律事实的认定上，一要注意它的客观性，它是现实中已经发生和存在的某种客观情况，如果只是主观想象而实际不存在的情况，就不是法律事实；二要注意它的法定性，现实经济生活中，涉及物业管理的客观现象和情况是多种多样的，但并不是每一种客观情况的出现都会引起物业管理法律关系的产生、变更、终止，只有符合物业管理法规规定的客观情况，才是物业管理法律事实，才能引起物业管理法律关系的变化。换言之，当物业管理法律规范的条件部分所规定的情况出现时，就会引起具体的物业管理法律关系的变化。

物业管理法律关系的变化即产生、变更、终止是物业管理法律关系运动的状态，法律事实则是法律关系易化的原因和动力。从物业管理法律事实出现所产生的效果不同，可以将物业管理法律关系的变化运动分为三种状态。

（一）物业管理法律关系的产生

物业管理法律关系的产生指基于一定法律事实的出现，使物业管理关系主体间形成了法律上的一定的具体权利义务关系。例如，业主团体与物业服务公司签订物业委托管理服务合同的双方合意行为，就产生了物业管理服务的法律关系。其中，委托方享有接受服务效果的权利，负有支付服务费用和服务报酬的义务；受托人享有接管特定范围内物业的权利和收取服务报酬的权利，负担妥善管理物业和提供适需服务的义务。

（二）物业管理法律关系的变更

物业管理法律关系的变更指某种法律事实的出现，使原来存在的物业管理法律关系构成的诸要素（主体、内容、客体）发生变化。例如，住宅区的开发建设单位在移交住宅区时，按本地方政府有关规定以建造成本价提供住宅区物业管理用房这一事实的出现，使物业管理用房所有权的主体由开发建设方所有转变为该住宅区全体业主共有；双方当事人修改物业委托管理服务合同，就可能使物业服务公司或业主方的权利义务发生变化，即使原物业委托管理服务合同法律关系的内容发生变化；物业服务公司对物业不认真维护这一事实的出现，会使物业这种客体的质量由好变坏；等等。

（三）物业管理法律关系的终止

物业管理法律关系的终止指一定法律事实的出现，使原存的物业管理法律关系主体间的权利义务终止（消失）。例如，业主团体合法辞退原聘用的物业服务公司、大地震造成管理企业全部毁灭等事件的发生，会导致原有物业委托管理法律关系归于终止。

二、物业管理法律事实的分类

物业管理法律事实根据其发生是否与物业管理法律关系主体的意志有关而划分为

法律事件和法律行为两大类。

（一）法律事件

法律事件是指法律规定的、不以物业管理法律关系主体的意志为转移而能引起物业管理法律关系产生、变更、终止的客观情况。能导致物业管理法律关系变化的法律事件主要有以下几方面。

（1）不可抗力事件的事实和社会意外事件的事实。不可抗力事件是指人们不可预见，对其发生和后果不可避免、不可克服的事件，如自然灾害性的大地震、洪水、飓风以及社会性的战争等。这类事件的发生能引起物业管理法律关系中物业这种客体的部分或全部终止或当事人违约法律责任免除等法律后果。社会意外事件虽然也具有不以物业管理法律关系当事人意志为转移的性质，但并不当然地免除受该事件影响而违约的法律责任，违约方仍要负合理补偿责任。

（2）身为自然人的业主死亡的事实。该事件能引起其参与物业管理法律关系的主体资格终止，其所有物业及业主身份的继承关系发生等。

（3）身为法人的物业服务公司解散或破产终止的事实。该事件能引起其已参与的物业委托管理服务合同法律关系的终止。

（4）时间经过的法律事实。物业委托管理服务合同和特约服务合同对服务提供时间和服务报酬支付时间有约定，法律对诉讼时效和权利的除斥期间有时间持续限制的规定，因此，时间经过的法律事实，可以引起一定物业管理服务和特约服务债权之请求权的发生或终止。

（二）法律行为

法律行为是指依物业法律关系主体的自觉意识而做出的能够引起物业管理法律关系产生、变更、终止之人的活动的客观事实。人的活动即行为，包括作为（积极做出一定的行为）和不作为（消极不做出一定的行为）。法律行为是人们有意识的自觉行动，是主体将自己内在意思表现于外部，能够产生一定法律后果的行为。对法律行为概念的外延有狭义、广义、泛义三种不同理解：狭义的法律行为仅指民事法律行为，民事法律行为本身就是合法行为；广义的法律行为是指合法行为；泛义的法律行为包括合法行为和违法行为。物业管理法学讨论的是泛义的法律行为。

物业管理合法行为是指行为的内容和方式都符合物业管理法律规范所要求的行为，包括做出符合物业管理法律法规所要求的行为即作为，或者不做出违反物业管理法律规范所要求的行为即不作为。例如，业主们依法签订业主公约的行为，物业管理的归口主管机关不干涉业主委员会正常使用公用设施专用基金的行为。物业管理违法行为是实施了物业管理法律规范所禁止的行为，或者不实施物业管理法律规范所要求的行为。违法行为必须是行为的内容或方式违反了法规规定。在违法行为中，行为人的意思与法意相违背，因而其行为的法律后果也与行为人所追求的目的相抵触，通常表现为要依法承担一定的法律责任。

物业管理法律行为一般分为以下三种。

（1）物业管理民事关系主体的合法行为。物业的业主及其团体、物业使用人、物业服务公司等主体都是民事主体，他们之间的关系是民事关系，其相互行为属于民事行为。在物业管理服务事务方面，他们是通过各种合同行为来引起相应的物业委托管理服务法律关系、特约服务法律关系等合同性法律关系的产生、变更、终止；他们也可能因违法行为（包括违约行为）而引起民事法律责任追究的法律关系。

（2）物业管理行政管理关系主体的合法行为。行政管理关系的主体分为行政主体和行政相对人两方。行政主体是管理者，其行为是其职责所要求的必须实施的行为，主要是对物业管理民事经济活动进行指导、监督和查处违反物业管理法规的行为。行政相对人是被管理者，其行为主要表现为向行政主管机关提出某种申请行为和服从行政监督管理的服从行为。例如，物业服务公司向物业管理归口管理机关提出颁发“物业管理资质证书”的申请，就可在物业管理主管机关与提出申请的物业服务公司之间产生行政管理法律关系。

（3）物业管理违法行为。物业管理违法行为是指国家机关及其公职人员、法人和其他组织、自然人违反国家现行物业管理法规的规定所实施的，具有某种社会危害性、有过错或依法应承担一定法律责任的行为。构成违法行为必须具备以下四个要素。

第一，违法行为的客体。指实施的违法行为侵害了物业管理法规所组控和保护的社会关系。

第二，违法行为的客观方面。即违法行为在客观上的表现是这种行为对社会具有危害性。违法行为的社会危害性可分为两种情况：一是对社会已造成实际上的损害。例如物业服务公司将物业管理专用基金私自挪用去炒股的行为，直接侵害了全体业主对专用基金的共有财产权。二是虽然尚未造成实际上的损害，但这种行为对法规保护的社会关系存在危害的危险。例如物业服务公司对管区内人行道路边一棵已枯死倾向路面的大树不采取伐移措施的消极不作为，使这棵树对受法律保护的人身、财产安全社会关系存在危害的危险。

第三，违法行为的主体。指具有行为能力或责任能力，实施了违法行为的自然人、法人和其他社会组织。

第四，违法行为的主观方面。法律一般要求违法行为人在主观上有过错，这种过错是出于故意或者过失。故意的过错是指行为人明知自己的行为会发生危害社会的结果，却希望（即以积极行为去追求）或放任（即以消极行为不去制止、消除）这种危害结果的发生，因而构成违法。过失的过错是指违法行为人应当预见到自己的行为可能发生危害社会的结果，因为疏忽大意而没有预见，或已预见到而轻信能够避免，以致发生危害结果，而构成违法。如果行为虽然在客观上造成危害结果，但行为人主观上没有过错，则一般不能构成违法。但属法律规定应承担无过错责任或严格责任的行为，则不论行为人主观上有无过错，只要依法确定行为人必须承担某种法律责任，就可推定其行为有违法之瑕疵。

物业管理违法行为按其违约性质及对社会危害程度的不同，可以分为民事违法行为、经济违法行为、行政违法行为、刑事违法行为四种。物业管理违法行为往往会导致一定的物业管理法律关系无效，或引起民事损害赔偿及对违法行为处罚法律责任关系的产生。

有的文著将与物业管理纠纷处理有关的司法和仲裁行为，即司法机关和仲裁机关所为的与物业管理纠纷处理相关的行为，也作为物业管理法律行为的一种，这是不正确的。因为物业管理法规只是规定了处理物业管理纠纷可适用的法律规范，并不规定司法机关和仲裁机关的行为或它们的权利和义务，所以，司法行为、仲裁行为即使与物业管理相关，也不能直接列为物业管理法律行为的种类。

研究物业管理法律事实，还应注意两点：一是法律规范、法律事实、法律关系三者之间的关系。法律规范是确定法律事实的依据，其本身并不能产生法律关系；法律事实是引起法律关系变化即产生、变更、终止的原因；法律关系是法律事实引起的结果，是符合法律规范要求而形成和变化的特定法律境位上主体间权利义务关系。二是物业管理法律事实的结合。依据法律规定或当事人的约定，一个物业管理法律关系的产生、变更、终止需要两个以上的法律事实时，则只有这些法律事实的结合，才能产生相应法律后果的，称为物业管理法律事实的结合。属于要式的物业管理法律关系在实践中多为物业管理法律事实的结合。例如，业主方招聘物业服务企业法律关系是如下法律事实的结合：①业主方发出招标公告或邀请招标通知书的法律事实；②参加竞标的物业服务企业按规定送达投标书的法律事实；③业主方开标、评标、定标的法律事实；④业主方与中标的物业服务企业签订物业委托管理服务合同的法律事实；⑤物业服务合同报物业管理行政主管部门备案的法律事实。

第四节 物业权属及其管理法律制度

一、物业权属与物权

物业权属是指物业和产权状况，包括土地权属状况和房屋权属状况。我国实行“房地合一”的原则，因此，土地权属状况与房屋权属状况是一致的，也就是说房屋的权利人必须也是房屋占用范围内土地的权利人，土地的权利人必须也是地上房屋的权利人。物权是民事主体依法对特定的物进行支配并享受其利益的排他性财产权利。所有权、经营权、使用权、地上权、抵押权、质权、留置权等，都是物权。物权主要是一个大陆法系的法律概念，物权是其他各项民事权利的基础。

我国的物业权属制度就是指土地和房屋的权属。物业权属是不动产物权的一种形式。在我国现阶段，实行土地的社会主义公有制，即全民所有制（又称国家所有制）和集体所有制。相应地，土地所有权也就分为国家土地所有权和农民集体土地所有权两种。国家为了社会公共利益的需要，可以依法对集体所有的土地实行征用，此时集体土地转为国有土地。除了这种土地所有权的转变外，国有土地和集体土地的使用权可以依法转让；国有土地和集体土地可以依法确定给单位或者个人使用。虽然土地的所有权与使用权可以分离，但“买卖土地”的说法在中国是不准确的：作为商品交换的仅仅是土地使用权，土地所有权是不得买卖的；只有在那些存在土地私人所有制的国家和地区才能称“买卖土地”。房屋方面，我国存在多种所有权：国家所有、集体所有和个人所有等。房屋可以作为商品发生所有权的有偿转移，称为“买卖房屋”。此时，房屋权属即物业权属，包括房屋的所有权和该房屋占用范围内的土地使用权。

二、物业权属管理

（一）物业权属管理的概念

物业权属管理即物业权属登记管理，是指物业行政主管机关对物业权属状况进行持续的记录，登记物业产权人的权利，在专门簿册上记载权利的种类、权利的范围等情况并向物业产权人颁发权利证书的一种法律行为。物业权属管理是物业行政主管机关依其职权所实施的行政行为，主管机关与登记申请人之间是管理与被管理的关系。

（二）物业权属管理的登记发证制度

我国实行土地使用权和房屋所有权登记发证制度。国家依法实行土地登记发证制度。依法登记的土地的所有权和使用权受法律保护。任何单位和个人不得侵犯。国家实行房屋所有权登记发证制度。依法登记的房屋权利受国家法律保护。

以出让或者划拨方式取得土地使用权，应当向县级以上地方人民政府土地管理部门申请登记，经县级以上地方人民政府土地管理部门核实，由同级人民政府颁发土地使用权证书。

在依法取得的房地产开发用地上建成房屋的，应当凭土地使用权证书向县级以上地方人民政府房产管理部门申请登记，由县级以上地方人民政府房产管理部门核实并颁发房屋所有权证书。

房地产转让或者变更时，应当向县级以上地方人民政府房产管理部门申请房产变更登记，并凭变更后的房屋所有权证书向同级人民政府土地管理部门申请土地使用权变更登记，经同级人民政府土地管理部门核实，由同级人民政府更换或者修改土地使用权证书。法律另有规定的，依照有关法律的规定办理。

（三）物业权属登记的功能

1. 物业权属确认功能

物业权属确认功能，是指通过登记，使物业的权属状况在法律上得到认可，国家以强制力作为保障，除权利人以外的其他任何主体不得侵犯权利人对物业享有的权利。权属的确认必须通过法定的机关依照法定的程序进行，在我国，土地管理部门和房屋管理部门为物业权属登记机关，有关的法律、法规和规章规定了申请、审查和登记的程序。权属确认功能重点在于保护权利人。

2. 物业权属公示功能

物业权属公示功能，是指将物业权属的状况向社会公开，使相关的利害关系人得以了解物业权属的真实情况。这是为维护房地产交易安全的需要，一方面，可以防止不具有支配权或者不再具有支配权的人进行欺诈；另一方面，公示房地产已经设立的相关权利，如抵押权，也可以防止隐瞒权利的瑕疵进行交易。权属公示功能重点在于保护与权利人进行交易的相对人。

3. 物业权属管理功能

物业权属管理功能，是指由国家行政机关对物业权属的设定和变动进行登记，充分体现了国家意志的干预性。物业作为商品，双方当事人的合意、交付或一方的占有均不足以判断物业是否真正流通，只有行政机关的登记才是流通的有效依据。一方面通过物业权属登记建立产籍资料，从而加强产籍管理；另一方面通过对物业权属的得失变更进行审查监督，从而保证权属登记的真实性和合法性，进而实现国家房地产行政管理的意图。

三、物业权属状况

（一）土地权属状况

1. 土地所有权

土地所有权，是指土地所有人依法对自己的土地享有占有、使用、收益和处分的权利。我国实行土地的社会主义公有制，即全民所有制和集体所有制。这两种所有制体现在法律上，就是两种所有权，即国有土地所有权和农民集体土地所有权。任何单位和个人不得侵占、买卖或者以其他形式非法转让土地。土地使用权可以依法转让。

（1）国有土地所有权。国有土地所有权，是指国家对全民所有的土地享有占用、使用、收益和处分的权利。全民所有，即国家土地的所有权由国务院代表国家行使。各级土地管理机关和其他有关国家机关可以依照法律规定或者中央政府的授权行使国家土地所有权（出让土地使用权），但这并不意味着这些机关本身是国家土地所有权的主体。

（2）农民集体土地所有权。农民集体土地所有权，是指农村集体组织对集体所有的土地享有占有、使用、收益和处分的权利。农民集体所有的土地依法属于村农民集体所有的，由村集体经济组织或者村民委员会经营、管理；已经分别属于村内两个以上农村集体经济组织的农民集体所有的，由村内各该农村集体经济组织或者村民小组经营、管理；已经属于乡（镇）农村集体所有的，由乡（镇）农村集体经济组织经营、管理。集体的土地包括：①农村和城市郊区的土地，除由法律规定属于国家所有的以外，属于农民集体所有；②宅基地和自留地、自留山，属于农民集体所有。

2. 土地使用权

土地使用权是指依法对土地进行开发和利用，以满足自己某种需要的权利。土地使用权实际上有两种：一是土地所有权人对自己拥有的土地所享有的使用权；二是非土地所有权人对土地所享有的使用权。前者即所有权人的使用权，可称作所有权权能的使用权；后者即非所有权人的使用权，可称作与所有权相分离的使用权。前者不是独立的权利，只是所有权的一项权能；后者是一种独立的、与所有权相关的一项财产权利，它是从土地所有权中分离出来的一种权利，当它与所有权分离以后，就成为一种独立的权利，它具有和所有权相类似的内容。我们所讨论的主要是后者。土地使用权包括对土地的占有权、使用权和一定范围内的收益权，以及一定条件下的处分权。

国有土地和农民集体所有的土地，可以依法确定给单位或者个人使用。使用土地的单位和个人，有保护、管理和合理利用土地的义务。土地使用权只能依法取得。无论是单位对国有土地享有的土地使用权，还是个人对国有或集体所有的土地享有的土地使用权，均受法律保护。

作为房地产开发用地，只能使用国有土地。如前所述，国有土地一般情况下并不是由国家直接使用经营，而是依法确定给单位或个人使用。所谓国有土地使用权，是指公民和法人在法律许可的范围内，对依法取得的国有土地所享有的占有、使用、收益和处分的权利。国有土地使用权是一种有期限的民事权利。国有土地使用权的取得方式主要有划拨取得和有偿出让取得两种方式。

（二）房屋权属状况

1. 房屋的概念

房屋是指土地上的居住用房、工商业用房、办公用房（写字楼）等建筑物及构筑物，如铁路、桥梁等。本书中所提到的房屋，主要是指建筑物。

2. 房屋的分类

根据房屋坐落的位置不同，可以把房屋分为城镇房屋和农村房屋。城镇房屋是指坐落于城市（直辖市、地级市、县级市）、县城、建制镇和工矿区的房屋；农村房屋是指坐落于农村的房屋。本书所指的房屋是城市的房屋。

根据房屋用途的不同，可以把房屋分为住宅用房和非住宅用房。住宅用房是专供居住使用的房屋；非住宅用房是指除住宅用房以外的其他一切房屋。

城市住宅用房，根据产权性质的不同，又可分为商品房、房改房、廉租房、经济适用房、集资房和共有产权房。

（1）商品房。商品房是指具有经营资格的房地产企业经营的商品住宅。它完全按照市场经济规律运作。职工已购公房、经济适用房、集资房上市交易后，也就成为完全意义上的商品房，具有商品的所有属性，价格随行就市。

（2）房改房。房改房是指城镇职工根据国家和县级以上地方人民政府有关城镇住房改革政策规定按照成本价或者标准价购买的公有住房。按照成本价购买的享有全部产权；按标准价购买的享受规定比例的部分产权。

（3）廉租房。城镇廉租房是指政府和单位在住房领域实施社会保障职能，向具有城镇常住户口的最低收入家庭提供的租金相对低廉的普通住房。

（4）经济适用房。经济适用房是指以中低收入家庭住房困难户为供应对象，并按国家住宅建设标准（不含别墅、高级公寓、外销住宅）建设的普通住宅。它的两个最显著特点是经济性和适用性。经济性是指住房价格相对市场而言是适中的，与中低收入家庭的承受能力相适应。适用性是指在住房设计及其建筑标准上强调能满足现代城市居民对居住生活的基本需要，而不是降低建筑标准。

（5）集资房。集资房是指单位利用存量土地，组织职工全额集资、合作建设的住房，享受经济适用房的优惠政策，拥有全部产权。与经济适用房的区别是集资建设的住房价格没有“利润”这一项。

（6）共有产权房。共有产权房是指地方政府让渡部分土地出让收益，然后低价配售给符合条件的保障对象家庭所建的房屋。保障对象与地方政府签订合同，约定双方的产权份额以及保障住房将来上市交易的条件和所得价款的分配份额。共有产权房将实现“封闭管理、内部循环”，不能转为完全的商品房，从根本上杜绝投机炒作。但共有产权房的上市交易依然是允许的，如果拿证满五年，即可按市场价格转让所购房屋产权份额，可以是同等价格条件下被代持机构优先购买，也可以转让给其他符合共有产权房购买条件的家庭。新购房人获得房屋产权性质仍为“共有产权房”，所占房屋产权份额比例不变。

第五节　物业产权的持有形式和取得方式

产权制度的最基本功能是界定财产归属，从而避免因财产归属主体不明而导致人们争夺财产利益冲突。产权制度通过法律形式将财产关系权利化，用产权作为维系财产和联结财产归属主体的中介，使产权的持有主体能够排他性地支配产权维系的财产，并通过恰当地设定持有主体与非产权持有主体之间的行为、利益关系格局，保证产权流转和财产现实运动的顺畅和安全，保证以财产为基础的经济运行有序化，从而实现社会财富资源的配置优化和财产价值利益分配的社会妥当化。因此，产权的持有主体应当是特定的和明确的，产权的取得方式也应当是合法的和正当的。产权本身及其维系的财产是不会自动发生社会效能的，必须通过人的持有和行使运作活动才能凸显其法律的、社会的意义。

一、物业产权持有形式的定义和分类

产权的持有形式又称产权形态，是指财产法律关系主体对产权特别是对所有权的把持方式，是通过产权中介使特定主体与特定财产联结起来的财产归属形式。物业产权持有形式是指物业的法律关系主体对于归属自己的物业财产的产权把持方式。根据主体的社会性质、人数规模和持有法律特点的不同，可以将物业产权持有形式划分为四类：个体独有、共有、公有和特定复有。

（一）个体独有

个体独有，狭义上仅指个人独有，即一个自然人单独持有某项产权；广义上亦指一个法人或一个社会组织个体单独持有某项产权。

（二）共有

1. 共有的概念

共有是一种常见的财产法律关系。按照传统民法理论，对所有权可以进行质的分割与量的分割。当所有权的部分权能与所有权分离而由非所有人享有和行使时，为所有权质的分割。所有权质的分割产生非所有人的他物权。当同一客体的所有权由数人分享时，为所有权量的分割。所有权量的分割便产生共有。共有是指两个或两个以上的人（公民或法人）对同一项财产享有所有权。

2. 共有的分类

共有可分为按份共有、共同共有和准共有。

（1）按份共有。按份共有是指两个或两个以上的人对同一项财产按照份额享有所有权。在按份共有财产关系中，共有人按照各自的份额对共有财产分享权利和承担义务，这种份额一般都是事先在法律中规定或在合同中约定了的。例如，甲、乙、丙三人共同出资购买一幢房屋，甲、乙各出资40万元，丙出资20万元，这幢房屋就为甲、乙、丙三人按份共有。其中，甲、乙各享有40%的份额，丙享有20%的份额；他们各以这种份额享有权利和承担义务。可见，按份共有并不是把房屋财产分割成若干份，各共有人各享有一份所有权，而是共有人对共有房屋按各自所拥有的份额享有权利和承担义务。按份共有人对于自己的份额有权要求分出、转让。但是，共有人出售自己的房屋财产份额时，其他共有人在同等条件下，有优先购买的权利。按份共有关系一般因全体共有人的协议而消灭。因共有关系消灭而分割共有房屋时，可以选择采取下列两种方法：①变价分割。共有房屋为不可分物，可以把房屋出卖，各共有人依各自的份额取得房屋的价款。②作价补偿。共有人有一人或数人愿意取得房屋，可把房屋作价，除自己应得部分外，按份额补偿给其他共有人，从而取得原房屋全部的所有权。

（2）共同共有。共同共有是指两个或两个以上的人对于同一项财产的全部，不分份额地、平等地享有所有权。共同共有与按份共有的最显著的区别在于：共同共有是不确定份额的共有，只要共同共有关系存在，共有人就不能划分自己对房屋的份额，只有在共同共有关系消灭，对共有财产进行分割时，才能确定各个共有人应得的份额。共同共有财产关系主要基于共同劳动、共同生活、共同继承遗产等共同关系而产生。这种共同关系，是共同共有财产的前提，没有这个前提，共同共有同财产应不会发生。在实际生活中，最常见的共同共有财产主要有以下几种。①夫妻共有财产。《民法典》的有关规定是夫妻共同共有财产的法律依据。②家庭共有财产。在我国，家庭关系不仅限于夫妻关系，还存在着父母子女、祖父母、外祖父母与孙子女、外孙子女、兄弟姐妹等之间的关系。家庭成员共同购置、受赠的家庭共有房屋归家庭成员共同所有。③共同继承的财产。这是指继承开始以后，遗产分割以前，两个或两个以上的继承人对之享有继承权的遗产。在分割遗产时，共同继承人各自的份额，一般应当均等，但法律另有规定的除外。

共同共有房屋的分割，同样可以采用变价分割和作价补偿的方法。

（3）准共有。准共有是指所有权以外的财产权的共有。共有制度是专为所有权的共有而规定的。但是实际生活中，并非只有所有权才能共有，其他财产权，包括他物权，均有共有。因此，各国物权法在对所有权的共有作出规定后，一般均要补充规定其他财产权的共有准用所有权共有制度的有关规定。于是，理论上便把所有权以外的其他财产权的共有称为准共有。我国物业权属中关于土地使用权的共有，即为准共有。

（三）公有

公有指一定的非家庭式社会经济组织范围内的全体成员聚合形成的一项产权。广义的公有可分集体所有、国家所有、社会所有等多种形式；狭义的公有仅反映国家所有，而集体所有划入广义的个体所有范围。依据《宪法》第六条、第九条、第十条和《土地管理法》第二条、第八条、第十条的规定，中国的社会主义经济制度的基础是生产资料的社会主义公有制，即全民所有制和劳动群众集体所有制。矿藏、水流等自然资源，除由法律规定属于集体所有的森林和山岭、草原、荒地、滩涂，都属于国家所有。中国实行土地的社会主义公有制。城市市区的土地属于国家所有。农村和城市郊区的土地，除由法律规定属于国家所有的以外，属于农民集体所有；宅基地、自留地、自留山，属于农民集体所有。农民集体所有的土地依法属于村内两个以上农村集体经济组织的农民集体所有的，由村集体经济组织或者村民委员会经营、管理；已经分别属于村内两个以上农民集体所有的，由村内各该农村集体经济组织或者村民小组经营、管理。已经属于乡（镇）农民集体所有的，由乡（镇）农村集体经济组织经营、管理。国家为了公共利益的需要，可以依照法律规定对集体所有的土地实行征用。任何单位（组织）或者个人不得侵占、买卖或者以其他形式非法转让土地。土地使用权可以依法转让。

（四）特定复有

特定复有简称复有，是指对同一宗财产本应享有同质产权的分别居处于上下位置相邻法律地位中的不同主体，基于相互约定或依法律政策的规定，而将该宗产权的实际持有主体确定为一方，而另一方保留一定属主性、制约性、自益性权利，从而形成一类特殊的不同法律地位主体之间的双重复合持有同一项产权形式。对特定财产享有复有权的人，为复有人。复有的主要类型有以下几种。

（1）国有企业制中的国家和企业双方对企业财产的产权复有。

（2）股份公司制中的公司股东（投资人）和公司双方对公司财产的产权复有。

（3）信托财产制中的信托人和受托人双方对信托的财产之产权复有。

（4）住宅合作社制中的合作社和社员双方对合作社住宅财产的产权复有。

（5）中国房改过程中形成的有限产权、部分产权制中的国家、单位与有限产权人、部分产权人双方或三方对有限产权房屋、部分产权房屋的产权复有。

（6）建筑物区分所有制中业主团体和业主个体对共有共用物业部分的产权复有。

（7）其他也可归入复有类型的产权持有形式。

二、物业产权的取得方式

物业产权的取得属于不动产产权的发生关系，是指物业产权发生关系主体合法获得物业产权的根据、途径和方式。按发生的方法不同，可将物业产权取得方式分为两类：一类称原始取得，指直接依据法律规定而取得某宗物业和产权，不是以原物业的产权为依据。这种不根据他人的产权而独立取得的产权完全是新发生的权利（如新建的所有权之取得)。另一类称继受取得，又称传来取得，指新的产权人的产权是根据法律或合同规定从原产权人那里取得的。

从物业管理实务角度看，物业管理辖区内的物业产权取得涉及的具体方式和情形主要分两类情形。

（一）基地使用权的取得

中国实行土地的社会主义公有制，禁止土地所有权的买卖或以其他形式非法转让土地，除国家可以为满足公共利益的需要采取依法征用方式将集体所有土地转为国有土地外，任何单位和个人都不允许通过合同关系或取得时效制度取得土地所有权，而只能通过合法设定方式和继受取得方式而取得土地使用权。

基地使用权作为可替代传统民法中“地上权”一词的法律术词，其定义可表述为：基地使用权是指用地人为建造和支配自有建筑物及附着物而依法律规定和合同约定占用他人所有的建设用地并享受收益的权利。

基地使用权的取得方式常见的有三类：设定取得、转让取得和继承取得。

1. 设定取得

设定行为是使基地所有权内含的占有、使用、收益权能所有权权能从中分离出来而组合形成相对独立的基地使用权的法律行为。这种设定是重要的物权行为，可直接发生物权变动的法律后果。基地使用权的设定取得有以下两种方式。

（1）依行政程序设定。依行政程序设定又分为国有土地行政划拨式设定和集体土地无偿分配式设定两种不同情形。土地使用权划拨，是指县级以上人民政府依法批准，在土地使用者缴纳补偿、安置等费用后将该幅土地交付其使用，或者将土地使用权无偿交付给土地使用者使用的行为（《城市房地产管理法》第二十三条）。以划拨设定的基地使用权具有计划性、行政性、用途特别性、转让受限制性、基本无偿性和无具体期限性等特点。除法律、行政法规另有规定外，依法以划拨方式取得用地权，没有使用期限的限制（《城市房地产管理法》第二十三条）。对划拨用地权不规定具体使用期限，这并不意味着划拨用地人的用地权是无限期的，只不过期限与使用人的存续期间始终相应，一旦这些用地单位撤销、迁移，其用地权即行转归土地所有者。

（2）依民事程序设定。依民事程序设定又分为土地使用权出让式设定和土地出租使用式设定两种不同情形。依民事程序设定用地权是指土地所有者与用地需求人按照民法和合同法原则规定和关于用地权特别法规定，通过出让合同、出租合同、承包经营合同等合同关系，将用地权有偿确定给用地需求人。

2. 转让取得

依中国现行法律规定，基地使用权转让，是特指“房地产转让”中所涉及的土地使用权转让。房地产转让，是指房地产权利人通过买卖、赠与或者其他合法方式将其房地产转移给他人的行为。《城市房地产管理法》第三十九条规定："以出让方式取得土地使用权的，转让房地产时，应当符合下列条件：（一）按照出让合同约定已经支付全部土地使用权出让金，并取得土地使用权证书；（二）按照出让合同约定进行投资开发，属于房屋建设工程的，完成开发投资总额的百分之二十五以上，属于成片开发土地的，形成工业用地或者其他建设用地条件。转让房地产时房屋已经建成的，还应当持有房屋所有权证书。"

《城市房地产管理法》第四十三条规定："以出让方式取得土地使用权的，转让房地产后，其土地使用权的使用年限为原土地使用权出让合同约定的使用年限减去原土地使用者已经使用年限后的剩余年限。"

《城市房地产管理法》第四十条规定："以划拨方式取得土地使用权的，转让房地产时，应当按照国务院规定，报有批准权的人民政府审批。有批准权的人民政府准予转让的，应当由受让方办理土地使用权出让手续，并依照国家有关规定缴纳土地使用权出让金。以划拨方式取得土地使用权的，转让房地产报批时，有批准权的人民政府按照国务院规定决定可以不办理土地使用权出让手续的，转让方应当按照国务院规定将转让房地产所获收益中的土地收益上缴国家或者作其他处理。"物业管理辖区内的基地使用权若属行政划拨用地权，业主或物业服务企业代理业主转让其房地产的，应当注意国务院及其所属部委和物业所在地方政府有关是否要办理土地使用权出让手续和土地收益分配的规定。例如，1999 年 7 月 20 日财政部、国土资源部、建设部根据《国务院关于进一步深化城镇住房制度改革加快住房建设的通知》，联合印发了《已购公有住房和经济适用住房上市出售土地出让金和收益分配管理的若干规定》（以下简称《规定》）。由于经济适用住房和一部分已购公房的土地使用权原来是以行政划拨方式取得的，原售价中不含土地出让金，因而在上市出售时，应按照《城市房地产管理法》的规定，由购买人向国家补交土地出让金。另有一部分已购公房的基地使用权以出让方式取得的，如原单位购买了商品住宅（价格中包含了开发商已向国家缴纳的土地出让金），再根据房改政策按房改成本价出售给职工，其上市出售时，不需要再向国家补交土地出让金，但应由新的购买人缴纳相当于土地出让金的价款，这部分价款应当根据原投资渠道分别上缴财政或返还原产权单位，作为房改成本价格与市场指导价差额的补偿，以保证售购公房与售购经济适宜住房的各方的利益满足符合公平原则要求。所以，该规定明确："已购公有住房和经济适用住房上市出售时，由购房者按规定缴纳土地出让金或相当于土地出让金的价款。缴纳标准按不低于所购买的已购公有住房或经济适用住房坐落位置的标定地价的 10% 确定。"购房者缴纳土地出让金或相当于土地出让金的价款后，按出让土地使用权的商品住宅办理产权登记。考虑到目前多数地方尚没有标定地价资料，而住房二级市场的开放又是当务之急，实际操作中各地方可根据具体情况确定征收方式。如北京市经研究论证，并经国务院房改领导小组原则同意，按房屋成交价的3%（相当于标定地价的10%）作为应缴纳土地出让金或相当于土地出让金的价款，以便操作执行。

3. 继承取得

继承是指自然人（公民）依法承受与其有特定人身关系（血缘关系和婚姻关系）的死者死亡时所遗留的合法财产的方式。中国现行土地使用权制度使国有土地使用权和农民宅基地使用权都可以成为公民的个人财产，自应允许继承。《中华人民共和国城镇国有土地使用权出让和转让暂行条例》第四十八条规定："依照本条例的规定取得土地使用权的个人，其土地使用权可继承。"宅基地使用权继承，是指自然人身份的宅基地使用权人死亡时，其继承人可以根据继承法，取得该宅基地使用权。

（二）房屋所有权的取得

房屋所有权的取得方法主要有以下几方面。

1. 依取得时效制度取得

为鼓励权利人利用其财产，促进物尽其用，维护社会秩序的稳定和便捷地解决纠纷，许多国家都规定和建立了取得时效制度。取得时效是指虽无合法根据，但长期占有他人动产或不动产的占有人，可以以其长期占有的法律事实符合法律规定的取得时间的期间时效条件而取得所占有的动产所有权、不动产产权。

2. 因投资兴建房屋取得

因投资兴建房屋取得，简称新建取得。农村村民及在城镇中由职工和市民自己出资兴建自住房屋，在城乡由建设单位投资兴建的自用房屋，在城市由房地产开发商投资兴建的供售租的房屋，都按原始取得方式取得房屋所有权。在城市中仍是以建设单位和房地产开发商兴建房屋为主，房屋所有权证发给建设单位、开发商的俗称"大产权证"。"大产权证"维系的物业可以进一步分割售让给他人而形成小宗物业，经登记发给的俗称"小产权证"。

3. 因接受赠与取得

赠与是单务合同关系，属于无偿性双方法律行为。《民法典》"合同编"专门用一章作了详细规定。

第六百五十七条规定："赠与合同是赠与人将自己的财产无偿给予受赠人，受赠人表示接受赠与的合同。"

第六百五十八条规定："赠与人在赠与财产的权利转移之前可以撤销赠与。"

第六百六十条规定："经过公证的赠与合同或者依法不得撤销的具有救灾、扶贫、助残等公益、道德义务性质的赠与合同，赠与人不交付赠与财产的，受赠人可以请求交付。"

第六百六十一条规定："赠与可以附义务。赠与附义务的，受赠人应当按照约定履行义务。”

第六百六十二条规定：“赠与的财产有瑕疵的，赠与人不承担责任。附义务的赠与，赠与的财产有瑕疵的，赠与人在附义务的限度内承担与出卖人相同的责任。赠与人故意不告知瑕疵或者保证无瑕疵，造成受赠人损失的，应当承担赔偿责任。”

第六百六十三条规定：“受赠人有下列情形之一的，赠与人可以撤销赠与：（一）严重侵害赠与人或者赠与人近亲属的合法权益；（二）对赠与人有扶养义务而不履行；（三）不履行赠与合同约定的义务。赠与人的撤销权，自知道或者应当知道撤销事由之日起一年内行使。”

第六百六十四条规定：“因受赠人的违法行为致使赠与人死亡或者丧失民事行为能力的，赠与人的继承人或者法定代理人可以撤销赠与。赠与人的继承人或者法定代理人的撤销权，自知道或者应当知道撤销事由之日起六个月内行使。”

第六百六十五条规定：“撤销权人撤销赠与的，可以向受赠人请求返还赠与的财产。”

第六百六十六条规定：“赠与人的经济状况显著恶化，严重影响其生产经营或者家庭生活的，可以不再履行赠与义务。”

4. 因购置取得

以买卖、置换（房屋实物交换）等有偿转让交易方式取得房屋所有权，是城市房屋所有权取得的主要途径。中国现行房地产价格评估制度和房地产成交价格申报制度，房产权利人转让房地产，应当向县级以上地方人民政府规定部门如实申报成交价，不得瞒报或者做不实的申报。《城市房地产管理法》第三十八条明确规定：“下列房地产，不得转让：（一）以出让方式取得土地使用权的，不符合本法第三十九条规定的条件的；（二）司法机关和行政机关依法裁定、决定查封或者以其他形式限制房地产权利的；（三）依法收回土地使用权的；（四）共有房地产，未经其他共有人书面同意的；（五）权属有争议的；（六）未依法登记领取权属证书的；（七）法律、行政法规规定禁止转让的其他情形。”

5. 因继承、分家析产、分割共有房地产和其他法律规定而取得

中华人民共和国成立初期，依据《土地改革法》的规定公民（主要是农民）分得的房屋所有权。

三、建筑物区分所有权

各国各地区对业主的建筑物区分所有权的称谓不同。法国称之为“区分各阶层不动产的共有”和“住宅分层所有权”；德国、奥地利称之为“住宅所有权”；意大利、英国称之为“公寓所有权”；美国有“公寓所有权”“单位所有权”和“水平财产权”等称谓；瑞士称之为“楼层所有权”；日本和中国台湾地区称之为“区分所有权”；加

拿大、澳大利亚称之为“单元住宅所有权”；而《民法典》称之为“业主的建筑物区分所有权”。

（一）建筑物区分所有权的概念和特征

1．建筑物区分所有权的概念

建筑物区分所有权，是指由区分所有建筑物专有部分所有权、共用部分持份权（共有所有权）以及因共同关系所生的成员权所构成。《民法典》第二百七十一条规定：“业主对建筑物内的住宅、经营性用房等专有部分享有所有权，对专有部分以外的共有部分享有共有和共同管理的权利。”

2．建筑物区分所有权的特征

（1）复合性。由概念可以得知，建筑物区分所有权是由三方面权利组成的，是一种复合权利。

（2）专有部分所有权为主导。区分所有权人取得专有部分所有权的同时即取得共用部分持份权和成员权，区分所有权人的专有部分的大小决定他的共用部分持份权和成员权的大小；在登记区分所有权时，共用部分持份权随同专有部分所有权登记，成员权无须登记。

（3）一体性。建筑物区分所有权的三方面权利紧密联系，不可分割，不能进行单独的转让、抵押、继承和抛弃。所以说，建筑物区分所有权是一种整合性权利，它的三个方面只是在认识上具有相对的独立性，在实践中并不是独立的。

（4）权利主体身份的多重性。建筑物区分所有权人（业主）同时是专有部分的专有所有权人、共有部分的共有所有权人和管理建筑物的成员权人。而一般不动产所有权，其权利主体之身份只能是单一的，要么作为所有权人，要么作为共有权人，而不得同时具有所有权人和共有权人的双重身份。

从以上的四个特征可见，建筑物区分所有权在很多方面冲破了传统的物权法，是一种特殊的所有权形态，是一种新型的民事权利。

（二）专有部分所有权

专有部分所有权，是指建筑物区分所有权人（业主）对专有部分享有的占有、使用、收益和处分的权利。就专有部分而言，它是单独的所有权，与一般所有权没有两样，在产权登记时也就分别进行登记。因此，在区分所有情况下，一栋建筑物实际上已为多人单独享有，这样，所有权人已不是一个而是数个。由于区分所有人对其专有部分享有所有权，因此他可以独立使用收益并处分该财产，他人不得干涉。建筑物的区分所有不论是纵的区分还是横的区分，区分所有人的所有权只能及于其所有部分，而不能及于建筑物的全部，在这点上与共有不同。《民法典》第二百七十一条规定：“业主对建筑物内的住宅、经营性用房等专有部分享有所有权，对专有部分以外的共有部分享有共有和共同管理的权利。”第二百七十二条规定：“业主对其建筑物专有部分享有占有、使用、收益和处分的权利。业主行使权利不得危及建筑物的安全，不得损害其他业主的合法权益。”《最高人民法院关于审理建筑物区分所有权纠纷案件具体应用法律若干问题的解释》第二条规定：“建筑区划内符合下列条件的房屋，以及车位、摊位等特定空间，应当认定为物权法第六章所称的专有部分：（一）具有构造上的独立性，能够明确区分；（二）具有利用上的独立性，可以排他使用；（三）能够登记成为特定业主所有权的客体。规划上专属于特定房屋，且建设单位销售时已经根据规划列入该特定房屋买卖合同中的露台等，应当认定为物权法第六章①所称专有部分的组成部分。”

业主在行使专有所有权时，应遵守国家法律法规以及管理规约。《民法典》第二百七十九条规定：“业主不得违反法律、法规以及管理规约，将住宅改变为经营性用房。业主将住宅改变为经营性用房的，除遵守法律、法规以及管理规约外，应当经有利害关系的业主一致同意。”

业主不遵守国家法律法规，侵害其他业主权利的最严重民事法律责任是剥夺其区分所有权。2007 年《德国住宅所有权法》仍然维持了 1951 年《德国住宅所有权法》有关剥夺严重违反义务业主的住宅所有权的规定。业主因为酒精或药物中毒而丧失自主意识致有引起火灾的危险，或罹患恶性疾病，或有侵害他人的精神病等，均可构成剥夺的理由。《民法典》第二百八十六条规定：“业主应当遵守法律、法规以及管理规约，相关行为应当符合节约资源、保护生态环境的要求。对于物业服务企业或者其他管理人执行政府依法实施的应急处置措施和其他管理措施，业主应当依法予以配合。”

（三）共用部分持份权（共有所有权）

共用部分持份权，是指建筑物区分所有权人（业主）依照法律的规定和合同的约定，对区分所有建筑物的共用部分所享有的权利。没有共用部分持份权也就不会存在建筑物区分所有权。各区分所有人对于房屋的共有部分，如楼梯、走廊等，在法律上推定为各区分所有人共有，但不允许共有人请求分割，转化为个人所有。《城市异产毗连房屋管理规定》要求，异产毗连房屋所有人以外的人如需使用异产毗连房屋的共有部位时，应取得各所有人一致同意，并签订书面协议。一方所有人如需改变共有部位的外形或结构时，除经城市规划部门批准外，还须征得其他所有人的书面同意。对于这些共用部分的修缮费及其他负担，由各区分所有人按其所有部分价值的比例分担。区分所有人只有在转让专有部分的时候，才能将共有部分随同转让。《民法典》第二百七十三条规定：“业主对建筑物专有部分以外的共有部分，享有权利，承担义务；不

① 注：“物权法第六章”现为《民法典》“物权编”第六章的内容。

得以放弃权利为由不履行义务。业主转让建筑物内的住宅、经营性用房，其对共有部分享有的共有和共同管理的权利一并转让。”《最高人民法院关于审理建筑物区分所有权纠纷案件具体应用法律若干问题的解释》第三条规定：“除法律、行政法规规定的共有部分外，建筑区划内的以下部分，也应当认定为物权法第六章所称的共有部分：（一）建筑物的基础、承重结构、外墙、屋顶等基本结构部分，通道、楼梯、大堂等公共通行部分，消防、公共照明等附属设施、设备，避难层、设备层或者设备间等结构部分；（二）其他不属于业主专有部分，也不属于市政公用部分或者其他权利人所有的场所及设施等。建筑区划内的土地，依法由业主共同享有建设用地使用权，但属于业主专有的整栋建筑物的规划占地或者城镇公共道路、绿地占地除外。”第四条规定：“业主基于对住宅、经营性用房等专有部分特定使用功能的合理需要，无偿利用屋顶以及与其专有部分相对应的外墙面等共有部分的，不应认定为侵权。但违反法律、法规、管理规约，损害他人合法权益的除外。”

（四）成员权

成员权是指建筑物区分所有权人基于专有部分所有权和共用部分持分权而具有的作为建筑物物业自治管理组织成员的权利。成员权的实质是参与管理权，物业自治管理组织是对建筑物共用部分进行管理的机构，业主有权参与对建筑物的管理。成员权的内容包括权利和义务两个方面（即业主的权利和义务）。《民法典》第二百七十八条规定，建筑物区域内的下列事项须由业主共同决定：（一）制定和修改业主大会议事规则；（二）制定和修改管理规约；（三）选举业主委员会或者更换业主委员会成员；（四）选聘和解聘物业服务企业或者其他管理人；（五）使用建筑物及其附属设施的维修资金；（六）筹集建筑物及其附属设施的维修资金；（七）改建、重建建筑物及其附属设施；（八）改变共有部分的用途或者利用共有部分从事经营活动；（九）有关共有和共同管理权利的其他重大事项。

（五）建筑物区分所有权与土地使用权的关系

建筑物区分所有权包含土地使用权，建筑物区分所有权人对土地使用权享有共有权。从我国现行法律规定来看，将土地使用权与房屋所有权视为不可分割的整体。因此，一幢建筑物即使被区分为不同所有者所有之后，建筑物所有权与土地使用权仍然是不可分割地联系在一起的，这意味着建筑物区分所有权人应当基于其对建筑物的区分所有而享有对土地的使用权。由于土地本身不可能像房屋那样进行实际分割，而将某部分确定为某人单独所有，只能确认为双方或多方共有。各区分所有权人对土地使用权享有共有权，究竟是按份共有还是共同共有？这种共有在性质上应为按份共有。各个区分所有权人所拥有的专有部分的面积在整个建筑物中所占比例，即构成其对土地权利享有的份额。在此基础上构成按份共有不仅符合区分所有的现实情况，而且最有利于确认和保护各区分所有权人的权利和利益，防止各种纠纷的发生。因为各区分所有权人所拥有的专有部分的面积是各不相同的，有人可能购买一个楼层的面积，有人则可能只购买一套房间。

第六节　物业产权的法律限制和不动产相邻关系

一、物业产权行使的法律限制

物业产权行使的法律限制是指对物业产权绝对性、排他性的法定限制规则。

物业产权行使的法律限制之原则是利益制衡原则，其内容是：产权的行使不得妨害他人利益，不得妨害公共利益的发展；为公共利益而对产权的行使设置限制，必须有明确的法律依据。该原则一方面以产权的行使提出了尊重他人利益和公共利益的基本要求，这只是要求产权人不可滥用其权利，而不是要求产权人主动牺牲其权利或者不主张自己的权益。另一方面为保障产权人依自己的意志正当行使产权，防止他人为自己的利益和任何公共权力机关以任意理由限制甚至剥夺产权人行使权利的自由，将任何他人为自己的利益而限制产权人行使产权行为排除在该原则允许范围之外，并对公共权力干涉产权行使自由的行为作出限制，特别指出对产权的行使调协限制应同时具备两个条件：一是目的条件即为公共利益，二是法据条件即有明确的法律依据。《民法典》第五百零九条规定：“当事人应当按照约定全面履行自己的义务。当事人应当遵循诚信原则，根据合同的性质、目的和交易习惯履行通知、协助、保密等义务。当事人在履行合同过程中，应当避免浪费资源、污染环境和破坏生态。”

法律对产权行使的限制规则是以义务规范方式表述的。综合现行有关物业产权人行使产权的法律限制规定，可以概括为十项具体法定义务：①遵守国家法律政策和物业所在地地方法规的义务；②不得利用独有物业危害社会公共利益、损害全体物业复有权人的共同利益、损害他人合法权益的义务；③服从土地用途管制制度的义务；④服从城市规划管理或村镇规划管理的义务；⑤保护公有、私有物业的义务；⑥合理使用物业的义务；⑦及时修缮物业排除危险的义务；⑧尊重物业所有权属主同意权和行政主管部门行政管理权的义务；⑨不得无理拒绝物业管理人员依法和依业主公约进入独有物业部分行使装修等活动监管权的义务；⑩正确对待物业（不动产）相邻关系的义务。

二、物业相邻关系

（一）物业相邻关系的概念和特征

1．物业相邻关系的概念

物业相邻关系是指两个或两个以上相互毗邻物业和所有人或使用人，在行使占有、使用、收益、处分权利时发生的权利义务关系。《城市异产毗连房屋管理规定》要求：所有人和使用人对共有、共用的门厅、阳台、屋面、楼道、厨房、厕所以及院路、上下水设施等，应共同合理使用并承担相应的义务；除另有约定外，任何一方不得多占、独占。所有人和使用人在房屋共有、共用部位，不得有损害他方利益的行为。物业相互毗邻的所有人或使用人在各自行使自己的合法权利时，都要尊重他方所有人或使用人的权利，相互间应当给予一定的方便或接受一定的限制。物业相邻关系，从本质上讲，是一方物业所有人或使用人的财产权利的延伸，同时又是对他方所有人或使用人的财产权利的限制。反之亦然。

2．物业相邻关系的特征

（1）物业相邻关系基于物业地理位置的毗邻而发生。相邻关系是法律直接规定的，而不是当事人约定的。不同主体的物业地理位置上的毗邻是引起相邻关系发生的法定条件，不具备这个条件便不能产生相邻关系。

（2）物业为不同主体所有或由不同主体使用时，才可能基于彼此提供方便而产生相邻关系，如果相邻物业由同一主体所有和使用，则不发生相邻关系。相邻人可以是公民，也可以是法人；可以是所有人，也可以是非所有人。

（3）物业相邻关系的客体是相邻各方在行使物业所有权或使用权时互相给予方便所追求的利益。也就是说，物业相邻关系的客体并不是物业本身，而是由行使所有权或使用权时所引起的和邻人有关的经济利益或其他利益，对于财产本身并不发生争议。

（4）物业相邻关系的内容是相邻一方要求他方为自己行使物业所有权或使用权给予必要方便的权利和他方应当给予必要方便的义务。这里所说的必要方便，是指非从相邻方得到这种方便，就不能正常行使物业所有权或使用权。

（二）处理物业相邻关系的法律依据

我国有关处理相邻关系的法律依据主要是《民法典》。

《民法典》第二百八十八条规定了处理相邻关系的基本原则：“不动产的相邻权利人应当按照有利生产、方便生活、团结互助、公平合理的原则，正确处理相邻关系。”

第二百八十九条规定了处理相邻关系的法源依据：“法律、法规对处理相邻关系有规定的，依照其规定；法律、法规没有规定的，可以按照当地习惯。”

第二百九十条规定了相邻关系用水、排水的处理：“不动产权利人应当为相邻权利人用水、排水提供必要的便利。对自然流水的利用，应当在不动产的相邻权利人之间合理分配。对自然流水的排放，应当尊重自然流向。”

第二百九十一条规定了相邻关系通行问题的处理：“不动产权利人对相邻权利人因通行等必须利用其土地的，应当提供必要的便利。”

第二百九十二条规定了相邻土地的利用：“不动产权利人因建造、修缮建筑物以及铺设电线、电缆、水管、暖气和燃气管线等必须利用相邻土地、建筑物的，该土地、建筑物的权利人应当提供必要的便利。”

第二百九十三条规定了相邻关系之通风、采光和日照等问题的处理：“建造建筑物，不得违反国家有关工程建设标准，不得妨碍相邻建筑物的通风、采光和日照。”

第二百九十四条规定了相邻不动产之间不可量物侵害的问题：“不动产权利人不得违反国家规定弃置固体废物，排放大气污染物、水污染物、土壤污染物、噪声、光辐射、电磁辐射等有害物质。”

第二百九十五条规定了维护相邻不动产安全的问题：“不动产权利人挖掘土地、建造建筑物、铺设管线以及安装设备等，不得危及相邻不动产的安全。”

第二百九十六条规定了使用相邻不动产避免造成损害的问题：“不动产权利人因用水、排水、通行、铺设管线等利用相邻不动产的，应当尽量避免对相邻的不动产权利人造成损害。”

【小　结】

物业管理关系是法律关系的一种，是现代社会一种重要的生活联系，是物业管理法律规范在调整物业管理活动过程中所产生的社会关系而形成的具体的权利义务关系。物业管理法律关系可分为民事、行政、经济、刑事等四大类。物业管理法律关系由主体、客体和内容三大要素构成，其具有五个方面的特征：法律关系性质的多重性；基本主体的特定性；客体的特殊性；国家干预程度比较大；产生、变更、终止有严格的程序性和要式性。物业法律关系的主体，是指物业管理法律关系中权利的享有者和义务的承担者，主要有业主、物业使用人、开发商、物业服务企业、国家行政管理机关等几类主体。物业管理法律关系的客体，是指物业管理法律关系承受的权利义务共同指向的对象，主要包括物和行为两大类。物业管理法律体系的内容，是指物业管理的主体享有的权利和承担的义务，主要包括业主及物业服务企业的权利和义务。业主的建筑物区分所有权制度，是指多个区分所有权人共同拥有移动区分所有建筑物时，各区分所有权人对建筑物专有部分所享有的专有所有权、对建筑物的共用部分所享有的共用部分持份权以及因区分所有权人之间的共同关系所生的成员权的总称，由专有所有权、共用部分持份权（共有所有权）及成员权三部分组成。

拓展阅读

【典型案例】

小区电梯广告收入的归属

案件来源：丁建华主编《物业管理纠纷审判实务与典型案例释疑》，2008 年 7 月。

【案情介绍】

原告：××小区业主委员会

被告 1：××物业服务有限公司

被告 2：××化妆品商行

原告诉称，被告 1××物业服务有限公司在未征得原告同意的情况下，与被告 2××化妆品商行签订电梯间广告合同，将属于小区全体业主的电梯间租给被告 2××化妆品商行用于广告宣传。原告认为，小区全体业主对此共有部分享有共有权，××物业服务有限公司未经业主同意，擅自将电梯出租给××化妆品商行用于广告经营属于侵权行为，且××物业服务有限公司也未将上述租金交由全体业主管理，侵害了小区全体业主的合法权益。原告诉请法院判令被告 1××物业服务有限公司停止侵权行为，归还非法经营小区电梯间的广告收入。

【裁判结果】

法院经审理认为，小区电梯间属于建筑物的共有部分，产权归小区全体业主所有，小区业主委员会经业主大会授权有权代表全体业主行使所有权，因此被告 1××物业服务有限公司在未经全体业主或业主委员会同意的情况下，不得将属于小区全体业主的电梯间的部分或全部对外出租用于广告收益，故被告 1××物业服务有限公司出租属于小区全体业主所有的电梯间的行为，构成对原告权利的侵害，××物业服务有限公司应当依法停止侵权行为，将非法经营电梯间的广告收入返还与全体业主。

【专家提示】

电梯间属于建筑物共用部分，应当归小区业主共有。利用电梯间进行广告经营的，应征得全体业主或业主委员会的同意，因此而产生的所得收益应当归全体业主所有。

第三章　业主和业主团体

【学习目的和要求】

了解： 业主的概念和分类、业主手册、业主团体、业主委员会的概念。

掌握： 业主的权利和义务、业主大会的成立及职责、业主委员会的成立和运作、业主委员会委员资格及其丧失、管理规约的概念和性质。

应用： 业主自治和自律、业主大会、业主委员会决定的效力、业主表决权、管理规约的制定和修改。

【思政目标】

重点讲授业主自治和自律的内容，弘扬社会主义核心价值观，助力形成良好社会风尚。

[案例]

2017 年，王先生在广州某小区购买了一套商品房，入住后发现该小区的很多业主对现在的××物业服务公司很不满意，于是王先生想召集大家成立业主委员会，希望通过合法的程序对××物业服务公司进行更换，从而维护该小区广大业主的合法权益。但××物业服务公司对业主成立业主委员会的工作进行阻挠，并声称："业主购房的时候，就已经签署了本物业服务公司是本小区的物业服务管理机构的合同，现在本小区业主要另行成立业主委员会，更换本物业服务公司，这是违约行为。"显然，此合同是房地产开发公司在业主购房时强加于业主的。此时，问题解决的关键是王先生等小区业主必须先成立业主委员会。

[问题]

1. 王先生等小区业主如何成立业主委员会？
2. 该小区业主委员会能否更换××物业服务公司？

第一节 业 主

一、业主的概念

业主，通俗地理解就是物业的主人。业主是物业管理服务活动中的重要主体，物业管理服务以业主的参与为必要前提。《物业管理条例》（2018 年修正文本）第六条和《广东省物业管理条例》第十条规定：“房屋的所有权人为业主。”《深圳经济特区住宅区物业管理条例》第二条第三款规定：“本条例所称业主，是指住宅区内住宅和非住宅房屋的所有权人。”《上海市居住物业管理条例》第三条第二款规定：“本条例所称业主，是指物业的所有权人。”

从法律上讲，只有办理了产权过户手续，被登记为产权人的买受人才可称为业主。我国已经开始了不动产统一登记，业主办理的都是不动产权证书，也就是说将“房屋所有权证”和“国有土地使用权证”合成一本证书。根据《民法典》第二编第六章的规定，我们把业主定义为：物业的所有权人。业主依法对自己所有的物业行使占有、使用、收益和处分的权利，同时依法享有对物业的共有部分和共同事务进行管理的权利，并承担相应的义务。实际操作中，除了房屋产权证登记的业主以外，购买经济适用房、预售商品房尚未取得房屋产权证书的购房人，在成立业主大会及组建业主委员会的过程中，也是可以视为“业主”的。

二、业主的分类

第一，按照业主是自然人或是法人，可分为自然人业主和非自然人业主。自然人业主，是指由自然人拥有的物业所有权。非自然人业主，是指由自然人以外的主体拥有的物业所有权。这个主体包括法人和非法人组织。

第二，按照业主是单独拥有物业或是共同拥有物业，可分为独立产权的业主和共有产权的业主。独立产权的业主，是指房屋产权证上登记为一个所有人（但也有特殊情况，例如在婚姻存续期间内购买的物业，无论房屋产权证上登记为夫妻一方或双方的情况，都应视为夫妻共有的物业）。共有产权的业主，是指房屋产权证上登记为共有人共有的。

第三，按照物业的所有权主体的性质差异，可分为公有房业主和私有房业主。公有房业主，是指国家、集体以及国家授权经营管理公有房的部门或者单位所拥有的物业的。私有房业主，是指个人所有、数人共有的自用或出租的住宅和非住宅用房的业主。私有房业主的范围包括：自然人、非国家机关性质的法人和其他的组织。

另外，按照物业的使用用途的不同，可分为居住物业的业主和非居住物业的业主。

按对物业所有权享有的份额不同，可分为大业主和小业主。依照业主身份取得的顺序不同，可分为准业主、原始业主和继受业主。

三、业主的权利和义务

（一）业主的权利

法律上的权利，是指主体依法具有的、在法律允许的域限（或范围、限度）内，为实现或维护某种利益，按照自己的意志，自由地做出某种行为，控制他人一定行为和利用国家强制力的能力（或可能性、资格）。法律权利的结构，是指权利的内部构成要素和构成方式。一项权利由三项权能或三要素构成：①自主行为的可能性。权利意味着允许权利人行为，能够自主做出一定种类或一定限度的行为。②请求他人（义务人）做出或不做出与权利相关的一定行为的能力，权利的实现有赖于义务的履行。③制衡他人侵犯权利及权利维系的利益的能力，亦即在合法权益受到他人侵犯的情况下，请求国家强制力保护，追究侵权人法律责任的能力。根据《民法典》第二百七十一条、第二百七十三条、第二百七十四条的规定，业主的权利概括为两部分：一是业主对建筑物内的住宅、经营性用房等专有部分享有所有权；二是对专有部分以外的共有部分享有共有和共同管理的权利。《物业管理条例》第六条具体规定了业主享有以下十个方面的权利。

（1）按照物业服务合同的约定，接受物业服务企业提供的服务。

（2）提议召开业主大会会议，并就物业管理的有关事项提出建议。

（3）提出制定和修改管理规约、业主大会议事规则的建议。

（4）参加业主大会会议，行使投票权。

（5）选举业主委员会成员，并享有被选举权。

（6）监督业主委员会的工作。

（7）监督物业服务企业履行物业服务合同。

（8）对物业共用部位、共用设施设备和相关场地使用情况享有知情权和监督权。

（9）监督物业共用部位、共用设施设备专项维修资金的管理和使用。

（10）法律、法规规定的其他权利。

（二）业主的义务

法律上的义务，是指主体合法承受的，在法律拘束的条件下，为实现或保障对应的权利，按照法定或约定的要求，必须做出或不做出一定行为的负担。义务是法律要求的某种应做行为，指出了义务人“应当”如何行为的模式，是义务人必要行为的尺度。同时，义务具有义务人实施某种行为（作为或不作为）的必要性或必须遵守性，受到法律强制力的拘束。义务行为是与他人权利相适应的一种受限制的行为选择，具有若不自觉履行，就要强制履行的性质。业主在享有权利的同时，也应履行相应的义务，两者相辅相成。我国《民法典》第二百七十三条规定："业主对建筑物专有部分以外的共有部分，享有权利，承担义务；不得以放弃权利为由不履行义务。"第二百八十条规定："业主大会或者业主委员会的决定，对业主具有法律约束力。"第二百八十六条规定："业主应当遵守法律、法规以及管理规约，相关行为应当符合节约资源、保护生态环境的要求。对于物业服务企业或者其他管理人执行政府依法实施的应急处置措施和其他管理措施，业主应当依法予以配合。业主大会或者业主委员会，对任意弃置垃圾、排放污染物或者噪声、违反规定饲养动物、违章搭建、侵占通道、拒付物业费等损害他人合法权益的行为，有权依照法律、法规以及管理规约，请求行为人停止侵害、排除妨碍、消除危险、恢复原状、赔偿损失。业主或者其他行为人拒不履行相关义务的，有关当事人可以向有关行政主管部门报告或者投诉，有关行政主管部门应当依法处理。"

《物业管理条例》第七条具体规定了业主应履行下列义务。

（1）遵守管理规约、业主大会议事规则。

（2）遵守物业管理区域内物业共用部位和共用设施设备的使用、公共秩序和环境卫生的维护等方面的规章制度。

（3）执行业主大会的决定和业主大会授权业主委员会作出的决定。

（4）按照国家有关规定交纳专项维修资金。

（5）按时交纳物业服务费用。

（6）法律、法规规定的其他义务。

四、业主自治与业主自律

业主自治，是指业主依靠物业居住所形成的团体，实施自我管理、平等相处、民主协商、团体约束的社区生活方式。业主自律，是指业主在物业社区生活过程中，以自我约束行为、自主表达权利，既维护自身物业安居，又尊重他人居住权益的生活模式要求。业主自治与自律反映了物业的复数业主以其对该物业共用部位的共有权资产，依法组成业主社团并使社团凭借对该共有物业的复有权和业主们的成员权，通过一定的民主决策程序使全体业主的共同意志以管理规约和其他约定的形式表达出来，并形成具有组织纪律性的制度，从而依靠业主的民主制度、自律制度、公益保障制度和国家法制支持制度，来实现组建和运作业主团体目的的一种由特定物业业主形成的单元性社会组控方式。

判断业主团体自治管理行为有效性的根本依据是业主自治自律原则，它是业主团体应当遵循的基本行为准则。它贯穿于业主自治自律的全过程。这些原则可以概括为：

（1）依法自治原则；

（2）积极自治原则；
（3）规范自治原则；
（4）民主管理原则；
（5）接受监督原则；
（6）尊重私权，公益优先原则。

第二节　业主团体

一、业主团体概述和运作

（一）业主团体概念

业主团体，是指物业内全体业主自发构成的社会团体。业主团体的决策主要通过业主大会的决议或业主委员会的执行监管等形式来实现的。《民法典》第二百七十七条规定："业主可以设立业主大会，选举业主委员会。业主大会、业主委员会成立的具体条件和程序，依照法律、法规的规定。地方人民政府有关部门、居民委员会应当对设立业主大会和选举业主委员会给予指导和协助。"《物业管理条例》第八条规定："物业管理区域内全体业主组成业主大会。业主大会应当代表和维护物业管理区域内全体业主在物业管理活动中的合法权益。"第九条规定："一个物业管理区域成立一个业主大会。物业管理区域的划分应当考虑物业的共用设施设备、建筑物规模、社区建设等因素。具体办法由省、自治区、直辖市制定。"第十条规定："同一个物业管理区域内的业主，应当在物业所在地的区、县人民政府房地产行政主管部门或者街道办事处、乡镇人民政府的指导下成立业主大会，并选举产生业主委员会。但是，只有一个业主的，或者业主人数较少且经全体业主一致同意，决定不成立业主大会的，由业主共同履行业主大会、业主委员会职责。"业主团体作为业主自治的团体组织形式，一方面，维护居住物业业主的利益及需求、自律行为，发挥高度自我约管精神，全面体现个人自由享受与民间自治管理一致的风貌。另一方面，业主团体也必须遵守法律、法规，接受政府的监督、协调，促进社区、社会秩序的良性发展。《物业管理条例》第十六条规定："业主委员会应当自选举产生之日起30日内，向物业所在地的区、县人民政府房地产行政主管部门和街道办事处、乡镇人民政府备案。"第十九条规定："业主大会、业主委员会应当依法履行职责，不得作出与物业管理无关的决定，不得从事与物业管理无关的活动。业主大会、业主委员会作出的决定违反法律、法规的，物业所在地的区、县人民政府房地产行政主管部门或者街道办事处、乡镇人民政府，应当责令限期改正或者撤销其决定，并通告全体业主。"第二十条规定：" 业主大会、业主委员会应当配合公安机关，与居民委员会相互协作，共同做好维护物业管理区域内的社会治安等相关工作。在物业管理区域内，业主大会、业主委员会应当积极配合相关居民委员会依法履行自治管理职责，支持居民委员会开展工作，并接受其指导和监督。住宅小区的业主大会、业主委员会作出的决定，应当告知相关的居民委员会，并认真听取居民委员会的建议。”

（二）物业管理委员会

物业管理委员会是在有关政府部门的领导下，全面推进业主大会、业主委员会的筹备与成立工作的组织。物业管理委员会制度应当是对现实中普遍存在的业主大会召开难、业主委员会成立难的现象做出的立法回应。目前有关物业管理委员会的法律规定主要体现在地方性物业管理条例中。比如，《北京市物业管理条例》第五十四条规定：“物业管理委员会由居民委员会、村民委员会、业主、物业使用人代表等七人以上单数组成，其中业主代表不少于物业管理委员会委员人数的二分之一。”下面主要以2021年施行的《广州市物业管理条例》为例，来说明一下物业管理委员会制度。

1. 物业管理委员会的成立

根据《广州市物业管理条例》第四十七条的规定，符合下列条件的，镇人民政府、街道办事处应当自收到业主申请之日起六个月内组织成立物业管理委员会：已划定物业服务区域；已交付使用的专有部分面积达到建筑规划总面积50%以上；未成立业主委员会，或者需要换届选举业主委员会；占业主总人数10%以上的业主申请。

物业管理委员会自业主委员会选举产生之日起停止履行职责，并在10日内与业主委员会办理移交手续后解散。

2. 物业管理委员会的职责

物业管理委员会依法履行下列职责：负责筹备成立业主委员会；组织换届选举业主委员会；组织召开业主大会会议；根据业主大会的决议、决定，办理物业管理相关事务。物业管理委员会应当接受镇人民政府、街道办事处与区房屋行政主管部门的指导和监督。

物业管理委员会应当依法履行职责，不得作出与物业管理无关的决定，不得从事与物业管理无关的活动。物业管理委员会的职责不涉及业主房产的处置、占有、使用、收益等财产权益问题。如需要使用维修资金，“物业管理委员会”组织召开业主大会，由业主投票决定是否使用维修资金，然后由“物业管理委员会”来执行业主大会的决定。

物业管理委员会办理物业管理相关事务时违反法律、法规等规定，损害业主共同利益的，区房屋行政主管部门应当责令限期改正，并通告全体业主。

3. 物业管理委员会组成

物业管理委员会成员人数为9人以上单数，由下列人员组成：镇人民政府代表或者街道办事处代表 1 人；居民委员会代表 1 人；区房屋行政主管部门代表 1 人；物业服务人代表 1 人；业主代表，具体人数由镇人民政府、街道办事处根据物业服务区域规模、物业类型、业主户数等因素确定。物业管理委员会主任由镇人民政府代表或者街道办事处代表担任，副主任由居民委员会代表和 1 名业主代表担任。

非业主代表最多只有 4 人（无物业服务公司时少 1 名），业主代表占多数（5 人以上），保证业主在物业管理委员会中的主导地位。业主代表的人数不设上限。

物业管理委员会单位代表人选由各自单位推荐产生。业主代表人选应当符合业主委员会委员条件的规定，由镇人民政府或者街道办事处通过听取业主意见、召开座谈会等方式，在自愿参加的业主中推荐产生。鼓励和支持党员业主成为物业管理委员会的成员。物业服务人未派代表参加物业管理委员会的，不影响物业管理委员会的成立。

4. 物业管理委员会当选成员公示

镇人民政府、街道办事处应当将物业管理委员会成员的名单、简历等基本情况向全体业主公示，公示期不少于 15 日。公示期间业主对名单有异议的，应当以书面形式实名向镇人民政府、街道办事处提出。经核实异议成立的，镇人民政府、街道办事处应当更换物业管理委员会成员人选并重新公示。公示期满无异议或者异议不成立的，物业管理委员会成立。镇人民政府、街道办事处应当将物业管理委员会成员名单告知全体业主。物业管理委员会可以持镇人民政府、街道办事处出具的成立证明，向公安机关申请刻制物业管理委员会印章。

5. 物业管理委员会会议

物业管理委员会会议由主任或者副主任召集和主持。物业管理委员会会议应当有过半数成员出席，作出的决定应当经全体成员过半数同意并签字确认。物业管理委员会应当自作出决定之日起 7 日内通告全体业主。

物业管理委员会应当将业主大会会议、物业管理委员会会议的记录，以及履职期间产生和保管的其他文件资料建立档案并妥善保管。

6. 物业管理委员会召开业主大会会议的情形

有下列情形之一的，物业管理委员会应当在 30 日内组织召开业主大会会议：占业主总人数 20% 以上的业主提议召开业主大会会议；物业管理委员会决定召开；发生重大事故或者紧急事件需要及时处理；物业管理委员会未按照规定组织召开业主大会会议的，由镇人民政府、街道办事处责令限期组织召开，并通告全体业主。

二、业主大会的成立及职责

业主大会（业主代表大会）是由依法划定的业主自治管理辖区，亦即特定物业管理区域内全体业主组成的业主大会。业主大会是物业内的最高决策机构。在业主大会商讨、决议的基础上，形成业主大会议事规则。业主大会议事规则应当就业主大会的议事方式、表决程序、业主投票权确定办法、业主委员会的组成和委员任期等事项作出约定。业主大会的决定对物业管理区域内的全体业主具有约束力。

（一）大会召开

首次业主大会（业主代表大会）可规定由小区所在地的区、县房地产管理部门或者街道办事处、乡镇人民政府会同出售单位组织召开。首次业主大会（业主代表大会）主要应选举产生业主团体的代表机构即业主委员会的成员。当然，一些地方性的物业管理法规明确规定首次业主大会（业主代表大会）召开的条件。如上海市1997年颁布的《上海市居住物业管理条例》第七条规定："一个物业管理区域内，有下列情况之一的，……召开第一次业主大会或业主代表大会……：（一）公有住宅出售建筑面积达到百分之三十以上；（二）新建商品住宅出售建筑面积达到百分之五十以上；（三）住宅出售已满两年。"《深圳经济特区住宅区物业管理条例》第九条规定："住宅区……入住率达到百分之五十以上时，区住宅管理部门应会同开发建设单位及时召集第一次业主大会，选举产生管委会。"我国对此未作明确的规定，原因在于业主大会是业主的自治组织，它的成立应依赖于业主的自行筹备、自主建设，从而减少政府行政干预，更好地体现业主自治自律的原则。《物业管理条例》也规定了业主大会的召开采取集体讨论的方式。当然，对于业主大会的召开也是有投票最低限额的限制的，即应当有物业管理区域内专有部分占建筑物总面积过半数的业主且占总人数过半数的业主参加。这样才可能体现大多数业主的利益，也只有这样才能保证业主大会作出的决定具有代表性、合理性、科学性和有效性。

首次之后的业主大会（业主代表大会）由业主团体的代表机构即业主委员会召集，物业管理的立法中应规定每年召开例会的最低次数，一般而言每年至少召开一次。除了由业主委员会召集召开例会之外，经一定数量以上的业主或者业主代表提议，业主委员会也应召集召开业主大会（业主代表大会）临时会议。《物业管理条例》第十三条规定："业主大会会议分为定期会议和临时会议。业主大会定期会议应当按照业主大会议事规则的规定召开。经20%以上的业主提议，业主委员会应当组织召开业主大会临时会议。"第十四条规定："召开业主大会会议，应当于会议召开15日以前通知全体业主。住宅小区的业主大会会议，应当同时告知相关的居民委员会。"

（二）业主大会（业主代表大会）的表决规则

召开业主大会（业主代表大会）的目的，就是为了形成物业管理有关事项的决议。因而，业主大会（业主代表大会）决议的形成规则至关重要，这一规则的设计将直接影响到决议的代表性、合理性、科学性和有效性。《物权法》颁布以前，我国各地的物业管理相关立法一般采用简单多数的原则。如1997年的《上海市居住物业管理条例》第八条规定："业主大会或者业主代表大会，应当有过半数业主或者业主代表出席。业主大会或者业主代表大会作出的决定，应当经全体业主过半数或者全体业主代表过半数通过。”《深圳经济特区住宅区物业管理条例》第十二条规定：“业主大会的决定，由出席会议的业主所投票数的过半数通过。”《浙江省住宅区物业管理办法》第七条规定：“业主大会或业主代表大会的决议，以全体业主或业主代表的过半数通过。”我国台湾地区《公寓大厦管理条例》中为区分一般事项和重大事项设计了不同的表决规则，很有借鉴意义。对于这些重大事项的决策应当慎重。我国《民法典》二百七十八条规定：“业主共同决定事项，应当由专有部分面积占比三分之二以上的业主且人数占比三分之二以上的业主参与表决”；决定筹集建筑物及其附属设施的维修资金、改建或重建建筑物及其附属设施、改变共有部分的用途或者利用共有部分从事经营活动等事项，“应当经参与表决专有部分面积四分之三以上的业主且参与表决人数四分之三以上的业主同意”；决定制定和修改业主大会议事规则、制定和修改管理规约、选举业主委员会或者更换业主委员会成员、选聘和解聘物业服务企业或者其他管理人、使用建筑物及其附属设施的维修资金、有关共有和共同管理权利的其他重大事项等，“应当经参与表决专有部分面积过半数的业主且参与表决人数过半数的业主同意”。

《民法典》对业主共同决定事项的表决规则进行了重大调整。首先，增加了“表决参与度”这一新要求。其次，总体上降低了事项表决通过的标准，其中对于筹集建筑物及其附属设施的维修资金、改建或重建建筑物及其附属设施、改变共有部分的用途或者利用共有部分从事经营活动三项重大事项的表决，表述的是“经参与表决专有部分面积四分之三以上的业主且参与表决人数四分之三以上的业主同意”，相当于是整体专有部分面积占二分之一以上业主且占总人数二分之一以上业主同意，不再是原来的“双过三分之二”的表决标准；对于通过其他非重大的事项的表决，表述的是“应当经参与表决专有部分面积过半数的业主且参与表决人数过半数的业主同意”，实际上相当于整体专有部分面积占三分之一以上业主且占总人数三分之一以上业主同意，不再是原来的“双过半”的表决标准。《民法典》大幅降低了业主就共同决定事项做出表决的难度，是解决实践中存在的业主作出决议难，诸多事关业主利益的事项无法有效推进这一现实困境的重要举措。

（三）业主表决权的计算方式

1. 不同立法例子

综观各国及地区的法律规定，业主表决权大致有以下几种计算方式。

（1）以业主所拥有的业权份额的计算，我国香港地区的《建筑物管理条例》第三十九条规定业主的份数须照以下方式厘定：①照土地注册处注册的文书包括公契所规定的方式；②如无文书，或文书无此规定，则按照业主在建筑物所占的不可分割份数与建筑物分割成的总份数的比例。

我国《深圳经济特区住宅区物业管理条例》（2004 年修正本）也采用这种方式计算，其在第十二条规定：“大会表决可以采用投票方式或者其他方式，各类房屋按建筑面积每十平方米计算为一票；不足十平方米的，五平方米及五平方米以上的计算为一票，不足五平方米的不计票。”

（2）不具体核算每个业主的表决权数量大小。我国台湾地区的《公寓大厦管理条例》规定，涉及区分所有权人投票表决时，规定须经出席会议业主一定比例以人数及其出席会议业主的区分所有权一定比例以上通过。这种表决方式并不具体计算每个业主的表决权的数量，而是采用与会业主业权份额比例及其人数比例总体核算。这种规定从表面上看，并没有确定每个业主表决权的数量大小，但是实际隐含的意思仍然是以面积的大小来衡量表决权的大小。

（3）每个业主享有相同的表决权。我国内地的地方性立法基本采用这种方式来计算业主的表决权。

（4）按实际操作中的细化方式来确定。《广东省物业管理条例》第二十二条规定：“面积和业主人数按照下列方式确定：（一）专有部分面积，按照建筑面积计算；建筑物总面积，按专有部分面积之和计算。（二）建设单位已经出售的专有部分的业主人数，一户按一人计算；建设单位未出售的专有部分按一人计算；总人数，按照两者之和计算。”这样的规定是为了减少人们对“专有部分面积”“建筑物总面积”“业主人数”计算方面产生的矛盾，从而进行细化的处理，解决因此产生的纠纷。

2. 我国立法选择

《物权法》颁布以前，各地地方法规规定的表决权计算方式一般为不分面积大小的“一权一票”。例如，2000 年 8 月 3 日，上海市房屋土地资源管理局出台的《加强业主委员会管理若干规定》，关于业主的表决权采用的计算方法是：“居住房屋按套计算，每套一票；非居住物业按建筑面积计算，100 平方米以上的每 100 平方米一票，100 平方米以下的，每证一票。”但也有进一步细分以消除业主间矛盾的表决权计算方式，如《广东省物业管理条例》第二十二条的规定。这种方式主要是从便于计算方面来考虑的。之前实务界及理论界认为我国当时业主的自治水平还比较低，如果表决权的计算非常复杂，实践中难以操作，而采取“一权一票”的计算方式还是比较符合我国当时的实际需要的。目前我国业主的自治水平大大地提高了，所以《民法典》采取了更为合理的计算方式。

（四）业主表决权的行使方式（业主大会的参加方式）

召开业主大会（业主代表大会）时，业主应当亲自出席并参与物业管理有关事项的决议。参与决议就涉及表决权的行使方式。按照各国物业管理立法的规定，业主可以亲自参加业主团体会议，亲自行使表决权参与待决事项的议决。但是，如果业主无法亲自参与业主团体会议的，也可以委托他人（包括同住人或之外的人）参加，并且还可以将自己的表决权书面委托其行使。《物业管理条例》也规定：业主可以委托代理人参加业主大会会议。

（五）业主大会（业主代表大会）的共同决定事项

召开业主大会（业主代表大会）是业主团体运行及自治的主要途径。业主大会将对事关小区物业管理的有关事项作出决定。根据《民法典》第二百七十八条的规定，业主大会（业主代表大会）的共同决定事项应包括以下内容。

（1）制定和修改业主大会议事规则。

（2）制定和修改管理规约。

（3）选举业主委员会或者更换业主委员会成员。

（4）选聘和解聘物业服务企业或者其他管理人。

（5）使用建筑物及其附属设施的维修资金。

（6）筹集建筑物及其附属设施的维修资金。

（7）改建、重建建筑物及其附属设施。

（8）改变共有部分的用途或者利用共有部分从事经营活动。

（9）有关共有和共同管理权利的其他重大事项。

三、业主委员会的成立和运作

（一）业主委员会的成立

业主委员会又称业主管理委员会（管委会）。它是在物业管理区域内代表全体业主对物业实施自治管理的组织。它由业主大会选举产生，是业主自治原则的体现，是代表物业全体业主合法权益的社会团体。《物业管理条例》第十六条规定："业主委员会应当自选举产生之日起30日内，向物业所在地的区、县人民政府房地产行政主管部门和街道办事处、乡镇人民政府备案。"这里的备案不同于一般民事主体的登记（公司经登记，方可成立），其只表示为了使业主委员会接受物业所在地的县（区）人民政府房地产行政主管部门和街道办事处、乡镇人民政府的监督、管理和指导。备案不是业主委员会成立的要件，所以业主委员会成立的时间应当是业主大会表决通过之日。

（二）业主委员会的职责及会议启动条件

1. 业主委员会的职责

业主委员会是业主大会的执行机构，向业主大会负责并报告工作。根据《物业管理条例》第十五条的规定，业主委员会履行下列职责。

（1）召集业主大会会议，报告物业管理的实施情况。

（2）代表业主与业主大会选聘的物业服务企业签订物业服务合同。

（3）及时了解业主、物业使用人的意见和建议，监督和协助物业服务企业履行物业服务合同。

（4）监督管理规约的实施。

（5）业主大会赋予的其他职责。

2. 业主委员会会议启动条件

为了维护业主参与建筑规划区域内的合法权利，我国相关的法规，比如《业主大会规程》第二十五条规定："经三分之一以上业主委员会委员提议或者业主委员会主任认为有必要的，应当及时召开业主委员会会议。"

（三）业主委员会成员条件及其资格的丧失

业主委员会由业主大会选举产生，业主委员会委员由本物业管理区域内具有完全民事行为能力、遵守国家法律及法规、遵守业主大会议事规则和管理规约、热心公益事业、责任心强、有一定的组织能力和必要的工作时间的业主担任。

业主委员会主任、副主任在业主委员会委员中推选产生。业主委员会委员的名额一般为5～15人，经业主大会决定可以适当增减，但最低不得少于5人。业主委员会一般设主任1名，副主任1～2名，由业主委员会选举产生。业主委员会委员每届任期2年，可以连选连任。

业主委员会委员有下列情形之一的，经业主大会会议通过，其业主委员会委员资格丧失（终止）。

（1）因物业转让、灭失等原因不再是业主的。

（2）无故缺席业主委员会会议连续三次以上的。

（3）因疾病等原因丧失履行职责能力的。

（4）有犯罪行为的。

（5）以书面形式向业主大会提出辞呈的。

（6）拒不履行业主义务的。

（7）其他原因不宜担任业主委员会委员的。

四、业主委员会的法律地位

关于业主委员会的法律地位目前仍然存在着不同看法。第一种观点，有学者认为业主委员会是属于独立的社团法人，如国外业主委员会是社团法人。第二种观点，有学者认为业主委员会是属于具有独立诉讼主体资格的非法人组织。第三种观点，诉讼法上的其他组织，是指合法成立，有一定的组织机构和财产，但又不具备法人资格的组织，因此，有学者认为业主委员会是属于一般组织。业主委员会不是独立的自然人或法人，本身也并无承担民事责任所需具备的组织机构和财产，不具备当事人的民事权利能力，不享有民事主体资格。出于公共管理事由而提起诉讼的，其诉讼主体资格就应为全体业主。作为教材对业主委员会法律地位的几种观点不进行评价，请读者自己判断。

五、业主委员会章程

业主委员会章程是业主委员会活动的规则。其主要内容应包括业主委员会成立的宗旨、职责、人员组成情况、任期、会议召开、经费来源等方面。章程是业主委员会的行为准则，主要反映业主委员会的宗旨，是规范业主委员会的行为、保障业主委员会达到其目的的原则性文件。业主委员会章程的制定或修改属于事关全体业主利益的重大事项，因此，它的通过或修改均应由业主大会（业主代表大会）表决，一般采用绝对多数的表决原则，如“由专有部分面积占比三之二以上的业主且人数占比三分之二以上的业主参与表决”。

应当注意的是，业主委员会章程作为业主实行自治的一种规范，主要规定的是业主委员会的运行规则，它不得与现行法律规定相冲突。有的业主委员会章程中设定了行政处罚措施，这种规定应属无效。

附：业主管理委员会章程示范文本

业主管理委员会章程

第一章　总　　则

第一条　组织名称、地址

名称：

地址：

所辖区域范围：

第二条　业主管理委员会是本物业管理区域范围内代表全体业主对物业实施自治管理的组织。

本会由业主大会（业主代表大会）选举产生，业主委员会委员由业主担任。

本会是业主大会（业主代表大会）的常设机构，对业主大会（业主代表大会）负责。

本会自成立之日起30日内向所在地房地产管理部门或者街道办事处、乡镇人民政府备案。

第三条　本会接受物业管理行政主管部门或者街道办事处、乡镇人民政府的监督与指导。

第四条 本章程所称业主是指物业的所有权人。

第五条 本会的宗旨是代表和维护全体业主的合法权益，保障物业的合理、安全使用，维护本物业管理区域内的公共秩序，创造整洁、安全、舒适的居住环境。

第二章 组织及职责

第六条 第一届业主委员会，由所在地县（区）房地产部门或者街道办事处、乡镇人民政府会同住宅出售单位组织业主召开业主大会（业主代表大会）选举产生。

第七条 第一次业主大会（业主代表大会）按下列程序召开。

1. 由大会筹备组介绍大会筹备情况。

2. 由大会筹备组介绍业主委员会候选人情况。

3. 业主大会（业主代表大会）的成员投票选举产生业主委员会成员。

第八条 业主代表大会的缺额补选或增补，以及业主代表代理按如下规定执行。

1. （略）

2. （略）

3. （略）

第九条 业主大会（业主代表大会）应按幢或按业主人数的一定比例邀请业主的房屋使用人以及居委会人员列席会议。

经20%以上业主（业主代表）提议召开临时业主大会（业主代表大会），业主委员会应在接到提议后的30日内就所提议题召开大会。

经20%以上业主（业主代表）提议召开临时业主大会（业主代表大会）对所提出的方案已经作出决定的，业主（业主代表）在半年内不得以同一内容再提议召开业主大会或代表大会。

第十条 本会设委员××名，其中主任一名，副主任××名。主任、副主任在全体委员会中选举产生。

第十一条 本会每届任期2年，委员可连选连任。

本会聘任专职或兼职执行秘书（或秘书长）一名，负责处理本会日常事务。

第十二条 本会权利

1. 召集和主持业主大会（业主代表大会）。

2. 与物业服务单位议定管理服务等费用的收取标准及方法。

3. 负责维修基金的筹集、使用和管理。

4. 选聘或者解聘物业服务企业，与物业服务企业订立、变更或者解除物业管理服务合同。

5. 审定物业服务企业提出的物业管理服务年度计划、年度财务预算和决算。

6. 监督公共建筑、公共设施的合理使用。

7. 组织换届改选业主委员会。

8. 提出修订管理规约、本会章程的议案。

9. 业主大会（业主代表大会）赋予的其他职责和权利。

第十三条　本会义务

1. 向业主大会（业主代表大会）报告工作。

2. 执行业主大会（业主代表大会）通过的各项决议、决定。

3. 贯彻执行并督促业主遵守物业管理的有关法律、法规、规章和规范性文件等规定，对业主和使用人开展多种形式的宣传教育。

4. 听取业主、使用人的意见和建议，监督物业服务企业的管理服务活动，完成和实现本物业管理区域的各项管理目标。

5. 涉及全体业主利益的有关事项，应书面和口头通知或张贴公布。其中涉及物业管理的重大事项，须经业主大会（业主代表大会）通过。

6. 建立业主委员会档案制度。

7. 自觉接受市、县（区）房地产管理部门或者街道办事处、乡镇人民政府的业务指导和检查。

8. 本会作出的决定，不得违反法律、法规、规章和规范性文件，不得违反业主大会（业主代表大会）的决定，不得损害公共利益。

第十四条　下列人员经业主大会（业主代表大会）同意可获得适当津贴：

1. 本会主任；

2. 本会副主任；

3. 本会执行秘书。

第三章　会　　议

第十五条　本会会议每3个月召开一次。有三分之一以上的委员提议或主任、副主任认为必要时，可召开特别会议。

第十六条　本会会议的召开应由召集人提前7天将会议通知及有关材料送达每位委员。委员因故不能参加会议的，视为缺席。

第十七条　本会会议由主任召集、主持，主任因故缺席时，由副主任主持。

第十八条　本会讨论重大事项，可邀请物业管理行政主管部门及政府有关部门（街道办事处、派出所等）、物业服务单位的人员和非业主使用人代表参加本会议，但上述人员没有表决权。

当本物业管理区域的物业有三分之一以上为出租时，必须邀请承租人代表列席本会会议，但其没有表决权。

第十九条 本会会议决定问题，采取少数服从多数的原则。会议进行表决时，每一委员有一票表决权。

第二十条 本会执行秘书必须做好每次会议记录，并由会议主持人签署后存档；涉及物业管理的重大问题应由与会的全体委员签署。

第四章 委 员

第二十一条 业主委员会委员须符合下列条件：①能遵守物业管理法规、规章、规范性文件和业主公约、业主委员会章程；②能履行业主委员会成员职责；③品行端正无劣迹；④热心公益事业。

第二十二条 本会委员缺额时，应在下一次业主大会（业主代表大会）召开时予以补选；缺额人数较多时，可召开临时业主大会（业主代表大会）予以补选。

第二十三条 有下列情形的人员不得担任本会委员，已担任的须停任，并由下次业主大会（业主代表大会）确定。

1. 已不是业主。

2. 无故缺席会议连续三次以上。

3. 因身体或精神上的疾病而丧失履行职责的能力。

4. 有违法犯罪行为被司法部门认定或正在接受调查的。

5. 其他原因不适宜担任本会委员的。

第二十四条 委员停任时，必须在停任后半个月内将由其管理、保存的本会文件、资料、账簿以及属于本会的所有财物移交给本会。

第二十五条 业主委员会主任的职责如下。

1. 负责召开业主委员会会议。

2. 负责召开业主大会（业主代表大会）。

3. 代表业主委员会对外签约或签署文件。

4. 核定维修基金账目。

5. 经业主大会（业主代表大会）或业主委员会授权的其他事项。

第二十六条 委员的权利和义务

1. 权利

（1）有权参加本会组织的相关活动。

（2）有权参与本会有关事项的决策。

（3）具有对本会的建议和批评权。

2. 义务

（1）遵守本会章程。

（2）执行本会的决议，完成本会交办的工作。

（3）参加本会组织的会议、活动和公益事业。

（4）向本会的工作提供有关资料和建议。

第五章 经费和办公用房

第二十七条 本会的经费从费用中支出。

第二十八条 本会的经费开支包括：业主大会（业主代表大会）和本会会议开支；有关人员的津贴；必要的日常办公等费用。经费收支账目由物业服务公司负责管理，每季度向本会汇报，每年度向业主公布。

第六章 附 则

第二十九条 本章程或本章程的修订经业主大会（业主代表大会）通过后生效，本章程未尽事项由业主大会（业主代表大会）补充。

业主大会通过的有关本章程的决定都是本章程的组成部分。

第三十条 制定和修订的业主委员会章程，应报所在地的房地产管理部门或者街道办事处、乡镇人民政府备案。

六、业主大会、业主委员会决定的效力

业主大会、业主委员会是由建筑区划内的全体业主参加的，是依法成立的自治组织，是物业管理区域的管理机构，业主大会的决定，应对业主具有约束力。所以，只要符合以下条件的业主大会、业主委员会的决定就对全体业主具有约束力。

（1）是依法设立的业主大会、业主委员会作出的。

（2）是依照法定程序作出的。

（3）是符合法律、法规和规章，不违背社会道德，不损害国家、公共和他人利益的决定。

三个条件必须同时具备，否则业主大会、业主委员会的决定对业主就不具有约束力。《物业管理条例》第十九条规定："业主大会、业主委员会作出的决定违反法律、法规的，物业所在地的区、县人民政府房地产行政主管部门或者街道办事处、乡镇人民政府，应当责令限期改正或者撤销其决定，并通告全体业主。"《民法典》第二百八十条第二款规定："业主大会或者业主委员会作出的决定侵害业主合法权益的，受侵害的业主可以请求人民法院予以撤销。"业主在具体行使这一权利时还要依据民事实体法和程序法的规定。

第三节 管理规约和《住户手册》

一、管理规约的含义、性质、特点和内容

（一）管理规约的含义和性质

1. 管理规约的含义

根据《物业管理条例》的有关规定，管理规约是指由全体业主共同制定的对物业的使用、维护、管理以及业主共同利益的自律性行为规范。管理规约是物业管理活动中极为重要的文件，体现了业主自我管理、自我约束、自我规范的自治原则，其地位类似于业主团体中的“宪法”，所以管理规约对建设规划区域内的全体业主具有约束力。

2. 管理规约的性质

关于管理规约的性质，学界存在不同的观点，主要有以下几种。

（1）管理规约是业主（区分所有权人）之间的非单纯债权性质的契约。

（2）管理规约是众多业主（区分所有权人）之间的社会化的契约。

（3）管理规约具有合伙性质、集团性质。

（4）管理规约类似于劳动法上的劳动协约。

（5）管理规约是有关区分所有人相互之间权利义务关系的基本规定，属于自治法规或自治规则。

管理规约是业主团体的最高自治规范和根本性自治规则，其地位和作用相当于业主团体的“宪法”。管理规约的约束力不仅仅及于全体业主，还及于物业区域内的非业主使用人、业主的继承人、管理人。这一点是一般的契约关系所不具有的特征。《物业管理条例》第十七条规定：“管理规约应当对有关物业的使用、维护、管理，业主的共同利益，业主应当履行的义务，违反管理规约应当承担的责任等事项依法作出约定。”管理规约对全体业主具有约束力。既然管理规约具有业主团体最高自治规范的地位，因而，不仅仅物业区域内的每一个业主、使用人和管理人都应遵守，而且业主大会及业主委员会所作的决议也不得与之相抵触。在物业区域的整个自治性规则的体系中，管理规约处于最高地位，统率了其他所有自治规范。诸如业主委员会章程、各种具体的管理制度等自治规范，均应以管理规约为指南。至此，我们认为管理规约具有公契约的性质。

（二）管理规约的特点和内容

1. 管理规约的特点

（1）管理规约主体是全体业主。在我国，不同地区在管理规约制定方式和产生效

力等方面有所不同，但订约人必须是业主或代表全体业主的权益主体——业主大会（业主代表大会）。

（2）管理规约客体是物业使用、维修与其他管理服务活动等方面的行为，是基于物权而派生的客观行为，即可以做什么、不可以做什么、应该怎样做等。

（3）管理规约内容是有关物业使用、维修与其他管理服务活动等方面的权利和义务的规定，其中既有法律规范的内容，也有社会公共道德的内容。

（4）管理规约是经业主签约或业主大会（业主代表大会）审议通过而生效的，对物业管理区域范围内的全体业主和非业主使用人都具有约束力。

（5）管理规约的立足点是订约主体的自我意识与行为的把握。

因此，管理规约的实质是在合法前提下，以民事约定形式对业主与非业主使用人行为的一种自律性的约束机制。通过这种约束机制，使业主和非业主使用人在社会公德与法律规范等方面对自己的行为实现自我控制与约束。当业主或非业主使用人违反管理规约时，应承担违约的相应民事责任。必要时，业主委员会或者相关业主、非业主使用人可依据管理规约，对违约人提起民事诉讼。

2. 管理规约的内容

管理规约的主要内容包括：

（1）物业名称、地点、面积及户数；

（2）公共场所及公用设施状况；

（3）业主大会的召集程序及决定物业重大事项的方式；

（4）业主使用其物业和公共场所、公用设施的权益；

（5）业主参与物业管理的权利与应承担的义务；

（6）业主对管委会及物业服务公司的监督权；

（7）物业服务公司的权利与义务；

（8）物业管理中，维修、养护及管理等各项费用的交纳；

（9）业主应遵守的行为准则；

（10）违反管理规约的责任；

（11）管理规约的修改程序；

（12）业主认为需要确认的其他有关事项。

二、管理规约订立的原则

第一，合法性原则。管理规约的内容符合法律、法规、政策有关规定和土地使用权出让合同的规定。管理规约自业主签约或业主大会（业主代表大会）审议通过之日起生效。业主委员会应当自管理规约生效之日起 15 日内，将管理规约报所在地的县以上房地产管理部门备案。

第二，整体性原则。管理规约的订立是在全体业主自愿和充分协商的基础上进行的，当个别意见难以统一的情况下，应当以全体业主的整体利益为目标，个人服从全体，少数服从多数。

第三，民主性原则。管理规约的订立应当采取民主管理的形式，即通过业主大会（业主代表大会）的形式，反映全体业主或者大多数业主的利益和要求。

此外，依据我国《物业管理条例》的规定，管理规约的内容要尊重社会公共道德，不得违反国家的法律、法规以及不损害社会公共利益。值得注意的是，管理规约的内容中不得对业主的违约行为进行罚款，原因在于我国相关法律明确规定，只有法律明确授权的国家机关和授权组织才能享有罚款的权利。不过我们可以通过在管理规约中规定交纳违约金和保证金的方式，在业主违反约定时，从中相应地扣除。除此之外，业主的其他违反管理规约的行为，也可以通过向人民法院起诉的方式解决。

三、管理规约的制定、修改及生效

管理规约是在全体业主（区分所有权人）的合意基础上而形成的共同意思，其制定与修改须经全体区分所有权人参与。当然，管理规约不可能反映每一个业主个人的意愿，而是通过多数决定的表决方式加以决策。业主参与管理规约的制定与修改，即是业主成员权的具体实行方式之一。管理规约的制定、修改及废止，各个国家的立法及实务操作并不完全相同。归纳起来，管理规约主要有两种途径：其一是由业主大会（业主代表大会）决议而设定；其二是由建筑物的开发商预先设定，在售房时由各个买受人签字加入而成。为了使管理规约的内容明确化，并考虑管理规约保管及阅览的方便，各个国家的法律通常都规定应采用书面形式设定管理规约并加以登记。管理规约的修改及废止均通过业主大会（业主代表大会）表决而为之。

通过第二种途径设定的管理规约，经过全体买受人签字后，即对全体业主产生拘束力。各个业主签字承担管理规约条款的行为，是一种加入行为。通过这加入行为，所有的业主都加入了管理规约这一自治性规范并受其拘束。当然，业主们在加入开发商制定的管理规约后，可以通过召开业主大会表决修改该管理规约的条款。至于修改、废止管理规约的具体程序，以下将进一步阐述。

通过第一种途径制定的管理规约，各个国家规定的表决规则略有不同。一般而言都是采用特别多数决原则。至于特别多数决的具体要求，各国也有所不同。日本现行区分所有权法规定，需有区分所有权人及表决权各四分之三以上通过；法国现行住宅分层所有权人法规定，需代表全体投票权三分之二以上的管理团体成员过半数表决通过；我国台湾地区的《公寓大厦管理条例》规定，需区分所有权人三分之二以上及区分所有权比例合计三分之二以上出席，以出席人数四分之三以上及其区分所有权比例占出席人数区分所有权四分之三以上同意才能通过；我国香港地区在实践中，由第一个买主与发展商在管理规约上签名并到土地注册处注册后，只要有第二个买主加入，则以后所有的买主均要受其拘束，同时其《建筑物管理条例》规定，管理规约的修改必须在不少于全部业主的10%的人数参加的业主法团会议或业主会议上以多数票决议通过。

德国《住宅所有权法》的规定更加严格：除非另有规定或另有约定，规约的变更或废止必须经全体住宅所有人书面同意。关于规约的制定，德国实务中通常是在创设专有所有权时由全体区分所有权人合意形成的，或由发展商预先设定后与买主达成同意的协议而形成。所形成的规约及其修改通常应由法院或公证人做成公证书，并登记于土地登记簿；未经登记的不得对抗住宅所有人的特定继受人。我国《民法典》第二百七十八条将管理规约的制定和修改列为“业主共同决定的事项”，管理规约的制定和修改“应当经参与表决专有部分面积过半数的业主且参与表决人数过半数的业主同意”，方可为之。也就是说管理规约的制定和修改属于业主共同决定的一般事项，适用于“一般多数同意的方式”来确定。

关于管理规约的生效时间，国外立法一般都规定从通过之日起生效。但管理规约对于特定继受人（如买受人、承租人、借用人）的效力有的规定以登记为条件，有的规定即使未经登记也对特定继受人有约束力。我国内地各地的地方性法规对管理规约生效时间规定不一。依据私法自治原则，管理规约的生效时间应为业主大会（业主代表大会）通过的时间为宜；对于特定的继受人的约束力，不应以登记为要件，而应当产生当然的约束力，因为我国各地法规并未规定登记作为约束特定继受人的条件。所以，业主的签字承诺应视为管理规约生效的标准。管理规约对于特定继受人（如买受人、承租人、借用人）也同样有效。

四、《住户手册》

（一）《住户手册》的含义

《住户手册》是反映住户应遵守的管理规定，以及物业服务公司所能提供的服务项目的非强制性执行文件。其目的是为了使业主与使用人了解本住宅小区和楼宇的概况、管理公司的情况、业主与使用人同物业服务公司的权利和义务，以及管理的主要规定和要求，以便双方加强联系，通过共同努力，同创小区或楼宇安全、优雅、宁静与舒适的居住环境。

（二）《住户手册》的内容

《住户手册》一般应包含以下内容：

（1）物业及物业服务公司概述；

（2）物业服务公司的权利和义务；

（3）物业管理人员的分工；

（4）住户提出建议和投诉的方法；

（5）管理费用构成及交纳的方法；

（6）水、电、气的使用和管理规定；

（7）入伙事宜；

（8）装修管理；

（9）电视接收管理规定；

（10）物业用途的限制；

（11）环境卫生管理措施；

（12）公共场所及公用设施管理规定；

（13）防火须知；

（14）噪声、气味限制；

（15）动物饲养的有关规定；

（16）保安管理规定；

（17）电梯使用规定；

（18）提供的各项服务及收费标准；

（19）常用电话号码。

（三）《住户手册》样本

下面是深圳市物业服务公司《住户手册》样本。

一、屋村的管理

管理公司

深圳市物业服务公司，是深房集团属下的以物业管理为主的全民所有制企业，经营物业管理10多年，拥有一支经验丰富、训练有素的管理队伍，建立了一套行之有效的管理制度，管理水准日益提高，其管辖下的怡景花园被评为“全国模范文明住宅区”。

本公司的宗旨是“依法管理，业主至上，服务第一”。

公司下设有：深圳香港物业清洁管理公司、装饰工程部、现美广告策划制作有限公司、机电维修部、机电商场、车辆维修部、花木服务部、怡景招待所、幼儿园和托儿所等。热情为您提供：清洁卫生、装修、摄影广告、机电维修、庭园绿化、幼儿入园入托、代办居住证等服务。

管理处

1. 屋村管理处是物业服务公司派出具体负责屋村事务管理的直属机构，将竭诚为广大住户提供最佳的服务与管理。

2. 管理处人员包括：主任、管理人员、水电人员、绿化人员、保卫人员、清洁卫生人员与专业技术人员等，各司其职、各负其责，热情为业主（住户）提供各项服务。并乐意接受业主（住户）的批评，诚心采纳有益建议。

3. 管理处负责屋村的电梯、给排水、供电、对讲机、天线、消防、代收代缴水电费、清洁卫生、道路、绿化、娱乐设施等的管理。

4. 管理处除做好屋村内的管理工作外，并代表业主（住户）就屋村内日常生活中涉及有关部门的公共事务进行联系和协助解决。

5. 业主（住户）如不依时清付管理费、水电费，管理处有权对业主（住户）提出奉劝、警告。

管理费

1. 管理费取之于民、用之于民。管理处每月向业主（住户）收取的综合性管理费，用于支付屋村内的道路、庭园绿化、电梯电费、公共照明、公共设施之保养、维修、清洁卫生，以及支付管理公司和管理处人员的薪金及行政费等。

2. 业主（住户）应于当月的20日之前到管理处清付管理费，逾期未交，加收应交管理费总额的25%的滞纳金。水电费拖欠滞纳金按市供电公司、市供水公司有关规定执行。欢迎业主（住户）提前预付。

3. 为使某些偶然事件能够得到及时处理，业主（住户）在入伙时须缴交水电管理备用金。

4. 楼宇维修保养期满后的公共设施及外墙翻新等大型维修工程费用，由管理处、业主（住户）共同摊分。

二、业主（住户）须知

1. 业主必须在接到楼宇入伙通知书之日起3个月内，到本公司办理入伙手续。逾期未办理者，每逾期1天，应缴纳人民币1元以上5元以下的逾期金。

2. 业主到物业服务公司办理入伙手续时，应携带公证书（或楼宇买卖合同书）、身份证、入伙通知书办理入伙手续，然后持公证书、身份证和收楼通知书到屋村管理处领取其楼宇锁匙接收楼宇，管理处将尽力协助业主（住户）解决有关入伙事宜。

3. 收楼时，请认真查看室内设备、土建装修等是否损坏或未尽妥善，如有投诉，请在收楼时书面告知管理处，管理处将代表业主（住户）利益，就提出的投诉向楼宇承建单位协商解决。

4. 根据楼宇承建合同，楼宇维修保养期为半年或1年，维修保养期间，如因工程质量所致，承建单位将为业主（住户）免费处理。如因业主（住户）使用不当，则由业主（住户）自行支付费用。

5. 业主（住户）可以在自己的大门外装上名牌，但不得涉及其行业、职业或工商业。外墙及窗户、阳台均不得设立任何广告或标志。

6. 住宅单位仅作居住用，不得作为写字楼、货仓或商业用途。

7. 为保持楼宇外貌美观，业主（住户）不得将窗户、阳台及外墙作任何更改，不得在公共地方搭建檐篷、帐幕或神位等。

8. 业主享有房产权，有权对房产通过法律进行买卖、赠与、交换和继承。

9. 业主（住户）有权对其住宅单位进行装修、维修，但不得改变或损坏原有房屋的结构、外貌及公共设施，不得改变房屋及配套设施的使用功能。装修、维修前须向管理处提出申请，填写“住宅装修申请表”，获准后方可进行，并按规定由装修、维修承建者向管理处缴纳一定的装修管理费。施工时间为上午8时至12时，下午2时至6时。

10. 凡擅自改变楼宇结构、用途、外貌或进行扩建、拆建等，除责令停止或恢复原貌外，根据情节轻重，送达政府城管部门处理。

11. 为保护屋村内宁静，在晚上10时后、早上8时前，禁止影响他人休息的噪声产生。

三、日常保养事项

1. 供水、供电、供气及机电设备是经过周密考虑而设计的，请业主（住户）不要随意更改，如未获批准擅自更改，造成的经济损失由业主（住户）负责。

2. 各楼宇均装有公共电视天线，为保持楼宇的雅观，请勿增设户外天线。

3. 切勿把垃圾、菜叶、杂物等废料投入厕所下水道，如因使用不当，导致堵塞或损坏，一切修理费用由业主（住户）自行负责。

4. 屋楼内公共地方不得摆放家具、货物、神位及烧香，不得乱涂乱画，如属小孩所为，由家长负责。

5. 各住宅单位均设有专供晾衣物的架子，请勿在其他地方晾晒衣物，以免影响屋村雅观。

6. 爱护公共设施、电梯、对讲机，教育小孩不要在电梯内嬉戏，不要乱按对讲机和电梯开关键，如属人为损坏，当事人负责修理费用。

7. 如长时间离开寓所，请关好水、电、气总闸，如因水、电、气所致造成经济损失，由业主（住户）自行支付。

四、庭园绿化

1. 物业服务公司绿化管理处负责各屋村的绿化工作。

2. 各屋村的绿化、花草，皆为业主（住户）利益着想，所有人员均有责任保持屋村的绿化完好，不乱砍滥伐攀折树木，不乱摘花、果，违者按市政府有关规定处罚。

3. 切勿在绿化带上踢（打）球，踩（摆）单车，玩耍，如属人为损坏，一切费用由当事人支付。

五、清洁卫生

1. 为使业主（住户）享受优雅、舒适的生活环境，各屋村均请有卫生人员专职负责该项工作。

2. 高层住宅单位，请自设有盖的垃圾桶，就寝前置于大门外，以便清洁卫生人员清倒，垃圾清倒后及时取回住宅单位，不要长时间摆在门外。多层屋村住户，请用垃圾袋自行将垃圾带到楼下垃圾收集点。可以饲养一些较为驯良的观赏性动物，如猫、鸟等，不得在屋村内饲养家禽。

3. 讲究文明，搞好卫生，树立社会公德，请不要乱堆（丢）垃圾、杂物，更不要从窗户、阳台向外乱丢杂物、垃圾，切勿随地大小便，随地吐痰。

4. 装修完毕，业主（住户）应立即清扫，不得将废物弃于走廊、通道及其他公共地方。

5. 凡违反深圳市卫生“十不准”禁令规定的有关条款，按有关条款罚款。

六、治安保卫

1. 屋村内24小时均有人值班，热情地为各业主（住户）服务，并协助处理任何紧急事故。

2. 管理处工作人员在屋村工作、巡查，到各住宅单位走访，抄水、电表皆佩戴工作证。对无证人员和陌生人员来访，在未弄清身份之前，应谢绝进入。

3. 遵守深圳特区户籍管理条例，凡有客人到贵处留宿以及出租屋的承租人，须到屋村治安管理办公室办理登记手续，违者责任自负。

4. 切勿接待无证件客人及可疑人员，以免带来不必要的麻烦。

5. 如发现可疑情况，请立即告之管理处或派出所。

七、车辆停放

1. 所有外来车辆未经管理处许可，不得进入屋村。

2. 经许可进入屋村的所有车辆，须停放在管理处指定的停放点上，并按规定缴纳一定的停车管理费。

3. 所有车辆不得在屋村乱停乱放。

4. 自行车均不得在电梯内上下，以免损坏电梯。

八、防火防风

1. 做好防火工作。严禁在屋村（大厦）内燃放烟花、爆竹；煤气炉要经常保持清洁，切勿留有油渍；烟头及火柴余灰要随时弄熄；教育小孩不要玩火。

2. 遵守安全用电规则，勿使电器超过负荷，以免发生事故。

3. 不得挪用或损坏消防设备和器材，保持走廊楼梯及消防通道畅通。

4. 高层楼宇防烟门应经常关闭。

5. 不得储藏易燃物品。储存小量的煤油、石油气和其他燃料供煮食用途，需格外小心，以确保安全。

6. 发生火警，切莫惊慌失措，应立即告诉管理处或拨火警电话119，关闭电源、煤气总闸，尽力采取补救措施或迅速离开住所，高层楼宇切勿从电梯逃生，应徒步从楼梯下去。

7. 当台风来临时，应将所有容易被吹倒的物品，尤其是放在阳台（窗台）处的盆花等搬回屋内，并关好所有门窗。

九、其　他

1. 各业主（住户）应遵守中华人民共和国及深圳特区的有关规定，不要把违禁和污秽的书刊、画片、唱片、录音带、录像带等有害的东西带进屋村，以免造成不必要的麻烦。

2. 讲文明、讲道德、讲礼貌、讲卫生，互相帮助，共创文明住宅区，共创深圳卫生城市。

【小　结】

本章主要阐述业主和业主团体的基本内容。包括：业主是物业的所有权人。业主依法对自己所有的物业行使占有、使用、收益和处分的权利，同时依法享有对物业的共有部分和共同事务进行管理的权利，并承担相应的义务。业主可以分为：自然人业主和非自然人业主；独立产权的业主和共有产权的业主；公有房业主和私有房业主；居住物业的业主和非居住物业的业主；大业主和小业主；准业主、原始业主和继受业主等类型。业主的权利概括为三部分：一是业主对其专有部分的所有权；二是业主对建筑区划内的共有部分享有共有权；三是业主对建筑区划内的共有部分享有共同管理的权利。业主在享有权利的同时，也应履行相应的义务。业主应当遵守法律、法规以及管理规约。业主自治，是指业主依靠物业居住所形成的团体，实施自我管理、平等相处、民主协商、团体约束的社区生活方式。业主自律，是指业主在物业社区生活过程中，以自我约束行为、自主表达权利，既维护自身物业安居，又尊重他人居住权益的生活模式要求。判断业主团体自治管理行为有效性的根本依据是业主自治自律原则。业主团体，是指物业内全体业主自发构成的社会团体。其性质是依法成立的社会团体。业主大会是物业内的最高决策机构，业主大会的决定对物业管理区域内的全体业主具有约束力。筹集专项维修资金和附属设施的维修资金；使用专项维修资金和附属设施的维修资金；改建建筑物及其附属设施；重建建筑物及其附属设施等重大事项由业主大会决定。业主大会会议可以采用集体讨论的形式。业主委员会是业主大会的执行机构，向业主大会负责并报告工作。业主委员会章程是业主委员会活动的规则。管理规约，是指由全体业主共同制定的对物业的使用、维护、管理以及业主共同利益的自律性行为规范。管理规约是物业管理活动中极为重要的文件，其地位类似于业主团体中的“宪法”。管理规约具有公契约的性质。管理规约的制定和修改列为业主共同决定的一般事项，管理规约的生效时间应为业主大会（业主代表大会）通过的时间。管理规约对于特定继受人（如买受人、承租人、借用人）也同样有效。《住户手册》是反映住户应遵守的管理规定，以及物业服务公司所能提供的服务项目的非强制性执行文件。

拓展阅读

【典型案例 1】

未成年人是否可以作为房屋的产权人
出席业主大会并发表意见

老孙夫妇给 12 岁的儿子孙某在某小区买了一套房子，产权归孙某。小区在成立业主委员会的过程中，在核实产权人的情况时，发现孙某只有 12 岁，坚决不让孙某参加业主大会，理由是孙某属于限制行为能力人，不具有辨认和控制自己的能力，无法对涉及房产这样的重大事项发表意见，因此不具有参加业主大会的资格。物业服务公司也坚决反对孙某参加。孙某及其父母认为自己的合法权益遭到了侵犯，坚决要求参加业主委员会的选举投票。

【分析】

本案的焦点在于未成年人是否享有业主的各项权利。

现在许多家庭出于种种考虑，往往以自己子女的名义购买物业，比如要开征遗产税的风声起后，某地成批地出现了儿童业主。业主大会由全体业主组成，业主都有参加业主大会的权利。对于业主身份的认定，一般以房屋产权证记载的所有权人为准。本案中，老孙夫妇购买的房屋产权上登记的产权人是孙某，那么孙某就是业主。根据《物业管理条例》第六条（四）项的规定，业主有权参加业主大会会议，行使投票权，因此，作为业主的孙某，不论其年龄、精神状况如何，均有权参加业主大会，行使投票权。

就一般权利而言，任何人的权利能力都是相同的，但人的行为能力是与年龄、精神状况紧密联系的，根据《民法典》第十九条规定，“八周岁以上的未成年人为限制民事行为能力人，实施民事法律行为由其法定代理人代理或者经其法定代理人同意、追认”。本案中孙某作为业主应当享有投票权，这是从权利能力的角度出发；从民事行为能力的角度出发，由于孙某只有 12 岁，确实不具有对事关业主重大的事项进行表决的能力，因此投票权应当由其父母代为行使。业主委员会和物业服务公司不应当以孙某的行为能力而否认其客观存在的权利能力，否则将构成对孙某作为业主的权利侵犯。

【典型案例2】

孙庆军诉南京市清江花苑小区业主委员会业主知情权纠纷案

资料来源：摘自最高人民法院应用法学研究所编《人民法院案例选》，2016年第4辑（总第98辑），53－56页。

业主作为建筑物区分所有权人，享有知情权，享有了解本小区建筑区划内涉及业主共有权及共同管理权等相关事项的权利，业主委员会应全面、合理地公开其掌握的情况和资料。对于业主行使知情权亦应加以合理限制，以防止滥用权利，其范围应限于涉及业主合法权益的信息，同时遵循简便的原则。

【基本案情】

原告孙庆军系南京市鼓楼区清风园×幢×单元××室房屋的所有权人，其房屋位于清江花苑住宅小区内。

2014年4月4日，被告清江花苑业主委员会于小区公告栏张贴《关于目前业主委员会账户资金情况的说明》，主要内容为：2014年1月27日业主委员会代表小区收取过街通道征地补偿款2 334 820元，为使公共收益保值增值，业主委员会工作人员于2014年2月26至28日通过网上银行分四笔合计260万元借用个人账户购买两支货币基金，后应法院要求，于2014年4月3日申请赎回，4月4日本金260万元及收益10 443.12元均已归入业主委员会公共账户，特予以公示。后被告在小区公告栏对2013年度、2014年度的业主委员会收支情况进行公示，2013年度收支一览表载明收支各5项；2014年度收支一览表载明收入3项、支出4项。2015年7月11日，被告在小区公告栏张贴公告，告知全体业主：小区物业变更及2014年业主委员会财务收支账目等信息已公布，如业主对有关信息需要进一步了解，请到业主委员会办公室进行询问和查阅。

2012年12月14日，上届清江花苑业主委员会与无锡市谐和物业管理有限公司（以下简称“谐和公司”）签订《清江花苑小区物业服务合同》，委托其对小区物业进行管理。该物业服务合同已在小区公告栏张贴。2015年3月15日，被告清江花苑业主委员会向谐和公司发函催缴2014年度公共收益。谐和公司答复称，将于2015年3月30日前将2014年度公共收益情况提交并公示，具体欠缴金额及结算日期将与被告商定后实施。2015年6月19日，被告在小区公告栏张贴《物业变更公示》，告知小区业主：接谐和公司通知，因其面临破产，推荐江苏启成物业服务公司（以下简称“启成公司”）进行托管。后被告与启成公司签订《物业服务合同》，并在小区公告栏公布。原告孙庆军因要求被告公开相关信息，与被告产生纠纷，诉至法院，要求被告清江花苑业主委员会在小区公告栏公布下列情况及资料：（1）公布清江花苑小区建筑物及附属设施的维修资金筹集、使用情况；（2）公布本届业主委员会所有决定、决议和会议记录；（3）公布本届业主委员会与物业服务公司之间的服务合同和共有部分的使用及收益情况；（4）公布本小区停车费收支分配和车位处分情况；（5）公布本届业主委员会任期内的各年度财务收支账目、收支凭证。

【裁判结果】

南京市鼓楼区人民法院依照《最高人民法院关于审理建筑物区分所有权纠纷案件具体应用法律若干问题的解释》第十三条，《中华人民共和国民事诉讼法》第六十四条，以及《最高人民法院关于适用〈中华人民共和国民事诉讼法〉的解释》第九十条的规定，于2015年9月16日作出判决：“一、被告南京市清江花苑小区业主委员会于本判决生效之日起三十日内在小区公告栏内或公共区域内张贴公布本届业主委员会自成立以来清江花苑小区建筑物及附属设施的维修资金筹集、使用情况。二、被告南京市清江花苑小区业主委员会于本判决生效之日起三十日内在小区公告栏内或公共区域内张贴公布本届业主委员会成立以来业主委员会的决定、决议和会议记录。三、被告南京市清江花苑小区业主委员会于本判决生效之日起三十日内在小区公告栏内或公共区域内张贴公布本届业主委员会成立以来（每半年一次）清江花苑小区共有部分的使用及收益情况。四、被告南京市清江花苑小区业主委员会于本判决生效之日起三十日内在小区公告栏内或公共区域内张贴公布本届业主委员会成立以来清江花苑小区停车费收支分配及车位处分情况。五、被告南京市清江花苑小区业主委员会于本判决生效之日起三十日内在小区公告栏内或公共区域内张贴公布本届业主委员会成立以来各年度财务收支账目明细、收支凭证。”一审判决后，双方均未上诉，该判决已发生法律效力。

【裁判理由】

南京市鼓楼区人民法院审理认为：业主对小区公共事务和物业管理的相关事项享有知情权，可以向业主委员会、物业服务公司要求公布、查阅依法应当向业主公开且确由业主委员会和物业服务公司掌握的情况和资料。原告孙庆军作为业主，有权向被告清江花苑业主委员会主张公布由被告掌握的情况和资料。根据《最高人民法院关于审理建筑物区分所有权纠纷案件具体应用法律若干问题的解释》第十三条的规定，业主有权请求公布、查阅以下资料：(1) 建筑物及其附属设施的维修资金的筹集、使用情况；(2) 管理规约、业主大会议事规则，以及业主大会或者业主委员会的决定及会议记录；(3) 物业服务合同、共有部分的使用和收益情况；(4) 建筑区划内规划用于停放汽车的车位、车库的处分情况；(5) 其他应当向业主公开的情况和资料。因此被告认为原告主张的权利应通过业主大会予以集体行使的抗辩理由，缺乏法律依据，且有违经济、便利原则，不利于业主上述知情权利的行使与保护，因此不予支持。清江花苑业主委员会应保障业主对上述资料进行查阅的权利，并及时公布与业主利益相关的资料。

关于原告各项请求分析如下。

1. 关于原告孙庆军请求公布清江花苑小区建筑物及附属设施的维修资金筹集、使用情况的主张。建筑物及附属设施的维修资金属于业主共有，用于住宅共有部位、共用设施设备保修期满后的维修及更新，业主有权了解其使用情况。被告清江花苑业主委员会作为小区全体业主的代表对小区进行管理，对于维修资金的筹集及使用情况应当知晓，而且资金是否由其直接掌握不影响其对维修资金情况的公布。被告向法院提交的 2013 年清江花苑小区屋面、墙体防水工程等资金使用情况，仅为部分资金的使用情况，并非全部维修资金的筹集、使用情况。故对原告的该项诉请，予以支持。

2. 关于原告要求公布本届业主委员会所有决定、决议和会议记录的主张。业主委员会作出的决定、决议和会议记录与业主的权利紧密相关，应予公开，并提供业主查阅。在本案审理过程中，被告虽已提交了相关会议纪要等证据，但并未在小区向全体业主公布，故对原告的该项诉请，予以支持。

3. 关于原告要求公布本届业主委员会与物业服务公司之间的服务合同和共有部分的使用及收益情况的主张。被告在小区公告栏已经张贴与谐和公司、启成公司所签订的《物业服务合同》，原告亦可通过被告办公室查阅上述物业服务合同，因此对于原告该项主张，不予支持。小区共有部分使用和收益与业主的利益亦是密切相关，虽存在谐和公司未及时上缴公共收益等的问题，但是被告作为全体业主代表应及时追缴，保障业主的合法权利，并将目前的使用和收益情况及时公布。

4. 关于原告要求公布本小区停车费收支分配和车位处分情况的主张。小区共有停车位，即规划区外的车位，虽由物业服务公司代管，但归属小区全体业主共有，业主对于小区共有部分停车费的收支分配及停车位处分情况享有知情权。被告应及时联系物业公司，及时公布上述信息。故对于原告的该项主张，予以支持。

5. 关于原告主张公布本届业主委员任期内的各年度财务收支账目、收支凭证的主张。小区财务收支与小区业主具体利益息息相关，业主委员会应予公布。被告虽在小区公告栏公布了 2013 年度及 2014 年度的收支一览表，但项目较少且不尽详细，后被告虽在庭审中提供账目明细表及凭证，但并未履行公布的义务，因此支持原告的主张。

第四章　物业服务企业

【学习目的和要求】

了解：物业服务企业、资质的概念，劳动合同的分类。
掌握：物业服务企业的特征、指导思想、设立条件、职责范围。
应用：物业服务企业的法律地位，劳动争议处理程序。

【思政目标】

树立遵法守纪、诚实守信、严谨负责的职业道德准则和行业规范，做到依法管理、依法服务。

[案例]

郭先生是某小区业主，2018 年 9 月以前，幸福小区一直由甲公司提供物业服务，2018 年 9 月底，甲公司与乙公司签订《物业管理移交协议》，将该小区“三供一业”物业管理移交给乙公司，由乙公司负责小区的物业管理、安全管理、维修改造和日常维护，并对住户进行收费。此后，乙公司一直为该小区提供物业服务。但郭先生认为自己并未与乙公司直接签订物业服务合同，并不认可乙公司提供的物业服务，拒绝向其交纳物业服务费，乙公司将郭先生诉至法院要求其补交物业服务费 1 290 元。

[问题]

郭先生应否向乙公司补交物业服务费?

第一节　物业服务企业的设立和组织运行

一、物业服务企业的概念和特征

2007 年 8 月 26 日国务院公布了《国务院关于修改〈物业管理条例〉的决定》，该决定第四条规定，将“物业管理企业”修改为“物业服务企业”。这一规定指导了物业服务企业的经营性质从管理走向服务。我国《物业管理条例》第三十二条规定：“从事物业管理活动的企业应当具有独立的法人资格。”所谓物业服务企业，是指依法设立、具有独立法人资格，从事物业管理服务活动的企业。其基本特征包括以下几方面。

第一，从组织形式上看，物业服务企业是独立的企业法人，必须具有明确的经营宗旨和经行业主管部门认可的管理章程，能够独立承担民事和经济法律责任。

第二，从行业特点来看，物业服务企业作为直接从事地上建筑物、基础设施及周围环境的专门管理机构，属于第三产业的服务行业，其业务范围主要包括：建筑楼宇的维修保养；确保建筑物安全；改善建筑物的形象和功能设施；保持房屋财产的价值并使之升值；提供多种服务；协调业主之间、业主与社区之间的关系。

第三，从运行机制来看，物业服务企业按自主经营、自负盈亏、自我约束、自我发展的机制运行。

二、物业服务企业的指导思想

物业服务企业的指导思想是：以服务为宗旨，以经营为手段，以经济效益、社会效益和环境效益的综合统一为目的，通过综合管理和全面服务，为业主和使用人提供安全、整洁、方便、清净的工作环境和居住环境。

物业服务企业应当按照我国法律的规定设立，并且应当取得相应的资质等级。目前，我国对物业服务企业既实行主体资格管理，又实行资质等级管理。在取得主体资格后仍须取得相应资质等级才能从事物业管理业务。

三、物业服务企业的设立条件、成立和组织机构

（一）物业服务企业的设立条件

物业服务企业的设立既要符合法律规定的企业设立的一般标准，又要满足针对物业管理行业所设定的特殊条件。目前，我国各地对物业服务企业的设立归两个部门管理，一个是市场监督管理机关，另一个是房地产管理部门。关于物业服务企业的设立

条件，原来我国有《物业服务企业资质管理办法》，2018 年 3 月 8 日住建部发布了《住房和城乡建设部关于废止〈物业服务企业资质管理办法〉的决定》，并于发布之日起开始实施。2017 年 12 月，住建部在《住房和城乡建设部办公厅关于做好取消物业服务企业资质核定相关工作的通知》中要求："加快推进物业服务行业信用体系建设，建立信用信息共享平台，定期向社会公布物业服务企业信用情况，建立守信联合激励和失信联合惩戒机制，构建以信用为核心的物业服务市场监管体制。"

2020 年，住房和城乡建设部等 10 部门印发《关于加强和改进住宅物业管理工作的通知》，要求建立物业服务企业信用管理制度，建立物业服务信用评价制度，制定统一的信用评价标准，建设全国信用信息管理平台。根据合同履行、投诉处理、日常检查和街道意见等情况，采集相关信用信息，实施信用综合评价，依法依规公开企业信用记录和评价结果。依据企业信用状况，由城市住房和城乡建设部门授予信用星级标识，实行信用分级分类监管，强化信用信息在前期物业管理招标投标、业主大会选聘物业服务企业、政府采购等方面的应用。

（二）物业服务企业的成立

依据我国法律规定，企业的成立以登记为准。经过我国市场监督管理机关核准成立的企业，从核准之日起即具有相应的民事主体资格。因此，经过市场监督管理机关的登记，物业服务企业就成立了。

（三）物业服务企业的组织机构

根据《物业管理条例》的规定，物业服务企业应当具有独立的法人资格，因此，物业服务企业作为企业法人，应当设立综合管理部门、工程技术部门、财务部门、办公室和营销部门，以便分工管理。

1. 综合管理部门

综合管理部门主要负责：环境卫生及庭园绿化管理，安全保卫及消防安全管理，车辆停放及道路畅通管理，房屋租赁管理等事项。

2. 工程技术部门

工程技术部门主要负责：房屋修缮与养护，设备的维修与养护，室内装修的监督管理等事项。

3. 财务部门

财务部门主要负责：费用的收缴与使用管理，制作财务报表等事项。

4. 办公室

办公室主要负责：日常行政管理及会议的组织，对外联络与接待，职工的后勤服务，文件档案管理，劳动人事管理等事项。

5. 营销部门

营销部门主要负责：物业管理业务的开拓，其他业务的开拓等事项。

以上这些部门基本能够满足物业服务企业经营的需要。当然，物业服务企业可以根据自己的实际情况适当调整（可以增加或减少）。但是，以上各部门的职能必须被分解承担。

四、公司制的物业服务企业

目前物业服务企业一般采用公司制，这里主要介绍我国公司制企业的一般规则。

（一）公司的概念

公司是指依照公司法设立的，股东以其出资额或股份对公司承担有限责任的企业法人。我国公司分为有限责任公司和股份有限公司两种类型。

（1）公司是具有独立人格的商事组织。

（2）公司是以营利为目的的企业法人。公司在以营利为主要目的的同时，还要承担一定的社会责任。

（3）公司是依法成立的企业组织。

（二）公司的种类

1. 有限责任公司与股份有限公司

有限责任公司是指股东以其出资额为限对公司承担责任，公司以其全部资产对公司债务承担责任的企业法人。有限责任公司具有如下几个方面的特色：股东对公司债务承担有限责任，有限责任公司要以其全部法人财产对公司债务承担责任，公司股东仅以出资额为限对公司债权人承担间接有限的清偿责任；有限责任公司的股东可以是自然人，也可以是法人，但股东人数按照我国公司法的要求不超过50人；有限责任公司的股权不能公开募集并自由转让。有限责任公司股东出资的转让受到了严格的限制；有限责任公司设立比较简便，组织机构比较简单。有限责任公司代理成本、内部监督成本较低，决策比较灵活，对市场反应比较迅速，是中小型物业服务企业的理想组织形式。

股份有限公司是指公司全部资本划分为等额股份，股东以其所持有的股份额对公司承担责任，公司以其全部资产对公司债务承担清偿责任的企业法人。股份有限公司具有如下几个方面的特色：股东以其所拥有的股份额对公司债务承担有限责任，股份有限公司的资本划分为等额股份，股票（股份的凭证）向社会公开发行并自由转让。股份有限公司的设立门槛很高，法人治理结构比较完备、周密。与有限责任公司相比，股份有限公司的设立条件、程序都更为严格，要求更高。

2. 母公司与子公司

以公司的外部控制关系为标准，可以将公司分为母公司与子公司两类。

母公司是指拥有其他公司一定数量的股份，因此能够支配控制其他公司主要经营活动的公司。

子公司是指主要经营业务被另外一家公司实际控制、支配的公司。

3. 总公司与分公司

基于组织系统上的从属关系所作的分类，可以将公司分为总公司与分公司。

总公司又称本公司，是指在组织系统中处于支配和管理若干分支机构或部门的地位，具有独立法人资格的公司。分公司是相对于总公司而言的，分公司是指公司在其住所以外设立的，不具有企业法人资格，从事经营活动的机构。分公司是总公司的一个附属机构或业务部门，没有自己独立的财产和组织机构，而只有业务管理人，因此分公司活动的后果将全部由总公司承受。

（三）公司法人治理结构

1. 公司权力机构（由全体股东构成）

公司的权力机构称股东会。有限责任公司由50个以下的股东构成，股份有限公司由发起人和一般股东构成，发起人有1人以上到200人以下，至少认购35%股份，公司成立（或上市）1年内不得转让。一般股东则无此限制。公司权力机构主要通过会议表决的方式来行使权力。根据《中华人民共和国公司法》（以下简称《公司法》）第五十九条的规定，股东会（股东大会）的职权一共有9项，归纳一下主要包括：关系公司存亡的非日常性事务；审批董事会、监事会报告和修改公司章程规定的其他职权。

2. 董事会

董事会是公司代表机构，它对股东会负责，是股东会的执行机构。公司董事由3人以上组成。董事有严格的任职限制，有下列情形之一的不得担任公司的董事。

（1）无民事行为能力或者限制民事行为能力。

（2）因贪污、贿赂、侵占财产、挪用财产或者破坏社会主义市场经济秩序，被判处刑罚，或者因犯罪被剥夺政治权利，执行期满未逾5年，被宣告缓刑的，自缓刑考验期满之日起未逾2年。

（3）担任破产清算的公司、企业的董事或者厂长、经理，对该公司、企业的破产负有个人责任的，自该公司、企业破产清算完结之日起未逾3年。

（4）担任因违法被吊销营业执照、责令关闭的公司、企业的法定代表人，并负有个人责任的，自该公司、企业被吊销营业执照、责令关闭之日起未逾3年。

（5）个人所负数额较大的债务到期未清偿被人民法院列为失信被执行人。

董事负有忠实义务，即不得因一己私利损害公司利益。主要禁止行为如下：

（1）侵占公司财产、挪用公司资金；

（2）将公司资金以其个人名义或者以其他个人名义开立账户存储；

（3）利用职权贿赂或者收受其他非法收入；

（4）接受他人与公司交易的佣金归为己有；

（5）擅自披露公司秘密；

（6）违反对公司忠实义务的其他行为。

根据《公司法》第四十七条的规定，董事会的职权主要是：日常经营决策，制定公司基本制度以及财务方案，公司章程规定的其他职权。

3. 经理

经理是公司的高级管理人员，由董事会决定聘任或者解聘，经理对董事会负责，接受董事会的授权主持公司的日常经营管理工作。

4. 公司监事会

公司监事会是公司的内部监督机关。监事会的组成不得少于 3 人，一般由股东代表和公司职工代表组成，有限责任公司可以设 1 ~ 2 名监事，不设监事会。监事会职权：检查公司财务，必要时可以聘请会计师事务所协助，费用由公司承担；监督董事和高级管理人员；提议召开并主持临时股东会会议；向股东会会议提出提案；依据法律规定对董事和高级管理人员提起诉讼；公司章程规定的其他职权。

第二节　物业服务企业的法律地位

一、物业服务企业的法律性质

根据《物业管理条例》的规定，物业服务企业应当取得法人资格，因此，物业服务企业应当是营利性法人。其行为主要是商事行为，但也具有部分的公共事务性。

一方面，当物业服务企业从事物业管理活动时，其性质上属于商事行为。物业服务企业对物业的管理权来自于业主或业主委员会的授权，与业主的所有权是相分离的，是为业主提供服务而产生的权利。物业服务企业作为物业管理关系的一方当事人，前提必须是具备独立法人资格。

另一方面，物业小区也是社会的一部分，小区事务也会直接影响到公共利益。在行为涉及公共利益时也会带有一定的行政性，如涉及治安、环保等方面法律、法规规定的行为时，在有行政委托或行政授权的情况下，就可以行使部分行政性职权。比如《物业管理条例》第四十五条规定：“对物业管理区域内违反有关治安、环保、物业装饰装修和使用等方面法律、法规规定的行为，物业服务企业应当制止，并及时向有关行政管理部门报告。”

综上所述，我们认为依法成立的物业服务企业具有商事主体资格，能够独立地实施物业管理活动。

二、物业服务企业管理物业的基础——物业服务合同

物业服务企业对于物业的管理，实际上是一种服务，这种服务是在接受业主团体的委托后实施的。业主基于其物业所有权人的地位，可以自由行使其对自己的物业的支配权，包括管理。因此，业主可以自行管理物业，也可以出于对物业管理所需的专业技术及其成本等因素的考虑，通过业主团体决策将整个小区的物业委托给某个物业服务企业进行管理。这种委托关系的体现就是物业服务合同。因此，以业主团体委托物业服务企业管理物业为内容的物业服务合同是物业企业对物业进行管理的基础。物业服务企业与业主团体是平等的民事主体，因此，这种委托属于民事法律关系。既然物业服务企业是接受业主团体的委托实施管理行为，物业服务企业就应按照物业服务合同的约定，在受托权限范围之内管理物业，而不应超越其权限范围实施侵害业主及其业主团体的合法权益。《物业管理条例》第三十五条明确规定："物业服务企业应当按照物业服务合同的约定，提供相应的服务。物业服务企业未能履行物业服务合同的约定，导致业主人身、财产安全受到损害的，应当依法承担相应的法律责任。"

三、物业服务企业的职责范围

根据物业服务企业与业主团体签订的物业服务合同及相关法律法规的规定，物业服务企业获得管理物业的授权后，其职责范围有以下几方面。

第一，物业的验收接管义务。物业服务企业在进驻小区时，应当对物业的面积、设施等先行验收，然后进行管理。

第二，对共用物业的维护、管理义务。物业服务企业按照物业服务合同约定，对物业共用部位、共用设施设备进行维修、养护、管理，维护相关区域内的环境卫生和秩序的活动。

第三，建筑物及其设施的保养、维修义务。根据物业服务合同约定，物业服务企业对于物业内的建筑物及其设施有保养的义务，当建筑物及其设施出现隐患或故障时，物业服务企业应当及时排查、维护。

第四，环境清洁、美化义务。物业服务企业应当按照物业服务合同约定，对物业小区内的环境清洁负责，及时处理垃圾，保持卫生，并且进行美化，为业主创造出方便、舒适、安静、祥和的居住环境。

第五，安全保障义务。物业服务企业应当按照物业服务合同的约定，为业主的人身及财产安全提供保障，为业主在小区内的出行、消防安全负责。

第六，合同约定的其他义务，比如提供小区的交通便利等。

第三节 物业服务企业劳动关系

劳动法律关系是当事人依据劳动法律规范，在实现劳动过程中形成的权利义务关系。物业企业劳动法律关系的当事人包括劳动者和物业服务企业。根据我国《劳动法》的规定，年满16周岁、有劳动能力的公民是具有劳动权利能力和劳动行为能力的人。即劳动者的法定最低就业年龄为16周岁。

一、工作时间和休息休假

（一）工作时间的概念和种类

工作时间又称劳动时间，是指法律规定的劳动者在一昼夜和一周内从事劳动的时间。它包括每日工作的小时数，每周工作的天数和小时数。标准工作时间，又称标准工时，是指法律规定的在一般情况下普遍适用的、按照正常作息办法安排的工作日和工作周的工时制度。我国的标准工时为劳动者每日工作8小时，每周工作40小时，在1周（7日）内工作5天。

不定时工作时间，又称不定时工作制，是指无固定工作时数限制的工时制度。适用于工作性质和职责范围不受固定工作时间限制的劳动者，如物业企业中的高级管理人员、外勤人员、部分值班人员等。实行不定时工作制的物业企业，应根据《劳动法》的有关规定，与工会和劳动者协商，履行审批手续，在保障职工身体健康并充分听取职工意见的基础上，采用集中工作、集中休息、轮流调休、弹性工作时间等适当方式，确保职工的休息休假权利和生产、工作任务的完成。

（二）休息休假的概念和种类

休息休假是指劳动者为行使休息权，在国家规定的法定工作时间以外，不从事生产或工作而自行支配的时间。

1. 休息时间的种类

（1）工作日内的间歇时间。这是指在工作日内给予劳动者休息和用膳的时间。一般为1～2小时，最少不得少于半小时。

（2）工作日间的休息时间。即两个邻近工作日之间的休息时间，一般不少于16小时。

（3）公休假日，又称周休息日。这是劳动者在1周（7日）内享有的休息日。公休假日一般为每周2天，一般安排在周六和周日休息。不能实行国家标准工时制度的物业企业，可根据实际情况灵活安排周休息日，应当保证劳动者每周至少休息1天。

2. 休假的种类

（1）法定节假日。这是指法律规定用于开展纪念、庆祝活动的休息时间。

（2）探亲假。这是指劳动者享有保留工资、工作岗位而同分居两地的父母或配偶团聚的假期。探亲假适用于工作满 1 年的职工。

（3）年休假。这是指职工工作满一定年限，每年可享有的带薪连续休息的时间。《劳动法》第四十五条规定："国家实行带薪年休假制度。劳动者连续工作一年以上的，享受带薪年休假。具体办法由国务院规定。"

（三）加班加点的法律规定

加班是指劳动者在法定节日或公休假日从事生产或工作。加点是指劳动者在标准工作时间以外延长工作的时间。加班加点又统称为延长工作时间。为保证劳动者休息权的实现，《劳动法》规定任何单位和个人不得擅自延长职工的工作时间。

1. 一般情况下加班加点的规定

《劳动法》第四十一条规定："用人单位由于生产经营需要，经与工会和劳动者协商后可以延长工作时间，一般每日不得超过一小时；因特殊原因需要延长工作时间的，在保障劳动者身体健康的条件下延长工作时间每日不得超过三小时，但是每月不得超过三十六小时。"

2. 特殊情况下加班加点的规定

根据《劳动法》第四十二条的规定，有下列情形之一的，延长工作时间不受《劳动法》第四十一条的限制。

（1）发生自然灾害、事故或者因其他原因，威胁劳动者生命健康和财产安全，需要紧急处理的。

（2）生产设备、交通运输线路、公共设施发生故障，影响生产和公共利益，必须及时抢修的。

（3）法律、行政法规规定的其他情形。

3. 加班加点的工资标准

（1）安排劳动者延长工作时间的，支付不低于工资的 150% 的工资报酬。

（2）休息日安排劳动者工作又不能安排补休的，支付不低于工资的 200% 的工资报酬。

（3）法定休假日安排劳动者工作的，支付不低于工资的 300% 的工资报酬。

二、劳动合同的概念和种类

劳动合同，是指劳动者与用人单位之间确立劳动关系，明确双方权利和义务的书面协议。《中华人民共和国劳动合同法》（以下简称《劳动合同法》）明确规定，建立劳动关系应当订立书面劳动合同。

按照合同期限的不同，物业服务企业劳动合同可分为固定期限、无固定期限和以完成一定工作为期限的劳动合同。

（一） 固定期限劳动合同

固定期限劳动合同，又称定期劳动合同，是指劳动合同双方当事人明确约定合同有效的起始日期和终止日期的劳动合同。期限届满，合同即告终止。双方当事人可根据生产、工作的需要确定劳动合同的期限。固定期限劳动合同适用范围比较广泛，灵活性较强。

（二） 无固定期限劳动合同

无固定期限劳动合同，又称不定期劳动合同，是指劳动合同双方当事人只约定合同的起始日期，不约定其终止日期的劳动合同。对于无固定期限劳动合同，只要不出现法律、法规或合同约定的可以变更、解除、终止劳动合同的情况，双方当事人就不得擅自变更、解除、终止劳动关系。按照平等自愿、协商一致的原则，用人单位和劳动者只要达成一致，无论是初次就业的还是由固定工转制的，都可以签订无固定期限劳动合同。

有下列情形之一，劳动者提出或者同意续订、订立劳动合同的，除劳动者提出订立固定期限劳动合同外，应当订立无固定期限劳动合同。

（1）劳动者在该用人单位连续工作满 10 年的。

（2）用人单位初次实行劳动合同制度或者国有企业改制重新订立劳动合同时，劳动者在该用人单位连续工作满 10 年且距法定退休年龄不足 10 年的。

（3）连续订立两次固定期限劳动合同，且劳动者没有《劳动合同法》第三十九条和第四十条第 1 项、第 2 项规定的情形，续订劳动合同的。

用人单位自用工之日起满 1 年不与劳动者订立书面劳动合同的，视为用人单位与劳动者已订立无固定期限劳动合同。

法律规定无固定期限劳动合同签订条件的目的在于保护劳动者的“黄金年龄”。用人单位应当与劳动者签订无固定期限劳动合同而未签订的，人民法院可以视为双方之间存在无固定期限劳动合同关系，并以原劳动合同确定双方的权利义务关系。无固定期限的劳动合同不得将法定解除条件约定为终止条件，以规避解除劳动合同时用人单位依法应承担的支付劳动者经济补偿金的义务。

（三） 以完成一定工作为期限的劳动合同

以完成一定工作为期限的劳动合同，是指劳动合同双方当事人将完成某项工作或工程作为合同有效期限的劳动合同。合同中不明确约定合同的起止日期，以某项工作或工程完工之日为合同终止之时。它一般适用于建筑业、临时性、季节性的工作或由于其工作性质可以采取此种合同期限的工作岗位。

三、劳动争议的解决方式

《中华人民共和国劳动争议调解仲裁法》（以下简称《劳动争议调解仲裁法》）规定：发生劳动争议，当事人不愿协商、协商不成或者达成和解协议后不履行的，可以向调解组织申请调解；不愿调解、调解不成或者达成调解协议后不履行的，可以向劳动争议仲裁委员会申请仲裁；对仲裁裁决不服的，除本法另有规定的外，可以向人民法院提起诉讼。

这就是说，我国劳动争议的解决方式主要有和解、调解、仲裁和诉讼。其中，和解、调解属于可选程序，仲裁和诉讼是处理劳动争议案件的必经程序。在劳动争议处理制度的模式选择上，我国采取的是一裁、两审的处理模式，即劳动者不与用人单位协商、调解，直接申请劳动争议仲裁委员会仲裁裁决，对仲裁裁决不服，可向人民法院提起诉讼，人民法院实行两审终审。在劳动争议仲裁制度上，其特点是强制仲裁、一裁终局、仲裁前置。仲裁前置指劳动争议当事人向劳动司法机构申请处理之前，必须经劳动仲裁机构仲裁。劳动仲裁为司法程序的前置程序。

（一）和解

劳动争议发生后，当事人应当协商解决，协商一致后，双方可达成和解协议，但和解协议无必须履行的法律效力，而是由双方当事人自觉履行。协商不是处理劳动争议的必经程序，当事人不愿协商或协商不成，可以向本单位劳动争议调解委员会申请调解或直接向劳动争议仲裁委员会申请仲裁。

（二）调解

劳动争议发生后，当事人双方愿意调解的，可以书面或口头形式向调解委员会申请调解。调解委员会接到调解申请后，可依据自愿、合法原则进行调解。经调解达成协议的，制作调解书，双方当事人自觉履行。

调解不是劳动争议解决的必经程序，调解协议也无必须履行的法律效力。当事人不愿调解或调解不成，可直接向劳动争议仲裁委员会申请仲裁。

（三）仲裁

《劳动争议调解仲裁法》第二十七条规定：“劳动争议申请仲裁的时效期间为一年。仲裁时效期间从当事人知道或者应当知道其权利被侵害之日起计算。前款规定的仲裁时效，因当事人一方向对方当事人主张权利，或者向有关部门请求权利救济，或者对方当事人同意履行义务而中断。从中断时起，仲裁时效期间重新计算。劳动关系存续期间因拖欠劳动报酬发生争议的，劳动者申请仲裁不受本条第一款规定的仲裁时效期间的限制；但是，劳动关系终止的，应当自劳动关系终止之日起一年内提出。”

劳动争议仲裁和诉讼是不收取劳动者任何费用的，如果劳动者的权利受到侵害时，应当大胆提出仲裁和诉讼。

(四) 诉讼

当事人对仲裁裁决不服的，可自收到仲裁裁决书之日起 15 日内向人民法院提起诉讼。对经过仲裁裁决，当事人向法院起诉的劳动争议案件，人民法院必须受理。

【小　结】

本章主要阐述物业服务企业的法律特征，物业服务企业应当是依法成立的公司型法人，其指导思想是为业主提供管理物业服务活动，同时强调物业服务企业的民事法律主体地位、与业主的平等民事法律关系，从而有利于物业服务企业正确定位，依法为业主提供良好的服务。物业服务企业劳动法律关系的当事人包括劳动者和物业企业。按照合同期限的不同，物业企业劳动合同可分为固定期限、无固定期限和以完成一定工作为期限的劳动合同。我国劳动争议的解决方式主要有和解、调解、仲裁和诉讼。

拓展阅读

【典型案例】

开发商将自有房产移交物业服务公司用作物业服务用房后无权要求返还
——某投资公司诉某物业服务公司、黄某隆返还原物案

资料来源：《中国法院 2023 年年度案例》

【基本案情】

某投资公司系小区的开发商。自 2006 年 3 月至 2022 年 3 月，小区一直由某物业服务公司提供物业管理服务。小区规划物业服务用房为 100 m^2，实际原有共用管理用房为 80.38 m^2。某投资公司将登记在其名下的一层会所 90.79 m^2 的车库进行改造成 61 m^2物业服务用房，在某物业服务公司 2006 年 3 月入驻小区时，一并将原有共用管理用房和车库改造后的物业服务用房移交给该物业服务公司，该物业服务公司一直作为物业服务用房占有使用。

某投资公司以其是涉案车库的所有权人为由，请求某物业服务公司以及法定代表人黄某隆腾退车库，并以某物业服务公司未经其同意擅自将车库改造成物业服务用房占有使用为由，请求某物业服务公司及其法定代表人黄某隆支付占用费。该物业服务公司辩称涉案车库系某投资公司改造成物业服务用房后移交给物业服务公司，物业服务公司系有权占有，且一直作为物业服务用房使用，物业服务用房属于业主共有，即使被登记到开发商名下，也应当认定归属小区全体业主，某投资公司无权要求返还和支付占有使用费。

【案件焦点】

开发商将自有房产移交给物业服务公司，物业服务公司一直作为物业服务用房使用，该房产的性质应否认定为业主共有的物业服务用房，开发商能否要求返还原物。

【裁判理由】

广东省珠海市香洲区人民法院经审理认为：《中华人民共和国民法典》第二百三十五条规定：无权占有不动产或者动产的，权利人可以请求返还原物。根据上述法律规定，返还原物请求权的行使，无须考虑相对人的无权占有是否基于过错所导致，权利人只需要证明相对人已实施了侵害物权的行为，构成无权占有，便可以请求相对人返还原物。根据本院查明的事实，案涉 90.79 m^2 车库登记自开发商某投资公司名下，某投资公司系涉案物业的权利人，现案涉车库由某物业服务公司使用，无论被告某物业服务公司基于什么原因占用、使用均构成无权占有，某投资公司请求某物业服务公司腾退车库并支付占用费于法有据。至于小区原有共用管理房是否达到原规划设计要求，不属于本案审查的范围，若小区业主认为权利受到侵犯，则应另行通过合法途径解决。据此判决："一、某物业服务公司于判决发生法律效力之日起三十日内向某投资公司腾退并返还位于珠海市香洲区南虹四街 8 号荣泰山庄 17 栋 1、2 层会所中一层的车库；二、某物业服务公司于判决发生法律效力之日起十日内向某投资公司支付占有使用费（自 2018 年 6 月 11 日起至实际腾退之日，按照每月占用使用费人民币 1 500 元的标准计算）；三、黄某隆对某物业服务公司的上述第二项债务承担连带清偿责任；四、驳回某投资公司的其他诉讼请求。"

某物业服务公司不服一审判决，提出上诉。

广东省珠海市中级人民法院经审理认为：本案存在两个争议焦点。

第一，某物业服务公司是否擅自改造涉案车库并占有使用。某投资公司系涉案小区的开发商，某物业服务公司系涉案小区的物业服务公司，物业服务用房是由开发商向物业服务公司交付，因此某投资公司有能力对涉案车库的改造和使用情况进行举证。某投资公司主张某物业服务公司擅自于 2006 年 3 月对涉案车库进行改造并使用，但是并未提交任何证据对该事实予以证明，甚至从某物业服务公司 2006 年 3 月入驻涉案小区起至某投资公司 2021 年 4 月 30 日发出《撤场通知书》止长达 15 年的期间，某投资公司也未能提交任何证据证明其向某物业服务公司就擅自改造使用的行为提出过异议或进行过交涉，应承担举证不能的不利后果。

第二，某物业服务公司和黄某隆应否向某投资公司返还涉案车库以及支付占有使用费。《物业管理条例》规定，建设单位应当按照规定在物业管理区域内配置必要的物业服务用房。可见，按照规定提供物业服务用房是开发商必须履行的法定义务。本案中，根据珠海市规划局 1999 年 3 月 24 日颁发的涉案小区“建设用地规划许可证”附件，涉案小区规划的物业服务用房面积为 100 m^2，作为开发商的某投资公司应当根据规划要求为涉案小区配备足额的物业服务用房，而涉案小区原有物业服务用房的面积仅为 80.38 m^2，扣除配电房后则更少，显然不符合“建设用地规划许可证”的规划要求。某投资公司主张争议房产为车库而不是物业服务用房，且已登记为其所有为由，主张某物业服务公司予以返还，但没有举证涉案小区原 100 m^2 物业服务用房的规划如何进行了具体的变更，而即使变更了，物业管理的相关法律规定亦未禁止开发商以自有房产或其他房产提供多于规划或法定标准面积的物业服务用房，这与物业服务用房的服务属性和小区业主公共利益属性有关。本案中，某物业服务公司作为物业服务公司代涉案小区业主接受物业服务用房，并使用物业服务用房为小区业主服务，从 2006 年 3 月某物业服务公司入驻涉案小区至今，原有小区共用管理房和车库改造后的用房均作为物业服务用房在使用，为涉案小区业主服务，某投资公司未能证明某物业服务公司改变了用途，因此涉案车库某物业服务公司实际使用部分的性质应认定为物业服务用房。物业服务用房是物业管理服务的必要配套设施，事关业主福祉，无论从占有历史和使用现状，还是从维护社会和谐稳定，以及更好地服务于小区业主的角度，某投资公司让某物业服务公司腾退、返还涉案车库的主张都是违反诚信和欠妥的，二审法院不予支持。某投资公司主张某物业服务公司及其法定代表人黄某隆支付从 2006 年 3 月 1 日至实际腾退之日止的占有使用费，亦没有理据，二审法院不予支持。

综上所述，广东省珠海市中级人民法院作出如下判决：“一、撤销广东省珠海市香洲区人民法院（2021）粤 0402 民终 14403 号民事判决；二、驳回某投资公司的诉讼请求。”

【法官后语】

物业服务用房是指专门提供给物业服务企业用于物业服务活动的建筑。物业服务用房由建设单位配置，由物业服务企业依据物业服务合同的约定基于业主的授权对物业服务用房进行占有使用。因此，物业服务企业使用物业服务用房必须符合合同约定，建设单位亦不得擅自处分。在实践中经常发生的情况是，小区前期物业服务企业通常与开发商关系密切，开发商在向前期物业服务企业移交物业、财产时，同时将自有房产移交给前期物业服务企业占有使用，当小区业主委员会成立后选聘了新的物业服务企业，开发商对该部分自有房产主张所有权，要求新的物业服务企业腾退返还。对开发商移交的自有房产是否物业服务用房的认定，应当依据房产的实际使用性质。如果物业服务企业在获得房产移交后，一直作为物业服务用房来使用，则应当认定为物业服务用房，如有物业服务企业用作物业服务用房之外的其他用途，则不能认定为物业服务用房。一旦开发商将自有房产移交给物业服务企业，而物业服务企业一直用作物业用房来使用，则房产的性质应当认定为物业服务用房，属于业主共有，开发商不能再基于所有权要求返还。

《物业管理条例》第三十条规定："建设单位应当按照规定在物业管理区域内配置必要的物业管理用房。"但关于物业服务用房的面积，各地的物业管理条例仅规定了下限，即不能少于一定的面积或比例。比如《珠海经济特区物业管理条例》（2021 年）第十七条第三款规定："建设单位应当按照不少于物业管理区域总建筑面积千分之二的比例，在物业管理区域内配置物业服务用房，最低不少于六十平方米；分期开发建设的物业，建设单位应当在先期开发的区域按照不少于先期开发房屋建筑面积千分之二的比例配置物业服务用房。"可见，物业管理的相关法律规定亦未禁止开发商以自有房产或其他房产提供多于规划或法定标准面积的物业管理用房，即物业服务用房只能多不能少，这与物业管理服务用房的服务属性和小区业主公共利益属性有关。本案中，某物业服务公司作为物业服务公司代涉案小区业主接受物业服务用房，并使用物业服务用房为小区业主服务，从 2006 年 3 月某物业服务公司入驻涉案小区至今，原有小区共用管理房和车库改造后的用房均作为物业服务用房在使用，为涉案小区业主服务，某投资公司未能证明某物业服务公司改变了用途，因此涉案车库某物业服务公司实际使用部分的性质应认定为物业服务用房。物业服务用房是物业管理的必要配套设施，属于业主共有，也事关业主福祉，无论从占有历史和使用现状，还是从维护社会和谐稳定，以及更好地服务于小区业主的角度，某投资公司让某物业服务公司腾退、返还涉案车库的主张没有法律依据，亦是违反诚信的，二审法院不予支持。

《中华人民共和国民法典》第二百七十四条、《物业管理条例》第三十七条均明确规定物业服务用房归业主共有。虽然物业服务用房的权属在法律规定上是明晰的，但实践中仍会发生物业服务用房权属纠纷，主要原因是物业管理用房属于不动产，不动产的公示方法为登记，经过房产主管部门的登记才具有公信力，但是在《不动产登记暂行条例实施细则》施行之前，物业管理相关法律法规没有对物业服务用房实行强制性登记，物业服务用房通常没有登记为业主共有，有的甚至登记在开发商的名下，在产生物业服务用房权属纠纷时，只能寻求司法途径来解决。

本案对物业服务用房的认定取决于实际使用性质，而非登记情况，体现了小区全体业主共同利益优先于开发商个体权益的价值取向，引导开发商与小区业主、物业服务企业尊重物业服务用房的占有历史与使用现状，维护诚实信用，共建和谐小区。

第五章　物业服务合同

【学习目的和要求】

了解：物业服务合同的概念和性质、物业服务合同的订立。

掌握：物业服务合同的特征和内容、第三人侵权与物业企业的法律责任。

应用：物业服务合同的基本原则，物业服务合同的履行，物业服务合同的违约、变更和终止。

【思政目标】

从《民法典》对物业服务合同的修订，引出我国以人民为中心的立法思想和发展理念。

［案例］

南方物业服务公司（乙方）与业主王某（甲方）签订了一份《业主临时管理规约》，约定：甲方选聘乙方作为本小区的物业服务机构。该规约第四十条第二十二项还约定，甲方在本小区内不得有下列行为：在未封闭阳台护栏顶部摆放花盆等危险易坠落物，或将私家花园及其附属部分以任何形式封闭或改建为居室、温室或储藏间等。后来，王某在其窗前花园（购房时附带）中搭建一个凉亭。王某家楼上住户赵某向南方物业公司反映，要求南方物业服务公司对王某搭建凉亭行为予以制止。南方物业服务公司向王某发出律师函，要求“在接到此函后立即停止施工行为，并在3日内对搭建的凉亭自行拆除，恢复花园原貌”。王某未采取行动，南方物业服务公司向法院起诉，请求法院判令王某立即拆除私建的凉亭并承担诉讼及相关费用。

[问题]

物业服务企业是否有权干涉业主王某私建凉亭的行为?

第一节　物业服务合同概述

一、物业服务合同的含义和特征

（一）物业服务合同的含义

根据《民法典》第四百六十四条的规定：“合同是民事主体之间设立、变更、终止民事法律关系的协议。婚姻、收养、监护等有关身份关系的协议，适用有关该身份关系的法律规定；没有规定的，可以根据其性质参照适用本编规定。”物业服务合同是物业服务人在物业服务区域内，为业主提供建筑物及其附属设施的维修养护、环境卫生和相关秩序的管理维护等物业服务，业主支付物业费的合同。物业服务人包括物业服务企业和其他管理人。在《物业管理条例》修订前，一般将物业服务合同称为“物业管理合同”或“物业管理服务合同”，这导致在实践中，一些人望文生义，认为物业服务公司是管理者，业主是被管理者，双方地位是不平等的。为了防止这种误解，摆正业主和物业服务公司的地位，《物业管理条例》明确地将业主和物业服务企业之间的合同定义为物业服务合同。

物业服务合同中的相对人，有广义和狭义之分。狭义的相对人是指业主或者业主团体；广义的相对人还包括了新建物业出售单位。因此，广义的物业服务合同包括新建物业出售单位与物业服务公司签订的前期物业服务合同和业主（某一物业为某一业主所有的情况）或业主委员会与物业服务公司签订的物业服务合同。《物业管理条例》第三十四条明确规定：“业主委员会应当与业主大会选聘的物业服务企业订立书面的物业服务合同。物业服务合同应当对物业管理事项、服务质量、服务费用、双方的权利义务、专项维修资金的管理与使用、物业管理用房、合同期限、违约责任等内容进行约定。”

（二）物业服务合同的特征

物业服务合同具有以下几个特征。

1．物业服务合同属于有名合同

在《民法典》出台以前，我国的物业服务合同属于无名合同，无名合同又称为“非典型合同、非典型契约”，是指法律上尚未确定一定的名称与规则的合同。《民法典》“合同编”中，有一章专门对“物业服务合同”做了相关规定。自此物业服务合同就由“无名”转为“有名”合同了。有名合同，也称典型合同，是法律对此类合同赋予的专门名称，并设定专门规范的合同，《民法典》“合同编”中规定的19类合同均为有名合同。

《民法典》第三编第二十四章物业服务合同通过明确双方权利义务、规范服务和收费行为、保障业主的自主权利等方面，充分考虑了人民群众在物业服务区域的需求和呼声，切实维护了业主的合法权益，彰显了以人民为中心的立法理念。

2. 物业服务合同是一种以物业管理关系为标的的合同

合同标的是一定的法律关系。物业服务合同约定物业管理关系是通过物业服务公司提供特定的劳务行为表现出来的，如房屋的维修、设备保养、治安保卫、消防安全、清洁卫生、园林绿化等劳务服务。

3. 物业服务合同实现了所有权与管理权的分离

现代社会的高速发展要求实现社会化大分工。每个人各自精通自己行业的专业技术，而其他工作交由该行业的专业人员完成。这种大分工有利于提高效率、降低成本。业主作为物业的所有人，在具体物业的管理中不像物业服务企业拥有专门物业管理技能，因此剥离了一部分物业的管理权交由物业服务企业行使，并基于所有权对物业服务企业进行监督。

4. 物业服务合同是诺成、双务、有偿合同

诺成合同，是指当事人双方的意思表示一致即成立的合同。物业服务合同自双方达成协议时成立，而且一经成立，即对该物业的所有业主和使用人发生约束力。双务合同，是指当事人双方互负对待给付义务的合同。在物业服务合同中，物业服务企业提供房屋及配套设备的养护、维修、小区环境卫生清洁和保安等服务，业主支付费用，双方的权利义务是相互对应、相互依赖的。物业服务收费的一项基本原则是质价相符，充分反映了其双务性的特点。物业服务合同双方都是权利义务的主体，即双方都互负义务，且一方的义务一般正是对方的权利，体现权利义务的平等和一致的原则，所以为双务合同。有偿合同，是指当事人一方享有合同的权益，必须向对方当事人偿付相应代价的合同。在物业服务合同中，业主或使用人在享受物业管理服务的同时，需要支付相应的物业管理费用，因此，物业服务合同是有偿合同。

5. 物业服务合同是要式合同

要式合同，是指法律要求具备一定形式的合同。物业服务合同的要式性主要体现在：必须是书面形式的合同，合同的订立过程必须符合法律的规定。

《民法典》第九百三十八条规定：“物业服务合同应当采用书面形式。”因此，没有书面的物业服务合同，业主与物业服务企业之间就无法建立物业服务合同法律关系，即使是物业服务企业已经提供了物业服务。在现实生活中，有一些物业服务企业在没

有签订合法有效的书面合同的情况下，单方面以事实上为业主提供了物业服务为由强调物业服务合同关系的存在，甚至强迫业主缴纳物业管理费，这很容易导致业主的合法权益被侵害，被迫接受强制服务。

二、物业服务合同的性质、分类和基本原则

（一）物业服务合同的性质

物业服务企业在介入物业管理过程中必然与业主（业主团体）签订物业服务合同。关于物业服务合同的性质，在《民法典》出台以前，学界存在不同的观点。一种观点认为物业服务合同属代理合同性质；另一种观点认为物业服务合同属承揽合同性质；还有一种观点认为物业服务合同属委托合同性质。《民法典》将物业服务合同确定为一种新型的有名合同。物业服务合同与其他合同的区别体现在以下几方面。

1. 与代理合同的区别

《民法典》第一百六十二条规定："代理人在代理权限内，以被代理人名义实施的民事法律行为，对被代理人发生效力。"物业服务合同与代理合同的不同点有三：其一，物业服务企业在行使物业管理权时不以业主或业主团体的名义处理事务。其二，物业服务企业提供的服务可以是事实行为，也可以是民事法律行为。其三，业主及业主团体不对物业服务企业管理行为承担民事责任。

2. 与承揽合同的区别

《民法典》第七百七十条规定："承揽合同是承揽人按照定作人的要求完成工作，交付工作成果，定作人支付报酬的合同。承揽包括加工、定作、修理、复制、测试、检验等工作。"因此，在承揽合同中，承揽人负有完成一定工作的义务，承揽人的劳务须有物化的结果；而物业服务合同中的物业服务企业不仅负有完成一定工作的义务，还要根据合同负责处理事务。

3. 与委托合同的区别

《民法典》第九百一十九条："委托合同是委托人和受托人约定，由受托人处理委托人事务的合同。"物业服务合同与委托合同极为接近，但还是存在区别：其一，委托合同以当事人互相信任为前提；物业服务合同采用某一物业服务企业或某一管理企业接受业主或业主团体聘用，双方的信任基础十分薄弱，更多的是建立在交易的基础上。其二，委托合同中受托人处理委托人的事务，事务处理的后果及费用由委托人承担；在物业服务合同中，业主支付了物业管理费之后，对于物业服务企业在管理过程中产生的费用是不负责任的，而且管理过程中发生的纠纷与业主也无关。其三，委托合同可以是有偿的也可以是无偿的；而物业服务合同一定是有偿的，物业管理费是物业服务企业生存和运作的基础。其四，从法律后果的归属看，委托合同范围内受托人的活

动所产生的法律后果均由委托人承担，所得利益亦属委托人；而在物业服务合同中，履行合同所得的利益、导致的违约责任均依照合同的约定，由合同双方当事人各自分别承担。

4. 与雇佣合同的区别

与雇佣合同相比，二者在形式上均是当事人一方为他方提供劳务，他方给付报酬的合同。但二者也存在很大差别：其一，雇佣合同的受雇人是自然人，其提供的劳动是自然人通过自己的技能和经验完成雇主所要求的任务；而物业服务合同中的物业服务企业则是依据法律规定的条件设立的专业企业，依其自身的资金实力、专业人员的配备以及综合性的管理服务能力提供专业性的物业服务。其二，从适用法律方面，雇佣合同受到劳动法等法律、法规的调整，雇主和受雇人之间的权利义务及雇主所承担的责任（如受雇人的工伤等）有一些特别规定；而物业服务合同中双方当事人的权利义务主要是依据合同法来调整的。其三，雇佣合同的受雇人在完成工作过程中必须听从于雇主的安排和指挥；而物业服务合同的受托人在完成工作过程中具有独立性，只需遵从法律和合同即可，在具体事务上不必听命于业主的支配。

（二）物业服务合同的分类

合同作为商品交换的法律形式，随着交易类型的多样化而多样化。对合同作出科学的分类，不仅可以针对不同的合同确定不同的规则，还可以使人民法院和仲裁机构在处理合同纠纷时准确地适用法律，正确处理纠纷。物业服务合同根据签订合同主体的不同，可以划分为前期物业服务合同和普通物业服务合同。

1. 前期物业服务合同

前期物业服务合同也称前期物业管理服务协议，是指在物业区域内的业主、业主大会选聘物业服务企业之前，由房地产开发商与其所选聘的物业服务企业签订的合同。房地产开发项目竣工以后，由于出售率或入住率未达到法定应召开第一次业主大会条件，或由于其他原因尚未成立业主委员会，此时需要实施物业管理的，只能由房地产开发商与物业服务企业签订物业服务合同。

根据《物业管理条例》第二十六条，前期物业服务合同可以约定期限，在约定的合同终止期限尚未到来之时，因物业区域成立的业主委员会与新的物业服务企业签订了物业服务合同，前期物业服务合同提前终止。因此，前期物业服务合同的实际履行期限取决于业主团体的决定。另外在房屋出售时，房地产开发商与买受人签订房屋的买卖合同，应当包括前期物业服务合同的内容，所以在前期物业服务合同中，房地产开发商有可能通过约定较高的物业管理费的方式来损害业主的利益，这一问题应当引起重视。《物业管理条例》提倡前期物业服务企业应当以招标的方式来选定，目的就是防止房地产开发商与前期物业服务企业串通。

2．普通物业服务合同

普通物业服务合同是由业主（业主人数较少的情况下）或业主委员会代表物业区域内全体业主与物业服务企业所签订的物业服务合同。一般所说的物业服务合同，是指由业主委员会与物业服务企业所签订的物业服务合同。当然，这类物业服务合同的签订应当由业主大会决定还是由业主委员会决定，我国各地的地方性法规存在不同的规定。物业服务合同应当对物业管理事项、服务质量、服务费用、双方的权利义务、专项维修资金的管理与使用、物业管理用房、合同期限、违约责任等内容进行约定。本章讲的主要是普通物业服务合同。

（三）物业服务合同的基本原则

法律原则是贯穿整个法律之中的总的指导思想及根本准则，不直接涉及当事人的具体权利义务。民法的基本原则是指导各种民事行为、民事立法和司法活动的根本准则；而合同法调整各类有名合同和无名合同。物业服务合同的成立和履行除了要遵循民法的基本原则如平等、自愿、公平、等价有偿、民事权益受法律保护、合法、尊重社会公德和社会公共利益原则之外，还要遵循《民法典》“合同编”的基本原则如合同自由原则、诚实信用原则、合同正义原则及鼓励交易原则。除了这些共同的原则之外，物业服务合同因其自身特点还应当遵循以下主要原则。

1．订约自由的原则

在普通物业服务合同中，订约双方通常是业主委员会和物业服务企业。但在物业服务合同的分类中，在开发过程中或竣工入住的初期签订前期物业服务合同时，开发商也可以是订约人。业主入住前，开发商与物业服务公司签订合同，让物业服务企业进行管理，来自于业主的默示授权，且开发商的行为符合保护业主财产利益的目标，因而是合法的。当业主正式入住并达到一定规模而成立业主委员会时，则物业委托权应回归业主委员会。业主委员会可以终止原由开发商聘请的物业服务企业的合同，另外选聘物业服务企业。

2．行业诚信管理的原则

《物业管理条例》第三十二条规定：“从事物业管理活动的企业应当具有独立的法人资格。”国家对从事物业管理活动的企业实行资质管理制度。具体办法由国务院建设行政主管部门制定。党的十九大报告指出，要推进诚信建设。经济体制改革必须以要素市场化配置为重点，强调放宽服务业准入限制，完善市场监管体制。随着简政放权、放管结合、优化服务改革工作的不断推进，特别是资质核定逐步取消后，我国各级政府物业主管部门逐渐开启物业管理行业信用监管工作的探索与创新。今后很长一段时间内信用机制建设将成为物业服务行业的一项核心工作。

3．政府指导、行政干预的原则

人们生活小区化已经成为一种城市发展趋势，物业管理不但涉及政府解决安居问题，而且已经成为一种生活模式。因此，小区物业完全自治不但成本太高，而且与社区管理问题密切相关。政府干预、行政指导也是物业服务合同不可或缺的原则。政府可以通过制定规则、引导辅助监督物业服务企业、合同见证备案等，发挥指导作用。

第二节　物业服务合同的订立、内容和履行

一、物业服务合同订立的程序和方式

合同的订立，是指缔约人为意思表示并达成合意的状态。包括缔约各方自接触、洽商直至达成合意的过程。《民法典》第四百七十一条规定："当事人订立合同，可以采取要约、承诺方式或者其他方式。"从该规定看，合同订立的一般程序包括要约和承诺两个步骤。

（一）物业服务合同订立的程序

1．要约

要约，即订约提议，是一方当事人以订立合同为目的，向对方当事人提出合同条件，希望对方当事人接受的意思表示。发出要约的一方称为要约人，收到要约的一方为相对人（受约人）。作为要约的意思表示应符合以下要求：其一，内容具体明确和完整，即受约人不但要能明白要约的内容，而且要约的内容必须具备合同的主要条件。其二，表明经受约人承诺，要约人即受该意思表示约束，即受约人一旦承诺，合同即告成立。其三，要约必须向特定的人发出，也就是受约人必须是特定的人，如果受约人不特定就成了要约邀请。《民法典》第四百七十三条规定："要约邀请是希望他人向自己发出要约的表示。拍卖公告、招标公告、招股说明书、债券募集办法、基金招募说明书、商业广告和宣传、寄送的价目表等为要约邀请。商业广告和宣传的内容符合要约条件的，构成要约。"

2．承诺

承诺，即接受订约提议，是受约人作出的同意要约以成立合同的意思表示。承诺具有以下特征：其一，作出承诺的人必须是受约人，不能是其他第三人，受约人以外的第三人知道要约内容并作出同意的意思表示，不构成承诺。其二，承诺须在要约的存续期内作出，超出期限作出的承诺，视为新的要约。其三，承诺的内容必须与要约的内容一致，但不是绝对一致，即承诺对要约的内容作出非实质性变更的，除要约人及时表示反对或者要约明确表示承诺不得对要约的内容作出任何变更外，该承诺有效。承诺通知到达要约人时合同成立。

实践中，合同的签订往往要经过要约邀请、要约、还盘和承诺多个步骤，这其实

是双方相互提出要约的新要约，直至最后一个要约得到承诺使得合同成立的过程。

（二）物业服务合同订立的方式

1. 协商订立

协商订立，是指按照一般的合同订立方式，由合同的一方向另一方发出要约，直至双方达成合意的过程。在协商订立方式中，可以是业主一方向物业服务公司发出要约，也可以是物业服务公司向业主一方发出要约，双方以书面形式订立并完成相关手续即告合同成立。这种方式相对于招标订立方式而言，更为简便易行，但透明度不高。

2. 招标订立

招标订立，是指业主一方公开发布招标通知或公告，吸引物业服务企业前来投标，最后选择自己最满意的物业服务企业并与之订立物业服务合同。招标订立的方式程序更为复杂，要经过招标阶段以及投标阶段和开标、评标、定标阶段等多个步骤，其优点在于可以通过公开、公平、公正的竞争程序选择物业服务企业，以避免一些不正当交易活动或其他损害公平原则的行为。

物业服务企业与业主一方（业主大会或业主委员会等）双方以平等、自愿的原则，签订书面物业服务合同。物业服务合同自双方签字或盖章之日起生效。物业服务企业应当自物业服务合同生效之日起 15 日内，将物业管理服务合同报物业所在地的县以上房地产管理部门备案。

二、物业服务合同的内容和履行

（一）物业服务合同的内容

物业服务合同的内容就是物业合同的合同条款（意思表示的表示形式），作为债的关系，其内容是为合同的权利义务，它们也是由合同的条款来固定的。所以，合同内容极为重要。根据《民法典》“合同编”第二十四章“物业服务合同”的相关规定，物业服务合同的内容一般包括以下条款：

（1）业主委员会和物业服务企业的名称、住所；

（2）物业管理区域的范围和管理事项；

（3）双方的权利义务；

（4）物业管理服务的服务质量；

（5）物业管理费用的标准和收取办法；

（6）维修资金、服务用房的管理和使用；

（7）物业管理服务的期限和服务交接；

（8）合同提前终止的条件；

（9）违约责任。

一般而言，约定的物业管理具体事项是针对物业小区的公共部位、公共设施、共用设施等共有部分。除非另有约定，物业服务企业的管理职责并不包括建筑物区分所有权中的专有部分。因为物业管理的产生主要是为了建筑物中的共有部分而设定的。物业服务合同中约定的管理服务具体事项一般包括以下几项：

（1）物业共用部位的维修、养护和管理；

（2）物业区域内公共设施、设备的使用运行、管理、维修和更新；

（3）市政公用设施的维修、养护和管理；

（4）保洁及园林绿化服务；

（5）物业区域秩序的管理服务；

（6）物业档案资料的管理；

（7）物业维修、更新费用的账务管理等。

当然，除了以上这些针对物业的公共事务之外，也可以由双方在合同中约定由物业服务企业对属于业主自用部位和自用设施等实施管理服务的行为。

另外，《民法典》第九百三十八条规定："物业服务人公开作出的有利于业主的服务承诺，为物业服务合同的组成部分。"这个规定实际上是利用了合同默示条款理论，合理增大了物业服务企业的义务范围。

所谓默示条款，即是当事人并未写入合同中，但基于当事人的行为，或基于合同的明示条款，或基于法律、交易习惯及行业规则的规定，理应存在的合同条款。

（二）物业服务合同的履行

合同的履行，是指合同双方当事人依据法律和合同的规定，完成各项义务的行为。物业服务合同的履行因为合同约定的事项较多，包括了双方一系列行为。因此，其履行通常在法律上规定为全部履行，即当事人必须按照合同规定的标的及其质量、数量、范围，由适当的主体在适当的履行期限、履行地点，以适当的履行方式，全面完成合同中规定的各项义务。

物业服务合同的履行包括实际履行和全面履行两个方面的含义。

1. 实际履行

实际履行，是指作出合同规定的给付。给付可以是货币、物或者行为等。物业服务合同是以物业服务企业的物业管理行为作为给付，其履行也应当是按合同规定的内容、质量向业主提供服务。而业主一方以支付物业管理费为对价，因此必须履行相应的给付义务，任何一方都不得违反自己的义务。如果一方未履行自己的义务而要求相对方履行其义务的，相对方可以用履行抗辩权相对抗。

2. 全面履行

全面履行，是指履行物业服务合同时，合同当事人应当依据合同和法律的规定全面履行合同项下的义务。换言之，债务人应当全面地、适当地完成其合同义务，从而使债权人的合同债权得以完全实现。《民法典》第五百零九条规定："当事人应当按照约定全面履行自己的义务。当事人应当遵循诚信原则，根据合同的性质、目的和交易习惯履行通知、协助、保密等义务。当事人在履行合同过程中，应当避免浪费资源、污染环境和破坏生态。"全面履行包括全部履行和适当履行两方面的内容。所谓全部履行，即在数量上完全实现合同的全部内容。适当履行，是指主体履行合同的行为能确保合同目的得以实现。

合同的全面履行包括：①合同必须严守；②如果合同约定不明确或没有规定，则应当按照合同填补漏洞的方法确定其义务，并以此作出履行；③双务合同中的同时履行原则；④协助履行；⑤限制无正当理由的变更和解除；⑥符合效益（效益包括经济效益、社会效益和环保效益）。

按照全面履行的要求，当债务人只履行合同的部分义务时，债权人有权拒绝，并可就因债务人部分履行义务导致其费用的增加要求赔偿，但部分履行不损坏债权人利益的除外。另外，根据不安履行抗辩权的相关规定，先履行一方如果有相对人不能履行合同的确切证据时，可以暂时中止合同。具体包括：①经营状况严重恶化；②转移财产、抽逃资金，以逃避债务；③丧失商业信誉；④有丧失或者可能丧失履行债务能力的其他情形。当事人根据前述情况中止履行的，应立即通知另一方。如果另一方对履行合同提供了充分的保证，则应继续履行合同；当事人没有确切证据中止履行的，应当承担违约责任。

三、物业服务合同双方的权利义务

物业服务合同双方当事人应当按照约定依法行使自己的权利，履行自己的义务。根据《民法典》的规定，物业服务合同双方的权利义务包括：业主的权利义务、物业服务企业的权利义务和双方的法定义务。

（一）业主的权利义务

1. 业主的权利

（1）享受管理服务的权利。物业服务企业应当按照合同的规定为业主提供物业管理服务，确保业主的权利得以实现。这一权利不仅在合同存续期间有效，业主可以要求物业服务企业忠诚、勤勉管理物业；而且在合同出现变更，甚至失效的情况下，业主仍有权要求物业服务企业不"弃管"，以保障业主的基本权利得以实现。

（2）对物业享有所有权。业主是物业的所有权人，对于物业享有所有权。因物业服务合同而分离出去的部分管理权，在物业服务合同到期后，业主有权要求收回财产及相关管理权限。

（3）合同任意解除权。《民法典》第九百四十六条规定："业主依照法定程序共同决定解聘物业服务人的，可以解除物业服务合同。决定解聘的，应当提前六十日书面通知物业服务人，但是合同对通知期限另有约定的除外。依据前款规定解除合同造成物业服务人损失的，除不可归责于业主的事由外，业主应当赔偿损失。"

（4）获得赔偿的权利。因为物业服务企业的违约给业主带来损失的，业主有权要求物业服务企业进行赔偿。

2. 业主的义务

（1）支付物业管理费的义务。物业服务企业提供服务的目的在于获得物业管理费。业主一方应当按照合同的约定，及时交纳合同约定的费用。《民法典》第九百四十四条规定："业主应当按照约定向物业服务人支付物业费。物业服务人已经按照约定和有关规定提供服务的，业主不得以未接受或者无需接受相关物业服务为由拒绝支付物业费。业主违反约定逾期不支付物业费的，物业服务人可以催告其在合理期限内支付；合理期限届满仍不支付的，物业服务人可以提起诉讼或者申请仲裁。物业服务人不得采取停止供电、供水、供热、供燃气等方式催交物业费。"

（2）告知、协助义务。《民法典》第九百四十五条规定："业主装饰装修房屋的，应当事先告知物业服务人，遵守物业服务人提示的合理注意事项，并配合其进行必要的现场检查。业主转让、出租物业专有部分、设立居住权或者依法改变共有部分用途的，应当及时将相关情况告知物业服务人。"

（3）赔偿损失的义务。如果因为业主一方的过错给物业服务企业带来损失的，业主一方应当向物业服务企业赔偿损失。

（二）物业服务企业的权利义务

1. 物业服务企业的权利

（1）收取物业管理费的权利。物业服务企业是营利性企业，其提供的物业管理服务是有偿的。因此，业主在享受物业服务企业的服务时，必须按照合同的约定履行支付物业管理费的义务，使物业服务企业顺利运作。

（2）获得赔偿的权利。如果是基于业主一方的过错，致使物业服务企业遭受损失的，物业服务企业有权获得赔偿。

2. 物业服务企业的义务

（1）一般义务。物业服务企业的一般义务，即管理物业事项的义务。按照合同约定，由物业服务企业为业主提供物业管理服务是物业服务企业的基本义务。《民法典》第九百四十二条规定："物业服务人应当按照约定和物业的使用性质，妥善维修、养护、清洁、绿化和经营管理物业服务区域内的业主共有部分，维护物业服务区域内的基本秩序，采取合理措施保护业主的人身、财产安全。对物业服务区域内违反有关治安、环保、消防等法律法规的行为，物业服务人应当及时采取合理措施制止、向有关行政主管部门报告并协助处理。”

（2）物业服务人信息公开义务。《民法典》第九百四十三条规定：“物业服务人应当定期将服务的事项、负责人员、质量要求、收费项目、收费标准、履行情况，以及维修资金使用情况、业主共有部分的经营与收益情况等以合理方式向业主公开并向业主大会、业主委员会报告。”

（3）交付财产和转移权利义务。业主一方更换物业服务企业的，原物业服务企业应当及时将属于业主的财产及相应的权利义务进行移交。《民法典》第九百四十九条规定：“物业服务合同终止的，原物业服务人应当在约定期限或者合理期限内退出物业服务区域，将物业服务用房、相关设施、物业服务所必需的相关资料等交还给业主委员会、决定自行管理的业主或者其指定的人，配合新物业服务人做好交接工作，并如实告知物业的使用和管理状况。原物业服务人违反前款规定的，不得请求业主支付物业服务合同终止后的物业费；造成业主损失的，应当赔偿损失。”

（4）忠诚和勤勉义务。物业服务企业在提供物业管理服务时，应当忠诚于业主，忠实地进行物业管理，不得借管理之便损害业主的利益，谋取自己的利益。在管理过程中物业服务企业应当尽其所能完成合同规定的义务，并在管理的过程中尽必需的注意义务。如果因物业服务企业的过错给业主带来损失的，物业服务企业应当赔偿业主的损失。

（5）不“弃管”义务。物业服务企业除了要履行一般义务外，还负有特定的义务要求。由于物业服务企业自身处在管理相对方位置，尤其在对一些基本物业设施如水、电、电梯等公共、公用设施负有绝对保障运行、安全运作的义务，即使出现合同变更，甚至合同失效等情况，也必须负担维护义务而不能“弃管”。直至在确保物业居住主体安全，平稳运行并顺利交接的状态下，才能视为履行完毕。不能随意解除合同或放弃义务。《民法典》第九百五十条规定：“物业服务合同终止后，在业主或者业主大会选聘的新物业服务人或者决定自行管理的业主接管之前，原物业服务人应当继续处理物业服务事项，并可以请求业主支付该期间的物业费。”

（三）双方的法定义务

物业服务合同双方当事人除了要遵守合同的约定之外，还应当遵循诚实信用的原则，根据合同的性质、目的和交易习惯，履行通知义务、协助义务和保密义务，具体内容如下。

1. 通知义务

通知义务，是指合同当事人在具体履行合同过程中应当及时将其合同履行活动密切关联的情况相互告知，以便双方能够做好履行准备，及时顺利完成合同履行义务。

如果一方因疏于及时通知给对方带来损失或使损失扩大的，怠于履行通知义务一方应当赔偿对方的损失。

2. 协助义务

按照全面履行的要求，协助义务，是指当事人双方不仅要严格按照合同履行自己的义务，而且还应当在履行的过程中互相给予对方当事人必要的协助。事实上物业服务合同的履行不是一方的事情，而是业主和物业服务企业双方的事情，协助义务也是双方都应当承担的义务。协助义务包含了以下几点内容。

（1）任何一方履行合同义务，另一方当事人应适当受领给付。

（2）一方履行合同义务，另一方应当尽可能提供方便。

（3）一方因故不能履行或不能完全履行合同时，相对人可以采取补救措施避免或减少损失的，应积极采取补救措施以避免或减少损失，否则该相对人应当就扩大的损失自行承担责任。

3. 保密义务

合同的订立往往建立在一定的信赖的基础上，合同的内容往往也涉及对各方利益有一定影响的商业秘密、技术秘密、个人隐私等，因此，各方当事人应当严格遵守保密义务，不得利用合同中的资料或履行合同时获得的资料，损害另一方的利益。

第三节 物业服务合同的违约、变更和终止

一、物业服务合同的违约

（一）物业服务合同违约责任的概念和构成

违约责任以合同有效成立为前提，若合同不成立、不生效、无效、被撤销，纵使当事人有过失，对方有损失，也不发生违约责任，应为缔约过失责任。违约责任，是指当事人不履行合同债务而依法应当承担的法律责任。在物业服务合同有效成立后，如果出现一方不履行或不全面履行合同的情况，这样就涉及违约责任问题。作为法律责任的一种，违约责任当然具有强制性。但与侵权责任等民事责任不同，违约责任的承担方式还具有一定程度的任意性，可以由双方当事人在合同中加以约定。在没有约定的情况下，则应按照法律的规定承担违约责任。

违约责任的构成分为一般构成要件和特殊构成要件。一般构成要件是所有的违约责任都必须具备的要件，而特殊构成要件则是具体的违约责任形式所必须具备的要件。一般的违约责任构成要件包括四个要件：①违约行为；②损害事实；③违约行为与损害事实的因果关系；④行为人主观上要有过错。但并不是所有的违约都必须具备上述四个要

件，如在无过错责任原则下，过错就不是构成违约责任的必备要件。采用不同的违约责任承担方式，违约责任构成的要件也就不同。如果采用违约金的方式，只要有违约行为一个要件就可以。强制实际履行的构成要件是：违约方不履行合同、违约方能够履行、对方当事人要求履行。赔偿损失的构成要件是：违约行为、损害、违约行为与损害之间的因果关系，如果采用的是过错原则，还需要违约方有过错。

物业服务合同的违约责任方式，应当采用无过错责任原则。即违约责任的成立无须当事人主观上具有过错，只要违约行为与损害结果之间具有因果关系，违约方应对其违约行为负责。因为物业管理本身具有专业性，发生纠纷时要业主去证明物业服务企业的过错，业主往往会因为证明这一要件困难而败诉。

（二）物业服务合同的违约责任

一般而言，适用于物业服务合同违约的责任方式包括：强制继续履行合同义务（强制实际履行）、支付违约金、赔偿损失以及其他方式。下面主要针对实践中关于支付违约金和采取强制实际履行所存在的一些具体问题进行剖析。

1. 违约金

违约金，是指由当事人约定的或由法律直接规定的，在一方违约后向对方支付的一定数额的货币或代表一定价值的财物。我国《民法典》第五百八十五条第一款规定："当事人可以约定一方违约时应当根据违约情况向对方支付一定数额的违约金，也可以约定因违约产生的损失赔偿额的计算方法。"违约金可以分为法定违约金和约定违约金。

（1）法定违约金。法定违约金，是指法律预先规定的一方当事人在违约时，按照一定数额或一定的比例向对方支付的违约金。这种违约金具有法律强制性，无论当事人是否有约定，违约方都应按照规定支付。例如，建设部《前期物业服务合同（示范文本）》首次规定：物业服务公司如果多收取物业服务费用，开发商和物业使用人有权要求物业服务公司双倍返还。物业服务公司没有按照约定的服务内容和质量标准提供服务和管理的，要向开发商方、业主支付违约金；而开发商和业主未能按时足额交纳物业服务费用（物业服务资金）的，也需要向物业服务公司支付违约金。

（2）约定违约金。约定违约金，是指支付的数额及条件均由当事人约定的违约金。约定违约金在性质上可以分为赔偿性违约金和惩罚性违约金。所谓赔偿性违约金，是指此种违约金在功能上主要是为了弥补一方违约后另一方所遭受的损失。这种违约金的性质决定了受害人只能请求强制实际履行或者主张偿付违约金，不能双重请求。所谓惩罚性违约金，是指对债务人的过错违约行为实行惩罚，以确保合同债务得以履行的违约金。《民法典》第五百八十五条第三款规定："当事人就迟延履行约定违约金的，违约方支付违约金后，还应当履行债务。"约定的违约金具有依从合同的性质，主合同不成立、无效和被撤销时，违约金条款也不能生效。当然，违约金条款也有相对独立性，如果是因为一方违约而解除合同，则另一方当事人可以请求违约金。

在物业管理服务合同中，双方可能就业主迟延交付物业管理费用约定一个违约金标准，而且通常将其称为滞纳金。针对金钱债务迟延履行的滞纳金，我国最高人民法院司法解释作出了特别规定，而且其标准也将随着中国人民银行最新颁布的标准适时调整。因此，迟延支付物业管理费的滞纳金标准应当适用于这一特殊规定，而且应当按照最新颁布的标准执行，当然这一标准应当理解为滞纳金的上限。即使当事人约定的滞纳金高于该标准的，只能按照该标准执行；约定的滞纳金低于该标准的，按照约定执行。

由于违约金被视为当事人对事后发生的损失的预先估算，因此约定的违约金数额可能与实际的损失有些出入。只要不低于或过分高于实际损失，这一出入应当允许。《民法典》第五百八十五条第二款规定："约定的违约金低于造成的损失的，人民法院或者仲裁机构可以根据当事人的请求予以增加；约定的违约金过分高于造成的损失的，人民法院或者仲裁机构可以根据当事人的请求予以适当减少。"据此，即使当事人双方在合同中约定了违约金的支付标准，当一方违约时，当事人可以向法院或者仲裁机构申请上下调整。即约定的违约金不是一成不变的，可以上下浮动，当然浮动的前提是当事人一方必须向人民法院或仲裁机构申请，否则人民法院或仲裁机构不能主动调整约定违约金的数额。

另外，《民法典》第五百八十八条规定了违约金与定金竞合时的责任："当事人既约定违约金，又约定定金的，一方违约时，对方可以选择适用违约金或者定金条款。定金不足以弥补一方违约造成的损失的，对方可以请求赔偿超过定金数额的损失。"

2. 强制实际履行

强制实际履行，是指在一方当事人违反合同义务时，另一方当事人请求法院强制违约方继续履行合同债务的责任形式。强制履行的构成要件有三个：①必须有违约行为；②非违约方要求违约方继续履行；③违约方能够继续履行合同债务。实践中，当业主欠交物业管理费时，物业服务企业经常利用管理之便擅自采取断电、断水、限制业主出入、罚款等措施对抗业主，以迫使其履行物业服务合同义务，这些与强制实际履行存在实质上的差别，不宜提倡。因为强制实际履行要求通过人民法院进行公力救济。《民法典》第九百四十四条明确禁止了上述断水、断电、断气等行为："业主违反约定逾期不支付物业费的，物业服务人可以催告其在合理期限内支付；合理期限届满仍不支付的，物业服务人可以提起诉讼或者申请仲裁。物业服务人不得采取停止供电、供水、供热、供燃气等方式催交物业费。"

（1）断电、断水措施。供用电和自来水的合同是每住户与供电企业、供应自来水企业之间签订的，物业服务企业并非合同的当事人。物业服务企业利用管理之便采取断电、断水的做法，不仅损害了业主的利益，而且也损害了供电企业及自来水企业的利益，属于侵权行为。业主及供电、供水企业都可以因物业服务企业的侵权行为提起起诉。因此，物业服务企业针对业主违约行为所采取的措施，应当与物业服务合同约定的方式有关，而不能损害其他人的利益。

（2）限制其业主及使用人进出物业小区。业主自由出入物业小区，是基于物权中所有权派生出来的权能之一，同时也是人身自由权的要求。物业服务企业限制业主出入物业小区，是妨碍业主权利行使的行为，因此，这一措施是违法的。

（3）罚款措施。有的物业服务合同中约定，物业服务企业有权对不交付物业管理费的业主实施罚款等处罚措施。这属于措辞不当。物业服务企业不是行政部门，无权对业主实行罚款的行政处罚，所谓的罚款只能是违约金的一种表达方式，所以罚款会因为物业服务企业无执行力而流于形式。然则诉诸法院的话，又会因为民事赔偿中不存在罚款的责任承担方式而得不到支持。因此，合同中最好不要使用“罚款”这种词语。

基于以上分析，物业服务企业针对业主不交付物业管理费的违约行为应当尽量避免采用自力救济的方式，而应当援以公力救济。通过诉讼的方式要求业主及时履行其义务。在证据确凿、纯金钱支付的案件中，可以采用简易交付的诉讼程序，及时高效地实现自己的权利。

（三）免责

免责，是指因法律规定的或当事人约定，可以免除或限制违约行为人本应承担的民事责任。因法律规定免责称为免责事由，因当事人约定免责称为免责条款。法定免责事由包括不可抗力、紧急避险、自然损耗、债权人过错。

免责条款由双方当事人自由约定，可以是部分免责也可以是全部免责。但是下列免责条款无效：①一方以欺诈、胁迫等手段订立的；②恶意损害国家、集体或者第三人利益的；③以合法形式掩盖非法目的的；④损害社会公共利益的；⑤免除或限制因造成对方人身伤害而应承担的民事责任的；⑥免除或限制因故意或者重大过失造成对方财产损失而应承担的民事责任的；⑦提供格式条款的一方利用格式条款免除其责任的；⑧其他违反法律、行政法规的强制性规定的。因此，物业服务企业可以在物业服务合同中与业主一方约定免责条件，但是事先免除一切违约责任的条款肯定是无效的。如《最高人民法院关于审理物业服务纠纷案件具体应用法律若干问题的解释》第二条规定：“符合下列情形之一，业主委员会或者业主请求确认合同或者合同相关条款无效的，人民法院应予支持：（一）物业服务企业将物业服务区域内的全部物业服务业务一并委托他人而签订的委托合同；（二）物业服务合同中免除物业服务企业责任、加重业主委员会或者业主责任、排除业主委员会或者业主主要权利的条款。”

二、物业服务合同的变更

物业服务合同的变更，是指物业服务合同成立后，合同双方当事人不变，仅改变合同的权利义务。物业服务企业接管物业以后，基于业主的其他要求或情势变更，导致合同的部分内容无须履行或应当变更履行方式。这时，经物业服务企业与业主委员会双方协商一致，可对物业服务合同条款进行修订和更改。

（一）物业服务合同变更的特点

物业服务合同的变更，通常是指物业服务合同成立后至尚未完全履行之时，当事人双方就合同的内容修改所达成的一致协议。它具有以下特点。

1. 协商一致性

合同的修改须经双方当事人协商一致，并在原合同基础之上，达成新的协议。业主一方除了要与物业服务企业就合同变更的内容协商一致，还应当就拟变更的事项事先召开业主大会，向业主征求意见，只有通过的决议才可成为合同变更的依据。除非业主大会已经授权给业主委员会变更物业服务合同内容的权利，否则业主委员会不得擅自变更合同内容。

2. 局部变更性

物业服务合同的变更只能是对原合同内容的局部修改和补充，而非全部变更，否则该变更应视为新合同的产生。

3. 相对消灭性

合同的变更意味着新内容的产生，因此，它的履行不能再按原合同内容进行，而应按照变更后的权利义务关系履行。也就是说物业服务合同的变更是在保留合同的实质性内容基础上所产生的一种新的合同关系。它仅仅是在变更的范围内使原权利义务关系消灭，而变更之外的权利义务关系仍保持不变。即新合同内容产生之时，与之相对应的旧合同内容归于消灭。

（二）物业服务合同变更的要件

要构成物业服务合同的变更，还必须具有一些形式要件。

1. 存在有效合同关系

合同的变更必须建立在已有的有效合同的基础上，否则不可能发生变更的问题。如果物业服务合同无效，只能订立新的合同而不存在变更合同的问题。如果物业服务合同是可撤销可变更合同，享有撤销权的一方可以要求撤销或变更原合同。如果享有撤销权的一方提出了变更合同的请求，法院只能判决变更合同而不能撤销合同。

2. 具有法律依据或当事人约定

物业服务合同的变更可以依据法律规定产生，也可以通过当事人双方协商产生，但即使是依据法律规定变更物业服务合同，仍须经过当事人协商。根据《民法典》的相关规定，可撤销可变更合同有以下五类：①受欺诈订立的合同；②受胁迫订立的合同；③乘人之危订立的合同；④因重大误解订立的合同；⑤显失公平订立的合同。

3. 具备法定形式

物业服务合同的变更应当在形式上与订立合同的形式保持一致，如必须采取书面形式，原合同经过有关机关批准或进行了公证，那么合同的变更也必须经过有关机关批准或进行公证。否则即使双方当事人签订了合同变更的补充协议，该补充协议依然无效。

（三）物业服务合同变更的效力

在物业服务合同发生变更以后，当事人应当按照变更后的合同内容作出履行，任何一方违反变更后的合同内容都构成违约。当事人约定变更合同的，变更后的合同从双方达成合意之日起生效，如果变更内容不明确，双方事后又无法达成补充协议的，则从法律上可推定为未变更。变更后的合同不对已履行部分产生效力，也无追溯力。物业服务合同变更前，一方违约的，合同变更不应当影响违约责任的承担。

三、物业服务合同的终止

物业服务合同的终止也称物业服务合同的消灭，是指当事人终止合同关系，合同确立的当事人之间的权利义务关系消灭。物业服务合同提前终止的原因主要包括以下几个方面。

第一，基于法律规定的事实发生而终止。因物业服务企业被解散、撤销、破产等原因注销而终止。物业服务企业的主体资格消灭，物业服务合同也就因为物业服务企业无法继续履行而终止。

第二，基于当事人的意思而终止。物业服务合同作为一种民事合同，完全可以根据自治原则在合同履行之前或履行之中约定一些合同解除的条件。在物业服务合同履行过程中，合同双方当事人可以协商解除合同，并且协商因解除合同而产生的损害赔偿问题。

第三，因合同目的的实现而终止。合同当事人追求一定的缔约目的，这个目的可以是某件工作的完成也可以是某段时间的经过。物业服务合同往往以一定的服务期限为约，当服务合同期限届满而双方又没有续约，一般而言，物业服务合同也就终止。

第四，基于合同的更新而终止。当事人双方不变，签订新的物业服务合同以取代旧的物业服务合同的，旧的物业服务合同终止。实际上也就是物业服务合同内容的全面变更。

第四节　第三人侵权与物业服务企业责任问题

随着物业管理规范的不断完善及物业服务的不断发展，物业纠纷也变得更为复杂。最为突出的问题就是因第三人侵权造成业主权利受到侵害的情况下，物业服务企业是否构成违约的问题。

一、侵权行为的概述

侵权行为，是指行为人由于过错侵害他人的财产或者人身，依法应当承担民事责任的行为，以及依照法律特别规定应当承担民事责任的其他致人损害行为。一般而言，侵权行为有以下几个特征：①侵权行为是行为人侵害他人合法权益的行为；②侵权行为是侵害他人物权或者人身权等绝对权的行为；③侵权行为是因过错而应当承担民事责任的行为。

在侵权人与被侵权人之间，因侵权行为产生侵权的民事责任。免除侵权人责任的法定事由一般包括不可抗力、受害人过错、正当防卫、紧急避险有受害人同意；在某些特殊侵权的情况下，第三人过错也可免除或减轻责任的理由。

这是站在侵权责任法的角度来看待问题，但在物业服务过程中，经常会发生类似的情形，业主与物业服务企业签订物业服务合同之后，家里却发生了被盗窃的情况，有些业主甚至在家里被人杀害。这时，物业服务企业是否应当承担责任？如果物业服务企业要承担责任，又应当承担什么责任呢？这是一个值得关注的问题。

二、学界观点

《物业管理条例》第三十五条规定："物业服务企业未能履行物业服务合同的约定，导致业主人身、财产安全受到损害的，应当依法承担相应的法律责任。"该条规定了物业服务企业的法定义务，同时成为业主要求物业服务企业承担责任的法律依据，也奠定了违约责任与侵权责任竞合的法律基础。因此，在第三人侵权的情况下，物业服务企业有可能承担违约责任或者侵权责任，即违约责任与侵权责任竞合。

但违约责任与侵权责任发生竞合责任时，必须具备以下三个条件：①在当事人之间存在合法有效的合同关系；②债务人违反了合法有效的合同；③债务人违反合同的行为同时侵犯了债权人的人身财产权利。只有具备了以上三点，才在法律上具备了二者竞合的要件，受害人即债权人才存在行使选择请求权的可能。

当发生违约责任与侵权责任竞合时，《民法典》第一百八十六条规定："因当事人一方的违约行为，损害对方人身权益、财产权益的，受损害方有权选择请求其承担违约责任或者侵权责任。”这就是说在二者发生竞合时，受损害方有权选择其一来保护自己的权益。

三、物业服务企业的责任分析

所谓侵权责任与违约责任的竞合，是指行为人实施某一行为，该行为侵犯了相对人的人身财产权，同时也违反了合同约定，符合侵权责任和违约责任的构成要件。其构成要件应当是：①行为人只实施了一个行为；②同一不法行为同时满足侵权责任和违约责任；③侵权责任与违约责任之间存在冲突。

从侵权行为的概念来说，侵权是一种作为。但是在第三人侵权的情况下，是第三人实施了一个行为侵害了业主的权益，物业服务企业并没有实施相同的行为，否则的话就是共同侵权了。也就是说，物业服务企业只是一种不作为。因此，从这一点来说，要求物业服务企业承担侵权责任是于法无据的。

根据《民法典》第一千一百九十八条的规定：“宾馆、商场、银行、车站、机场、体育场馆、娱乐场所等经营场所、公共场所的经营者、管理者或者群众性活动的组织者，未尽到安全保障义务，造成他人损害的，应当承担侵权责任。因第三人的行为造成他人损害的，由第三人承担侵权责任；经营者、管理者或者组织者未尽到安全保障义务的，承担相应的补充责任。经营者、管理者或者组织者承担补充责任后，可以向第三人追偿。”从事经营活动的物业服务企业也有安全保障义务。其主要体现在三个方面：一是物业服务区域内设施设备符合我国强制性安全标准（硬件方面），二是物业服务企业服务管理到位的安全保障责任（软件方面），三是预防和制止第三人侵权的安全保障义务。

1．物业服务区域内设施设备：安全、达标、正常运作

每个住宅小区中都会有许多设施设备，如交通设施、供水供电供气设施、安保设施、排污设施、娱乐设施等，物业服务企业作为管理人，有义务保障这些设施的完好，不使其对业主和使用人造成人身损害。首先，这些设施设备要达到国家法定使用标准，在投入运营前必须通过国家有关部门的验收合格。如果设施设备未达到安全要求，导致使用人受损的，受损人有权向物业管理人索赔。物业管理中，来自设施设备的风险相当多，仅小区游泳池，就存在水质是否达标、是否按标准配备了救生设备、更衣室地面是否防滑、是否设置了安全告示等，其中一项欠缺，就可能构成“未尽到设施设备的安全保障义务”。其次，为避免损害的发生，相关岗位必须配备数量足够的、合格的安全保障人员。比如，物业服务企业应当根据其规模配备相应数量的保安人员，且必须经过培训合格，实行持证上岗；游泳场（馆）应当设置救生人员，且经过培训合格，持证上岗；电梯操作人员要进行培训与考核，实行持证上岗制度；等等。

2. 物业服务企业服务管理：细致、周到、无死角

物业服务企业的服务管理，包括对业主的服务及对房屋、设施及小区秩序的管理。服务管理不到位，没有尽到职责，造成业主或者使用人的人身受到损害，就属于“未尽到管理上的安全保障义务”，应当承担民事赔偿责任。服务管理上的安全保障责任范围很广：对可疑人员进行询问盘查、在施工检修地点设置标志、投放消杀药剂前的预告警示、对业主求助时的迅速处理等，都是物业服务企业最常见的安全保障工作内容。2007 年 3 月，上海复兴新苑小区业主徐某的女儿在家中被流窜犯罪分子杀害，破案后查明罪犯从运送垃圾的小门进入小区，而该门在晚上是应当上锁的，但实际上没有上锁。这成为物业服务公司未履行职责的主要依据。因此，法院判物业公司赔偿 4 万元给受害人家属。

3. 预防和制止第三人侵权：及时、尽心、不越轨

对于来自第三人的人身伤害行为，物业服务企业有防范和制止的义务。《物业管理条例》第四十六条规定：“物业服务企业应当协助做好物业管理区域内的安全防范工作。发生安全事故时，物业服务企业在采取应急措施的同时，应当及时向有关行政管理部门报告，协助做好救助工作。”这里把物业服务公司制止第三人侵权的安全保障义务，概括归纳为“两协助两及时”。“两协助”是“协助防范、协助救助”；“两及时”是“及时制止、及时报告”。我们知道，物业服务企业作为一个企业，既不是执法部门，也不是保镖公司，它只能在合理限度范围内承担安全保障义务。“预防、制止（应急）、报告、救助”这四个方面，就是物业服务企业合理限度范围内的责任。比如，物业服务企业安保人员发现有人持刀行凶，在保护自身安全的前提下，采取合理制止措施，同时向公安机关报告。如已发生人员伤亡，应立即联系医院救护部门，协助救治伤员。在警方到达后，协助工作，配合调查。做到这些，就履行了制止侵权的安全保障义务。如果物业服务企业没有做到“两协助两及时”，都会构成不作为，受害者有权要求物业服务企业承担赔偿责任。

这是基于合同当事人不履行或者不适当履行合同义务所应当承担的责任，应该是一种违约责任。因此，要求物业服务企业承担违约责任时，必须符合违约责任的构成要件，即违约行为、损害结果、违约行为与损害结果有因果关系。这在前一章中已经有详细的阐述，在此不再赘言。

【小　结】

本章主要阐述了物业服务合同的法律性质，通过物业服务合同法律特征的分析及与其他相类似合同的比较，说明物业服务合同应当是有名合同。同时详细说明了物业服务合同的订立、变更和终止条件，针对物业服务合同的内容和履行要求，论述了违反物业服务合同的违约责任。并在此基础上，分析第三人侵权的情况下，物业服务企业应当承担的法律责任。

拓展阅读

【典型案例】

电动车棚起火造成业主损失，物业服务公司未尽到安全管理义务应担责

案件来源：太原中院发布物业纠纷典型案例

【基本案情】

杨某某与何某某均居住在太原市某小区，某物业服务公司系该小区的物业管理人。为满足业主停放电动车及充电需求，该物业服务公司经与开发商沟通，在小区1号楼西侧空地自费搭建了电动车棚，并向某伟业公司购买了电动车智能充电系统，为业主提供电动车充电服务并收取费用。

2021年8月16日凌晨3时左右，何某某放在小区电动自行车存车棚内西侧的白色电动车起火，起火原因为电气线路故障引发。杨某某的电动车在火灾中受损，后杨某某向法院提起财产损害赔偿诉讼。

【裁判结果】

一审法院认为，行为人因过错侵害他人民事权益造成损害的，应当承担侵权责任。根据消防部门出具的火灾事故认定书，本案火灾的起火部位为何某某所有的电动车，起火原因为电气线路故障引发火灾，故何某某承担主要责任。某物业服务公司既是小区的物业服务公司，也是充电桩的实际安装者和管理者，在充电桩投放使用前，对其自行提供电源可能产生的安全隐患估计不足，在充电桩投放使用过程中，其作为管理者，未能善尽管理者的职责。对充电桩场地的安全巡视不到位，造成火灾损失的扩大，其对火灾的发生存在过错，需承担相应的赔偿责任。某伟业公司作为充电桩的出售者，现有证据无法证明某伟业公司对火灾事故发生存在过错，故不应当承担赔偿责任。一审法院认定由电动车业主承担60%的赔偿责任，某物业服务公司承担40%的赔偿责任。物业服务公司不服提起上诉，二审法院维持原判。

【案件启示】

安全无小事，责任大于天。《民法典》第九百四十二条规定：“维护物业服务区域

内的基本秩序，采取合理措施保护业主的人身、财产安全。”“对物业服务区域内违反有关治安、环保、消防等法律法规的行为，物业服务人应当及时采取合理措施制止、向有关行政主管部门报告并协助处理。”可见，维护物业服务区域内的基本秩序，采取合理措施保护业主的人身、财产安全，是物业服务人的法定职责。

具体到本案中，物业服务公司应按照规定设置消防安全标志，加强辖区内的消防巡查，做好火灾处置预案，做到防患于未然。本案火灾虽然系业主自身原因而引发，但物业服务公司作为涉案小区的管理者，亦作为充电桩的实际安装者和管理者，在充电桩投放使用过程中，未能善尽管理者的职责，对充电桩场地的安全巡视不到位，存在安全意识不到位、管理不当的过错，应承担相应的赔偿责任。

第六章 物业管理若干法律事务

【学习目的和要求】

了解：共有部分的范围，物业管理用房的归属，物业服务收费的原则，物业服务成本的内容。

掌握：停车库、停车位的界定，物业专项维修资金的概念，物业服务收费的法律依据。

应用：小区停车场、停车库的权属争议，物业专项维修资金的使用范围，物业服务收费的具体内容和方式。

【思政目标】

通过对物业服务区域内具体法律事务如何处理的分析，提升学生运用法律知识处理物业纠纷的技巧能力，培养爱岗敬业的精神和良好的职业素养。

[案例]

2018 年 10 月，某市的黄先生购买了位于该市某小区的一处商品房。入住后不久，黄先生看到开发商贴出一则通知，内容是“入住该小区的业主需要停放车辆的，可以到物业服务公司办理相关手续。具体车位价格为：购买车位 30 万元一个，租用小区车位每月交纳 1 200 元停车费”。黄先生和其他业主认为，该小区的停车位应属于小区全体业主所有，他们已经购买了小区的房子，小区配套的停车位本应属于住宅楼的一部分，但开发商却要以高价出售车位，实在是不公平。听说《民法典》有小区车位归全体业主所有的规定，黄先生等业主准备起诉开发商，以维护本小区业主的合法权益。

[问题]

此小区的停车位是否属于全体业主所有?

第一节　停车库与停车位

一、停车库、停车位产权归属的争议

《物权法》中有关停车位的纷争又成为尖锐的问题。由于房地产业供求不平衡的巨大矛盾，加上部分开发商大肆炒作停车位价格和私家车的增多等影响，住宅小区停车库、停车位的问题越来越成为人们关注的焦点，住宅小区的业主与开发商针对小区内的停车库、停车位权属的争夺和相关纠纷也愈演愈烈。我国现有法律法规的滞后，在解决这类问题上也出现不到位的情况。目前法学界对此类问题的争议也是百家争鸣，各持己见，尤其是对地下车库的争论至甚。以下主要介绍几种观点。

第一种观点认为，开发商已将地下车库的成本摊入房屋的价款中，业主购买房屋所支付的价款已包含了购买地下车库的价款，因此购买了房屋就当然享有车库产权。[①]

第二种观点认为，小区地下车库在规则设计中就作为配套设施之一，既然是设施，就应当像走廊、管线、沟渠一样是房屋的从物，按照民法相关原理，从物应当依从主物（房屋）一并出售转移。

第三种观点认为，小区地下停车库是房屋建设中的一个副产品（地下停车位是在挖建筑地基过程中附带形成的），无法确权转移，停车位应视为工地的一个组成部分，其权益不应当属于开发商，而应属于业主。

第四种观点认为，根据建筑物区分所有权理论，停车位是区分所有权人共有的，因为在区分所有的建筑物中，除了专有部分建立所有权之外，其他部分都应当是全体区分所有权人所共有。停车位并不是依附于建筑物专有部分，而是独立于建筑物专有部分之外，因此应当是共用部分，是建筑物区分所有权中共有权的标的物。建筑区分所有权的建筑物的建设必须保证设置足够区分所有权人使用的停车位，将地下停车位直接确立为公共设施。[②]

①② 王燕军. 关于小区停车位权属及车辆保管纠纷的法律思考［J］. 广州广播电视大学学报，2008（1）：71－75.

以上几种观点从不同的立足点进行了立论，有各自的特色。但是，停车库、停车位的权利归属应该从停车库与停车位是否应作为所有权的客体来确立。《民法典》中规定了三种权利，建筑物区分所有权由专有部分的专有权、共有部分的共有权和成员权三部分组成，其中专有权是最重要的核心权利，其原因有以下几方面。

第一，停车场、停车库可以属于建筑物的专有部分。根据《最高人民法院关于审理建筑物区分所有权纠纷案件具体应用法律若干问题的解释》的规定，专有部分的认定标准有三点：①具有构造上的独立性，能够明确区分；②具有利用上的独立性，可以排他使用；③能够登记成为特定业主所有权的客体。停车位能够满足构造上的独立性和使用上的独立性要求。同时，独立车库依法可以办理相关登记手续，记载于不动产登记簿，符合法律上的独立性要求。因此，如果停车位分摊了相应的土地使用权份额的车位车库，计算容积率，可以办理权属证书，能够作为专有权的标的；如果没有分摊相应的土地使用权份额，不计算容积率，无法办理相应的权属证书，为小区共有部分，属于小区全体业主共有。

第二，停车场、停车库不是构成建筑物或土地使用权的添附物。根据民法理论，添附是指不同的所有权人的财产和劳动成果结合在一起，从而形成另一种新的财产。添附主要有混合、附合和加工三种方式。添附是动产与动产或动产与不动产的合并，而不适用于不动产与不动产的合并。因此，停车场、停车库不属于土地使用权及建筑物的添附，添附不能决定停车场、停车库的归属权利。

第三，停车场、停车库不是建筑物的从物。主物、从物是物的概念，是物权的前提。主物是能独立发挥作用的物；从物是非主物的组成部分，但同时又依附于主物，是对主物发挥辅助作用的物。例如，船体与船桨、电视机与遥控器等就是主物与从物的关系，即要依附，但又不是其组成部分，并通过合并发生效用。对停车场、停车库而言，它们属于一个建筑区规划内的一部分，当然也依附于建筑物而发挥其为业主服务的功能，但是停车场和停车库的独立性应当受到重视。从物与主物的相互依存关系是其整体作用表现的形式，因此，停车场、停车库是可以不依附建筑物，而可以独立发挥其停车的效用的。所以主从物理论也不能对停车场、停车库的权属进行诠释。

二、《民法典》对于小区停车场、停车库的界定

住宅小区属于《民法典》里规定的建筑区域的范畴，《民法典》第二百七十五条和第二百七十六条吸收了《物权法》和《最高人民法院关于审理建筑物区分所有权纠纷案件具体应用法律若干问题的解释》的有关规定，对建筑区划内车位和车库的权属作出更为清晰的界定。立法部门认为，只有不可分割，不宜也不可能归任何业主专有的财产，方属于业主共有的财产。如楼梯、电梯等公用设施，绿地等公用场所。从我国目前房地产的现状来看，一般情况下，停车位、停车库，应当由当事人通过出售、

附赠或出租等方式约定业主专有或专用。原因有两个：一是停车场、停车库与住宅的比例不配套，业主之间所拥有的住宅面积不相同，加上商品房销售的市场状况和房屋品质也不尽相同。二是停车场、停车库作为建筑区划内的独立设施，如果不允许开发商销售或出租，就势必影响开发商规划建造停车场、停车库的积极性，不仅对业主不利，更对目前国内城市停车紧张的现状起不到缓解的作用。为了更便于解决业主与开发商在这类问题上的矛盾，也便于司法操作，《民法典》第二百七十五条规定："建筑区划内，规划用于停放汽车的车位、车库的归属，由当事人通过出售、附赠或者出租等方式约定。"如果业主在购买房产时没有通过出售、附赠或者出租等方式约定的，那就可以推定停车库、停车位归业主共用，这是一个通例。针对开发商将停车库、停车位高价出售给小区以外的人停放的问题，《民法典》第二百七十六条规定："建筑区划内，规划用于停放汽车的车位、车库应当首先满足业主的需要。"这条规定给予了业主特别优先权，价平时优先权人优先，而不是普通优先权中所规定的价高者得。针对小区没有停车位或者严重不足，占用共有道路或其他场地作为停车位的问题，《民法典》第二百七十五条还规定："占用业主共有的道路或者其他场地用于停放汽车的车位，属于业主共有。"

第二节 共有部分的问题

一、共有部分的范围

《民法典》第二百七十四条规定："建筑区划内的道路，属于业主共有，但是属于城镇公共道路的除外。建筑区划内的绿地，属于业主共有，但是属于城镇公共绿地或者明示属于个人的除外。建筑区划内的其他公共场所、公用设施和物业服务用房，属于业主共有。"单从以上的规定我们无法详细确定共用部分的具体范围，从具体实践操作的标准来看，我们共用部分细分为：建筑区划内的绿地、道路、公共场所、公共设施（设施房、配电房、电梯井、水泵房、大堂、走廊、过道、楼梯等）及物业服务用房等。下面针对目前争议较多的绿地、道路，物业服务用房问题进行阐述。

二、具体问题

（一）建筑区划内的绿地和道路

1. 建筑区划内的绿地

建筑区划内的绿地，是指建筑区划范围内所有的专用为种植绿化植物的土地，如小区花园。这只是从一般的情况下来定义的，其实在现实的生活中，建筑区划内的绿地范围要远大于该定义。建筑区划内各类绿地主要包括：公共绿地、住宅边绿地、道路绿地等。

建筑区划内的绿地属业主共有，但属于城镇公共绿地或明示属于个人的除外。对于建筑区划内的绿地属城镇公共绿地的不属于业主共有的规定是没有争议的，但是对明示属于个人的除外的规定争议却很大。目前，对此明示属于个人的绿地的解读有以下三种看法。

第一种看法认为，以业主与开发商之间是否有约定来确定明示。所谓有约定明示，是指业主与开发商之间所签订的有关绿地约定的合同。有明示约定的可以归业主所有。

第二种看法认为，以能否办理到该绿地的土地使用权证的登记来确定明示。无论业主共有一栋楼的，还是一栋楼仅属于一个业主所有，此楼所附绿地的归属应该以取得登记为准。

第三种看法认为，经审批的规划设计中附属于某一物业单位的绿地来确定明示。因为，物业开发的规划设计方案要得到政府的批准方可进行建设，所以政府部门的审批也是一种有法律效力的明示。经审批的规划设计中附属于某一物业的绿地，此绿地归业主所有。

第一种观点过于草率，容易引起纠纷。第二种观点过于理想化，结合现状不利于操作。本教材认同第三种观点，因为明示属于个人的绿地，必须是建筑区划内建筑物单元房前的绿地，即是商品房买卖合同中明确的房前绿地同建筑物单元一同发售，约定窗前绿地属于该单元业主专有使用。其特点为该专有使用权同专有部分一并取得，且一并转让与该业主，其法律效果表现为建筑规划区内的部分绿地使用权变为个人专有权的一部分。因此，从业主权益的角度来看，这样更有利于维护业主的利益。另外，开发商与业主合同中的明示显然有很大的任意性，开发商为了个人利益，可以随意与业主签订绿地归属合约，将绿地的共有权利进行处分，很大程度上不利于保护其他业主的利益，为业主之间的纠纷埋下了祸根。因此，明示给个人的情形应以规划设计中明示属于某一物业的内容为依据。况且规划设计中的明示要比开发商与业主合约中的明示更具有公信力和客观性，也是解决类似纠纷的最终的有效的依据。

还有一个值得注意的问题是，虽然小区的公共绿地归全体业主所有，但并不意味着可以随意改变公共绿地的用途。即使是经业主委员会或业主大会通过的，也不可以随意更改公共部分的用途。即使大多数业主都同意，也不能随意将公共绿地改成其他用途，比如将公共绿地改为娱乐室、停车场等。《民法典》界定了小区公共绿地的归属，同时也是对这些物权的保护。无论物业服务部门还是业主及业主组织都不能随意改变公共绿地的原有规划的用途，即使业主委员会表决通过也不行。如果确需改作他用的，应报相关部门审批。

2. 建筑区划内的道路

建筑区划内的道路，属于业主所有，但属于城镇公共道路的除外。什么是城镇公共道路呢？有些地方法规规定，建筑区划内四米以下宽的道路归业主，四米以上宽的道路归政府。例如，北京市的天通苑小区内的主干线道路产权归政府。城镇公共道路的功能具有社会公益性，单纯以宽度来区分过于机械，也不利于操作。因此，建筑区划内的道路整上未封闭，并具有公共交通设施和承担公共交通功能的，应属于城镇公共道路范围。又如，广州市番禺区祈福新村公共汽车已开入该小区，那么该小区的道路就承担了公共交通功能，也是城镇公共道路的一部分。在建筑规划区内，具有封闭性的道路应属业主所有。从以上的内容来看，我们可以将城镇公共道路的特征归纳为：

（1）一般在规模较大的小区；

（2）道路较宽（一般在四米以上，双向通行）；

（3）承担公共交通功能；

（4）道路整体上未封闭。

通过以上四个特征，我们可以分清建筑区划内属于业主所有的道路与建筑区划内属于城镇公共道路的界线，有利于业主掌控自己的权利行使范围。

（二）物业管理用房

物业管理用房，是指房地产开发建设中按照有关规定建设的，由开发建设单位以建造成本价一并转让给购房业主集体，用作物业管理办公、工作人员值班以及存放工具材料的用房。物业管理用房包括物业办公用房、物业清洁用房、物业储藏用房、业主委员会活动用房等。

物业管理用房是小区的重要配套设施，是物业服务企业实施物业特定服务的必要物质条件。建筑单位和开发商应当按照国家规定，在物业管理区域内配置物业管理用房。《广东省物业管理条例》第三十八条规定："建设单位应当按照不少于物业管理区域总建筑面积千分之二的比例，在物业管理区域内配置物业服务用房，最低不少于五十平方米，最高不超过三百平方米；其中，业主委员会办公用房最低不少于十平方米，最高不超过六十平方米。分期开发建设的物业，建设单位应当在先期开发的区域按照不少于先期开发房屋建筑面积千分之二的比例配置物业服务用房。物业服务用房应当为地面以上的独立成套装修房屋，具备水、电使用功能；没有配置电梯的物业，物业服务用房所在楼层不得高于四层。物业服务用房的所有权依法属于全体业主，专用于物业管理服务工作，不得挪作他用。"第三十九条规定："县级以上人民政府城乡规划行政主管部门应当在审批建设工程规划许可证时，按前条规定明确物业服务用房的位置和面积。建设单位应当在商品房预售时予以公布。"

《民法典》第二百七十四条规定："建筑区划内的其他公共场所、公用设施和物业服务用房，属于业主共有。”《物业管理条例》第三十七条规定：“物业管理用房的所有权依法属于业主。”由此可以看出，法律有明确的规定物业管理用房属于业主，建设单位必须为小区配置物业管理用房，且任何单位和个人包括业主都不能占用和变更用途，同时也阻断了开发商和前期物业服务企业非法据为己有的途径。

通过以上的阐述，我们得出以下结论。

第一，建设单位在物业规划建设中必须考虑配置必要的物业管理用房，任何单位和个人包括业主都不能占用和变更物业管理用房的用途。

第二，物业管理用房的所有权属于业主共有，物业服务公司只有使用权。

第三节　专项维修资金

随着我国住房制度改革的不断深化，国民生活水平不断提高，居民个人拥有住宅的数量越来越多，住房的维修和管理义务由国家或单位承担转向由居民个人来承担。由于我国现阶段的住宅大多数属于群体性模式，并以住宅小区的方式开发和建设，住宅多存在着共用部分，如柱、梁、内外承重墙体、楼板等；小区内有共用设施设备，如水、暖、照明、煤气、电梯、消防等。这些共用部位、共用设施设备是否完好、运行是否正常，关系到整个小区住宅的正常使用和安全，也关系到全体业主的利益。为了使每一位房屋使用者都能享有舒适的居住与工作环境，专项维修资金在这个过程中起到了不可替代的重要作用。专项维修资金，是指依据法律规定由房屋产权人交纳的，专门用于住宅共用部分、共用设施设备保修期满后的大修、改造、更新的专用资金。在《物业管理条例》颁布之前，专项维修资金的维修范围、资金来源、管理等一直都比较混乱。在此我们依据相关法律，予以厘清。

一、物业专项维修资金的使用范围

专项维修资金用于住宅共用部分、共用设施设备保修期满后的大修、改造和更新。共用设施的维修范围包括住宅主体承重结构部分（住宅的基础、承重墙体、柱、梁、楼板、屋顶等）、户外墙体、门厅、楼梯间及走廊通道等。共用设施设备包括住宅内，建筑费用已分摊到住房销售价格中的共用的水管、下水管道、水塔、水泵、电梯、照明、有线电视线路、楼梯灯、煤气管道、消防设施、绿地、道路、路灯、沟渠、非经营性停车场、文体设施和物业管理用房等。大修，是指对共用部分，共用设施设备进行大规模的维修。改造和更新，是对共用部分，共用设施设备中损坏或老化部分进行更换。

二、物业专项维修资金的筹集渠道和管理

依据建设部、财政部制定的《住宅专项维修资金管理办法》的规定，业主有缴纳专项维修资金的义务，商品住宅的业主应当在办理房屋入住手续前，将首期住宅专项维修资金存入住宅专项维修资金专户。未按规定交存首期住宅专项维修资金的，开发建设单位或者公有住房售房单位不得将房屋交付购买人。专户管理银行、代收住宅专项维修资金的售房单位应当出具由财政部或者省、自治区、直辖市人民政府财政部门统一监制的住宅专项维修资金专用票据。

业主在购房时应当按照所拥有物业的建筑面积交存住宅专项维修资金，每平方米建筑面积交存首期住宅专项维修资金的数额为当地住宅建筑安装工程每平方米造价的5%～8%。出售公有住房的，业主按照所拥有物业的建筑面积交存住宅专项维修资金，每平方米建筑面积交存首期住宅专项维修资金的数额为当地房改成本价的2%。售房单位按照多层住宅不低于售房款的20%、高层住宅不低于售房款的30%，从售房款中一次性提取住宅专项维修资金。

业主缴存的住宅专项维修资金属于业主所有。从公有住房售房款中提取的住宅专项维修资金属于公有住房售房单位所有。业主大会成立前，商品住宅业主、非住宅业主交存的住宅专项维修资金，由物业所在地市、县人民政府建设（房地产）主管部门代管。市、县人民政府建设（房地产）主管部门应当委托所在地一家商业银行，作为本行政区域内住宅专项维修资金的专户管理银行，并在专户管理银行开立住宅专项维修资金专户。开立住宅专项维修资金专户，应当以物业管理区域为单位设账，按房屋户门号设分户账；未划定物业管理区域的，以幢为单位设账，按房屋户门号设分户账。

业主大会成立后，业主大会应当委托所在地一家商业银行作为本物业管理区域内住宅专项维修资金的专户管理银行，并在专户管理银行开立住宅专项维修资金专户。开立住宅专项维修资金专户，应当以物业管理区域为单位设账，按房屋户门号设分户账。同时业主委员会还应当通知所在地市、县人民政府建设（房地产）主管部门；涉及已售公有住房的，应当通知负责管理公有住房住宅专项维修资金的部门。市、县人民政府建设（房地产）主管部门或者负责管理公有住房住宅专项维修资金的部门应当在收到通知之日起30日内，通知专户管理银行将该物业管理区域内业主缴存的住宅专项维修资金账面余额划转至业主大会开立的住宅专项维修资金账户，并将有关账目等移交业主委员会。

当然，对于新建的小区可以在售房时将维修基金按一定比例收齐，可是对于旧的住宅小区，以前没有此项维修基金，为了进行维修，资金又从何种渠道进行筹集呢？依据《民法典》第二百八十三条的规定：“建筑物及其附属设施的费用分摊、收益分

配等事项，有约定的，按照约定；没有约定或者约定不明确的，按照业主专有部分面积所占比例确定。”

依据《住宅专项维修资金管理办法》第十七条的规定，业主分户账面住宅专项维修资金余额不足首期缴存额30%的，应当及时续交。成立业主大会的，续交方案由业主大会决定。未成立业主大会的，续交的具体管理办法由市、县人民政府建设（房地产）主管部门会同同级财政部门制定。

此外，还可以通过利用物业共用部位，共同设施设备进行经营的收益来补充专项维修资金。《住宅专项维修资金管理办法》中还规定，在保证住宅专项维修资金正常使用的前提下，可以将住宅专项维修资金用于购买国债。但是，利用住宅专项维修资金购买国债，应当在银行间债券市场或者商业银行柜台市场购买一级市场新发行的国债，并持有到期。与此同时，利用业主缴存的住宅专项维修资金购买国债的，应当经业主大会同意；未成立业主大会的，应当经专有部分占建筑物总面积三分之二以上的业主且占总人数三分之二以上业主同意。利用从公有住房售房款中提取的住宅专项维修资金购买国债的，应当根据售房单位的财政隶属关系，报经同级财政部门同意。法规还规定禁止利用住宅专项维修资金从事国债回购、委托理财业务或者将购买的国债用于质押、抵押等担保行为。

对于住宅专项维修资金的存储利息，利用住宅专项维修资金购买国债的增值收益，利用住宅共用部位、共用设施设备进行经营的业主所得收益（业主大会另有决定的除外），住宅共用设施设备报废后回收的残值等资金应当转入住宅专项维修资金滚存使用。

三、物业专项维修资金的使用

住宅专项维修资金使用应当专项用于住宅共用部位、共用设施设备保修期满后的维修和更新、改造，不得挪作他用。住宅专项维修资金的使用，应当遵循方便快捷、公开透明、受益人和负担人相一致的原则。

（一）使用住宅专项维修资金的规定

1. 费用分摊的规定

住宅共用部位、共用设施设备的维修和更新、改造费用按照下列规定分摊。

（1）商品住宅之间或者商品住宅与非住宅之间共用部位、共用设施设备的维修和更新、改造费用，由相关业主按照各自拥有物业建筑面积的比例分摊。

（2）售后公有住房之间共用部位、共用设施设备的维修和更新、改造费用，由相关业主和公有住房售房单位按照所缴存住宅专项维修资金的比例分摊；其中，应由业主承担的，再由相关业主按照各自拥有物业建筑面积的比例分摊。

（3）售后公有住房与商品住宅或者非住宅之间共用部位、共用设施设备的维修和更新、改造费用，先按照建筑面积比例分摊到各相关物业。其中，售后公有住房应分摊的费用，再由相关业主和公有住房售房单位按照所缴存住宅专项维修资金的比例分摊。

此外，住宅共用部位、共用设施设备维修和更新、改造，涉及尚未售出的商品住宅、非住宅或者公有住房的，开发建设单位或者公有住房单位应当按照尚未售出商品住宅或者公有住房的建筑面积，分摊维修和更新、改造费用。

2. 在业主大会管理前使用住宅专项维修资金的规定

对于住宅专项维修资金划转业主大会管理前，需要使用住宅专项维修资金的，应当按照以下程序办理。

（1）物业服务企业根据维修和更新、改造项目提出使用建议；没有物业服务企业的，由相关业主提出使用建议。

（2）住宅专项维修资金列支范围内专有部分占建筑物总面积三分之二以上的业主且占总人数三分之二以上的业主讨论通过使用建议。

（3）物业服务企业或者相关业主组织实施使用方案。

（4）物业服务企业或者相关业主持有关材料，向所在地市、县人民政府建设（房地产）主管部门申请列支；其中，动用公有住房住宅专项维修资金的，向负责管理公有住房住宅专项维修资金的部门申请列支。

（5）市、县人民政府建设（房地产）主管部门或者负责管理公有住房住宅专项维修资金的部门审核同意后，向专户管理银行发出划转住宅专项维修资金的通知。

（6）专户管理银行将所需住宅专项维修资金划转至维修单位。

3. 在业主大会管理后使用住宅专项维修资金的规定

住宅专项维修资金划转业主大会管理后，需要使用住宅专项维修资金的，应按照以下程序办理。

（1）物业服务企业提出使用方案，使用方案应当包括拟维修和更新、改造的项目、费用预算、列支范围、发生危及房屋安全等紧急情况以及其他需临时使用住宅专项维修资金的情况的处置办法等。

（2）业主大会依法通过使用方案。

（3）物业服务企业组织实施使用方案。

（4）物业服务企业持有关材料向业主委员会提出列支住宅专项维修资金；其中，动用公有住房住宅专项维修资金的，向负责管理公有住房住宅专项维修资金的部门申请列支。

（5）业主委员会依据使用方案审核同意，并报市、县人民政府建设（房地产）主管部门备案；动用公有住房住宅专项维修资金的，经负责管理公有住房住宅专项维修资金的部门审核同意；市、县人民政府建设（房地产）主管部门或者负责管理公有住房住宅专项维修资金的部门发现不符合有关法律、法规、规章和使用方案的，应当责令改正。

（6）业主委员会、负责管理公有住房住宅专项维修资金的部门向专户管理银行发出划转住宅专项维修资金的通知。

（7）专户管理银行将所需住宅专项维修资金划转至维修单位。

4. 当发生危急房屋安全等紧急情况时使用住宅专项维修资金的规定

发生危及房屋安全等紧急情况，需要立即对住宅共用部位、共用设施设备进行维修和更新、改造的，则按照以下规定列支住宅专项维修资金。

（1）住宅专项维修资金划转业主大会管理前，按照以上业主大会管理前规定的第四项、第五项、第六项的规定办理。

（2）住宅专项维修资金划转业主大会管理后，按照以上业主大会管理后第四项、第五项、第六项和第七项的规定办理。

在发生前款情况后，未按照规定实施维修和更新、改造的，市、县人民政府建设（房地产）主管部门可以组织代修，维修费用从相关业主住宅专项维修资金分户账中列支；其中，涉及已售公有住房的，还应当从公有住房住宅专项维修资金中列支。

（二）不得使用住宅专项维修资金的规定

《住宅专项维修资金管理办法》还规定了不得从住宅专项维修资金中列支的费用有以下几项。

（1）依法应当由建设单位或者施工单位承担的住宅共用部位、共用设施设备维修、更新和改造费用。

（2）依法应当由相关单位承担的供水、供电、供气、供热、通信、有线电视等管线和设施设备的维修、养护费用。

（3）应当由当事人承担的因人为损坏住宅共用部位、共用设施设备所需的修复费用。

（4）根据物业服务合同约定，应当由物业服务企业承担的住宅共用部位、共用设施设备的维修和养护费用。

此外，因房屋拆迁或者灭失时，维修资金代管单位应将剩余的维修资金按业主个人缴纳的比例进行退还。

由于维修资金事关整个物业区域内全体业主的利益，为了保证共用部位、共用设施设备的及时维修，切实维护业主的利益，我国相关法律规定了专项维修资金专款专用，严禁挪作他用。

第四节　物业服务收费

一、物业服务收费的法律依据

物业服务企业在为小区提供服务的过程中，收取物业服务费是理所当然的事，但是以往出现了一些问题，例如，物业管理费用的使用透明度差，服务范围不明确，服务质量有问题，这些问题一直困扰着业主与物业服务企业。为了规范物业服务收费行为，保障业主和物业服务企业的合法权益，国家发展和改革委员会、建设部根据《中华人民共和国价格法》和《物业管理条例》，制定了《物业服务收费管理办法》，于2003年11月13日发布，自2004年1月1日起施行。《物业服务收费管理办法》规定了全国的物业收费方式，是指导和规范我国物业服务企业收费的重要依据。2004年7月19日国家发展和改革委员会、建设部发布的《物业服务收费明码标价规定》，自2004年10月1日起施行。《物业服务收费明码标价规定》规定了物业服务收费明码标价的原则，以及行政主管、具体内容、方式、价格变更、违规处罚等，进一步明确了物业服务企业收费的透明度。《物业服务收费管理办法》与《物业服务收费明码标价规定》对物业服务收费的混乱局面起到了有效的遏制作用，规范了物业服务企业市场，也使得物业服务收费有了法律的依据。

二、物业服务收费的具体规定

（一）物业服务收费的原则、定价方式、费用形式和服务成本的内容

1. 物业服务收费的原则

《物业服务收费明码标价规定》确定了物业服务企业实行明码标价应当遵循公开、公平和诚实信用的原则，遵守国家价格法律、法规、规章和政策。

2. 物业服务收费的定价方式

根据《物业服务收费管理办法》的相关规定，物业服务收费根据不同的物业服务企业具体性质和特殊情况，分别实行政府指导价和市场调节价两种方式，不再使用过于死板的政府统一定价的模式，使物业收费的价格与物业服务企业的等级和服务质量相挂钩，这种方式的采用有利于业主权利自治的确定。

3. 实行“酬金制”的物业服务费用形式

以往的物业服务收费的计费方式为包干制和酬金制两种。包干制，是指由业主向物业服务企业支付固定的物业服务费用，盈余或亏损均由物业服务企业承担的计费方式。酬金制，是指在预收的物业服务费用中按照约定的比例或约定的数额提取酬金支

付给物业服务企业，其余部分用于服务合同约定的支出，盈余或亏损均由业主承担的计费方式。以往的收费办法以政府定价为前提实行包干制，对物业服务质量的好坏、经营的盈亏都无法明确地显示出来，对物业服务企业的服务水平提高和业主参与等方面都有不利的影响。新的《物业服务收费管理办法》采用了酬金制的计费方式，《广东省物业管理条例》也明文规定使用酬金制，这就有利于提高选择物业服务企业和物业服务支出的透明度。《物业服务收费管理办法》规定，物业服务收费分为酬金与物业服务支出两部分，预收的物业服务支出属于代管性质，为缴纳该费用的业主所有，物业服务企业不得将其用于物业服务合同约定以外的支出。物业服务企业还应当向业主大会或全体业主公布物业服务资金年度预算，每年不少于一次公布物业服务资金的收支情况，业主或业主大会对公布的物业服务资金年度预决算和物业服务资金的收支情况提出质询时，物业服务企业应当及时答复。物业服务收费采取酬金制方式，物业服务企业或业主大会可以按照物业服务合同约定聘请专业机构对物业资金年度预决算和物业服务资金的收支情况进行审计。

4. 规定了物业服务成本的内容

《物业服务收费管理办法》第十一条规定，物业服务成本或者物业服务支出构成一般包括以下部分：

（1）管理服务人员的工资、社会保险和按规定提取的福利费等；

（2）物业共用部位、共用设施设备的日常运行、维护费用；

（3）物业管理区域清洁卫生费用；

（4）物业管理区域绿化养护费用；

（5）物业管理区域秩序维护费用；

（6）办公费用；

（7）物业服务企业固定资产折旧；

（8）物业共用部位、共用设施设备及公众责任保险费用；

（9）经业主同意的其他费用。

《物业服务收费管理办法》还规定，物业共用部位、共用设施设备的大修、中修和更新改造费用，应当通过专项维修资金予以列支，不得计入物业服务支出或者物业服务成本。

（二）物业服务收费的主管部门、具体内容、方式和变更

《物业服务收费明码标价规定》第四条明确规定，政府价格主管部门应当会同同级房地产主管部门对物业服务收费明码标价进行管理。政府价格主管部门对物业服务企业执行明码标价规定的情况实施监督检查。

《物业服务收费明码标价规定》第六条规定了物业服务收费明码标价的内容：

（1）物业服务企业名称；

（2）收费对象；

（3）服务内容；

（4）服务标准；

（5）计费方式；

（6）计费起始时间；

（7）收费项目；

（8）收费标准；

（9）价格管理形式；

（10）收费依据。

《物业服务收费明码标价规定》同时还规定了价格举报电话12358等。实行政府指导价的物业服务收费应当同时标明基准收费标准、浮动幅度以及实际收费标准。

《物业服务收费明码标价规定》第七条和第八条规定了物业服务收费明码标价明示的具体方式。第七条规定，物业服务企业在其服务区域内的显著位置或收费地点，可采取公示栏、公示牌、收费表、收费清单、收费手册、多媒体终端查询等方式实行明码标价。第八条规定，物业服务企业接受委托代收供水、供电、供气、供热、通信、有线电视等有关费用的，也应当依照本规定第六条、第七条的有关内容和方式实行明码标价。

物业服务收费的价格变更时，应按《物业服务收费明码标价规定》第十条的规定，物业服务企业应当在执行新标准前一个月，将所标示的相关内容进行调整，并应标示新价格开始实行的日期。

（三）物业服务企业收取服务费的权利和业主缴纳物业服务费的义务

依据《物业服务收费管理办法》第十五条的规定，业主应当按照物业服务合同的约定按时足额缴纳物业服务费或者物业服务资金。业主违反物业服务合同约定逾期不缴纳服务费用或者物业服务资金的，业主委员应当督促其限期交纳；逾期仍不缴纳的，物业服务企业可以依法追缴。业主与物业使用人约定由物业使用人缴纳物业服务费用或者物业服务资金的，从其约定，业主负连带缴纳责任。物业发生产权转移时，业主或者物业使用人应当结清物业服务费用或者物业服务资金。

《物业服务收费管理办法》第十六条规定，纳入物业管理范围的已竣工但尚未出售，或者因开发建设单位原因未按时交给物业买受人的物业，物业服务费用或者物业服务资金由开发建设单位全额缴纳。

（四）对物业服务收费中的违法行为的处罚

《物业服务收费明码标价规定》第十一条规定，物业服务企业不得利用虚假或者使人误解的标价内容、标价方式进行价格欺诈。不得在标价之外，收取任何未予标明的费用。

《物业服务收费明码标价规定》第十二条规定，对物业服务企业不按规定明码标价或者利用标价进行价格欺诈的行为，由政府价格主管部门依照《中华人民共和国价格法》《价格违法行为行政处罚规定》《关于商品和服务实行明码标价的规定》《禁止价格欺诈行为的规定》进行处罚。

【小　结】

《民法典》针对我国目前房地产的现状作出了原则性的规定："建筑区划内，规划用于停放汽车的车位、车库应当首先满足业主的需要。建筑区划内，规划用于停放汽车的车位、车库的归属，由当事人通过出售、附赠或者出租等方式约定。占用业主共有的道路或者其他场地用于停放汽车的车位，属于业主共有。"

建筑区划内的道路，属于业主共有，但属于城镇公共道路的除外。建筑区划内的绿地，属于业主共用，但属于城镇公共绿地或者明示属于个人的除外。建筑区划内的其他公共场所、公用设施和物业服务用房，属于业主共有。

专项维修资金，是指依据法律规定由房屋产权人交纳的，用于住宅共用部分、共用设施设备保修期满后的大修、改造、更新的专用资金。专项维修资金的筹集渠道、使用范围、使用等问题，在建设部、财政部制定的《住宅专项维修资金管理办法》中有明确的规定。

为了规范物业服务收费行为，保障业主和物业服务企业的合法权益，国家发展和改革委员会、建设部制定了《物业服务收费管理办法》，规定了全国的物业收费方式，是指导和规范我国物业服务企业收费的重要依据。此外，还发布实施了《物业服务收费明码标价规定》，规定了物业服务收费明码标价的原则，以及行政主管、具体内容、方式、价格变更、违规处罚等，进一步明确了物业服务企业收费的透明度。

拓展阅读

【典型案例】

首次以判决方式要求物业配合安装充电桩

资料来源：沈阳市中级人民法院《辽宁法治报》2023年度沈阳法院优秀案例摘选

【基本案情】

本案是沈阳地区首例法院以判决方式强制要求物业服务公司为业主出具同意安装充电桩证明书的案例，在本地区具有重要的司法及社会意义。

李某甲、李某系某小区业主，其与开发商签订《地下车位租赁协议》，李某甲、李某因购买新能源汽车，拟在车位安装充电桩，沈阳某物业服务公司以存在安全隐患、须召开业主大会为由拒绝出具同意安装证明，导致其无法申请安装。李某甲、李某遂诉至法院，要求判令物业服务公司协助办理安装充电桩手续。

【裁判结果】

沈阳市铁西区人民法院作出民事判决：驳回李某甲、李某的诉讼请求。宣判后，李某甲、李某不服，提出上诉。沈阳市中级人民法院作出民事判决：一、撤销沈阳市铁西区人民法院作出（2022）辽0106民初9138号民事判决；二、沈阳某物业服务公司出具同意李某甲、李某在停车位安装新能源汽车充电桩的相关文件，并协助办理安装所必需的其他手续。

【裁判理由】

法院生效裁判认为：业主作为涉案车位的使用权人，基于新能源汽车充电需要，有权申请在其车位地上安装充电桩设施，物业服务公司应当积极响应国家新能源产业发展方向，主动承担社会责任，全面履行物业服务合同义务，按照相关规范性文件的要求，给予配合、提供便利。根据涉案《地下车位租赁协议》约定，案涉车位租赁期为20年，使用期限同住宅土地使用证年限，剩余年限为开发商赠送，可见业主对涉案车位享有长期的专属使用权，其有权在其使用车位上安装与其汽车配套的充电桩，且产权单位明确表示，在符合条件的情况下，不反对上诉人安装充电桩，物业服务公司以此拒绝缺乏依据。

关于物业服务公司主张安装充电桩需经业主大会同意的问题，本案中，李某甲、李某对涉案车位享有长期的专属使用权，安装充电桩时因布设电线等需要使用共有部分，属于建筑物区分所有权人为提升专有部分使用价值，对公共部分的合理使用，物业公司亦未提交证据证明侵害了其他业主的权益，故法院对物业服务公司的该项抗辩不予采纳。

第七章　物业管理法律责任

【学习目的和要求】

了解：物业管理的民事责任、行政责任、刑事责任的概念。
掌握：物业管理法律责任的概念、内容及其特征。
应用：物业管理法律责任的构成。

【思政目标】

通过法律责任构成要件解读，让学生了解我国社会主义法治公平公正的精髓。

[案例]

2016 年 2 月的一天，天降大雨。为了防止有人摔倒，物业保洁员用拖布擦拭楼门大厅的大理石地面，清理行人出入带进来的雨水。此时，一位六旬左右的老太太出了电梯后，不小心滑倒在大厅的地面上，随后老人被其亲属和物业服务公司工作人员送到医院，医院诊断老人是左腿骨折并住院治疗。老人及其家属要求物业服务公司承担责任，物业服务公司认为保洁员的行为并无不当，并且设有警示标志牌，老人不小心滑倒应自负其责，但和老人一同出电梯的赵女士说并没有看到标志牌。

[问题]

物业服务公司是否要承担法律责任？

第一节 物业管理法律责任概述

一、物业管理法律责任的概念

法律作为一种行为规范，区别于其他行为规范的重要特征是具有国家强制性。这种强制性集中表现为对违反法律的行为人追究其法律责任。因此法律责任是法理学中的一个非常重要的概念。根据中国人民大学法学院教授孙国华的理解，法律责任有广义和狭义两种。广义的法律责任，是指法律义务，即法律规定的一切社会成员都必须履行的各种义务（责任）。狭义的法律责任，是指违法者对自己实施的违法行为必须承担的责任。本书是在狭义上理解和运用法律责任这一概念的。物业管理法律责任，是指在物业管理相关活动中，物业管理法律关系主体实施违法行为所必须承担的否定性法律后果。例如，违章搭建、损坏公共设施等。又如房屋所有人不依法修缮房屋，以致房屋倒塌，使承租人或者其他人遭受损害，具备了法律规定的危害后果，也符合法律规范所规定的制裁条件，由当事人承担物业管理的法律责任。根据违法者承担责任方式的不同，物业管理法律责任可分为民事责任、行政责任和刑事责任。

物业管理法律责任制度的功能主要体现在对受害者的权利进行救济，制裁物业管理中的违法或不当行为，警示、预防和教育民众等方面。

根据违法者承担责任方式的不同，物业管理法律责任可分为民事责任、行政责任和刑事责任。

法律责任方式也可以分为补偿性方式和惩罚性方式。《民法典》第一千二百零七条规定："明知产品存在缺陷仍然生产、销售，或者没有依据前条规定采取有效补救措施，造成他人死亡或者健康严重损害的，被侵权人有权请求相应的惩罚性赔偿。"惩罚性赔偿，又称示范性赔偿或报复性赔偿，是指由法院所作出的超出实际损害数额的赔偿金额。我国 2015 年修订的《中华人民共和国食品安全法》和 2013 年修订的《中华人民共和国消费者权益保护法》（以下简称《消费者权益保护法》）进一步明确了惩罚性赔偿的标准。《消费者权益保护法》第五十五条规定："经营者提供商品或者服务有欺诈行为的，应当按照消费者的要求增加赔偿其受到的损失，增加赔偿的金额为消费者购买商品的价款或者接受服务的费用的三倍；增加赔偿的金额不足五百元的，为五百元。法律另有规定的，依照其规定。经营者明知商品或者服务存在缺陷，仍然向消费者提供，造成消费者或者其他受害人死亡或者健康严重损害的，受害人有权要求经营者依照本法第四十九条、第五十一条等法律规定赔偿损失，并有权要求所受损失二倍以下的惩罚性赔偿。"

二、物业管理法律责任的特征

第一，法律责任具有综合性特征。作为一门新兴的法律学科，物业管理法与民法、行政法等法律部门有许多交叉、重叠。这就决定了物业管理法律责任不会同民法、行政法、刑法的法律责任一样，成为一种特定的法律责任，而是多种法律责任的组合，具有综合性。

第二，法定责任与约定责任相结合。首先，物业管理法律责任是一种法定责任。一般来说，只有物业管理法律法规把这种行为纳入规范化的范围，行为人才需要承担相应的法律责任。其次，物业管理法律责任是约定责任（合同责任）。物业管理活动基于业主与物业服务公司的物业服务合同而发生，许多纠纷的产生源于对合同约定的义务的违反，因此又构成违约责任。

第三，责任认定对技术规范有较强的依赖性。我们在认定物业管理法律责任时往往不是单纯地从法律角度来判断，因为物业管理工作主要涉及物业维护、房屋修缮、机电设备、危房管理和环境保护等方面专业技术领域。如因噪声引起业主的投诉，我们在确定行为人法律责任时的一个重要标准是国家关于噪声污染的标准。

第四，法律责任是以民事责任为主，行政责任与刑事责任为辅。物业管理法律法规主要是规范作为平等主体的业主与物业服务公司的权利义务的，这一点是毋庸置疑的。国务院新修订的《物业管理条例》第一条就开宗明义地宣布："为了规范物业管理活动，维护业主和物业服务企业的合法权益，改善人民群众的生活和工作环境，制定本条例。"因此，物业管理法律关系主要受民事法律法规的调整，物业管理法律责任也是以承担民事责任为主。同时物业管理纠纷也可能引发行政责任与刑事责任，但这两种责任居于次要位置。

物业管理法律责任是物业管理法律关系主体合法权利的重要保障机制，是法律规范所具有的国家强制性的最集中体现，法律制裁是法律责任的必然结果。因此，物业管理法律责任是物业管理法律规范的重要组成部分。《物业管理条例》第六章和《广东省物业管理条例》第七章对法律责任有明确规定。这两个条例主要规定了民事法律责任和行政法律责任两类。如《物业管理条例》第五十六条规定："违反本条例的规定，住宅物业的建设单位未通过招投标的方式选聘物业服务企业或者未经批准，擅自采用协议方式选聘物业服务企业的，由县级以上地方人民政府房地产行政主管部门责令限期改正，给予警告，可以并处10万元以下的罚款。"《广东省物业管理条例》第十二条规定："已交付使用的物业建筑面积达到物业管理区域建筑面积百分之五十的，建设单位应当书面报告物业所在地街道办事处、乡镇人民政府，并在物业管理区域的显著位置公告。"第十四条规定："建设单位和物业服务企业应当协助业主大会筹备组工作，向业主大会筹备组提供业主清册、物业建筑的基本资料（包括物业管理区域内地上、地下的建筑物、设施设备和相关场地等）、已筹集的专项维修资金清册等文件资料，并在物业管理区域提供相应的人力、场地支持。业主大会筹备组应当对业主资料保密，不得将前款资料用于与业主大会筹备无关的活动。”第六十二条规定：“建设单位未按照本条例第十二条规定向物业所在地街道办事处、乡镇人民政府报告并在物业管理区域公告的，或者未按照本条例第十四条规定向业主大会筹备组提供相关文件资料的，由物业所在地县级以上人民政府房地产行政主管部门责令限期改正；逾期不改正的，可以处五万元以下的罚款。”《物业管理条例》第六十四条规定：“违反物业服务合同约定，业主逾期不交纳物业服务费用的，业主委员会应当督促其限期交纳；逾期仍不交纳的，物业服务企业可以向人民法院起诉。”

第二节　物业管理法律责任的构成

一、物业管理法律责任的归责原则和构成概念

物业管理法律责任的构成，是指据以确定物业管理法律责任所必备的归责条件的综合。归责，是指行为人因其不法行为损害他人合法权益后，应依据何种标准使其承担责任。它是一个责任判断过程。归责与责任不同，责任是归责的结果，归责的目的在于为责任是否成立寻找根据，归责的标准是责任构成的根本要件，不符合归责标准的行为不会产生责任。归责原则是指基于一定的归责事由而确定责任是否成立的法律原则，它反映了一国评价违法行为的基本价值观念。在归责原则中，归责事由居于核心地位。所谓归责事由，是指立法者基于特定的社会物质生活条件的发展状况，按其价值观分配法律事实引发的损害结果而在法律上确认的核心责任原因。① 归责事由决定着归责原则的变化和发展。在法律发展的最初阶段盛行的是加害原则，也就是我们通常所说的“以牙还牙、以眼还眼”。后来在罗马法中确立了过错原则是法学领域的一大创举。近代以来，受个人权利本位、意思自由的社会价值观影响，过错责任原则成为确定法律责任的根本标准。过错原则认为使人承担责任的不是行为或行为结果，而是过错。这就像一位法学家所说：“使蜡烛燃烧的不是火焰，而是氧气。”20 世纪以来，基于科技突飞猛进和社会关系的日益复杂，社会中危险因素激增，为合理分配风险，保护法律关系中处于弱势的一方，法律就某些法律事实引起的法律责任确定方面规定了无过错责任或严格责任。

归责原则的作用主要是决定法律责任的构成要件。法律责任的构成要件本身就是

① 徐建明．物业管理法规［M］．南京：东南大学出版社，2000：121．

归责原则的细化，有什么归责原则就有什么样的构成要件。比如物业管理法律责任采用的是过错责任，权利人要想实现自己的权利救济，必须证明侵害人主观上有过错。如果物业管理法律责任采用的是严格责任，那么只要有损害后果，即可取得赔偿。

由于物业管理中违法行为具体种类很多，涉及诸如民事责任、行政责任、刑事责任等不同种类的物业管理法律责任，其具体的构成要件也各有一定差异；因此，本节只能从各种法律责任构成的一般规律和归责类型角度作出一般性的说明。

二、物业管理法律责任的一般构成

在一般情况下，法律责任的归责条件由下列四要素构成。

第一，行为本身具有可非难性，即违反法律法规或者违背合同约定的行为。判断行为人应否承担法律责任主要从行为人的不法行为来考虑，主观上的可非难性也要通过行为体现出来。

第二，损害结果。损害，是指受害人因加害人的行为所遭受的利益损失或伤害。主要包括人身损害与财产损害、物质损害与精神损害、直接损害与间接损害等。违法或违约行为给社会特定利益关系造成了危险或损害，并且危害结果达到了法律规定应追究相应法律责任的程度，是构成物业管理法律责任的一个必要条件。但要注意损害结果并不是所有法律责任的必要要素。比如物业服务公司未履行物业服务合同约定的某些义务，未必给业主造成损害，但同样构成违约责任。

第三，因果联系。一般的法律责任通常采取“相当因果关系说”，即行为与损害结果之间有客观的、本质的、必然的联系。法律上的因果联系不是一般的因果关系，而是指某种事实上的行为与特定损害结果之间的必然联系。如果某项损害结果不是因某人的行为所必然引起的，则该行为人就不对该项结果负责。由于行为与结果之间的联系多种多样，既有必然联系和偶然联系之分，也有直接联系和间接联系之分，还有一果多因和一因多果之分，因此在把物业管理法律责任归于某一违法行为时，必须搞清楚违法行为与特定的损害结果之间的联系。这对于行为定性、确定法律责任种类和大小具有重大影响。例如某栋高层楼宇突然停电，造成一些搭乘电梯业主被困于电梯中数小时。这就要查清停电是由于本楼内某业主违章用电使电路突然短路造成的，还是电路设计上有缺陷所导致的短路问题造成的，或是物业服务公司职工、外来人员有意破坏造成的，或是供电部门已事先通知物业服务公司暂停供电时间而由于公司疏忽未采取停电前停开电梯措施造成的。在查清停电原因或违法行为与停电损害结果之间因果关系之前，是不能确定责任归属的。①

第四，行为人心理主观过错状态。过错，是指行为人实施行为时对自己的违法行

---

① 徐建明. 物业管理法规［M］. 南京：东南大学出版社，2000：123.

为及其后果的一种心理认识状态，分为故意和过失两种表现形式。直接和间接故意的违法行为应负法律责任，重大过失的违法行为一般要负民事责任或行政责任，在法律有明文规定下才须负刑事责任。对物业管理中的民事侵权行为、行政违法行为和刑事违法行为的归责，大多数是采取过错责任归责原则。

除上述一般归责四要素外，在确定物业管理法律责任实务中，还应考虑行为人的责任能力，即违法行为人承担法律责任的资格和条件。行为人有无责任能力，主要是指他能否通过自己的意志或意识来理性地理解法律的要求，辨认自己行为的目的、性质和后果，并能够最终支配、控制自己行为和承担不利的行为法律报应的能力。无民事行为能力和限制民事行为能力的自然人通常不具有或不完全具有责任能力，因而其对自己所实施的违法行为就依法不负责任或不负完全责任，但其行为引发的民事损害赔偿责任依法转由其法定监护人承担。无论什么人，只要损害了他方的合法权益，一律应依法承担相应的法律责任，这是法律面前人人平等原则的具体表现和要求。

三、物业管理法律责任的归责类型

在物业管理法律责任体系中，不同行为的归责基础即追究法律责任考虑的归责要素是不尽一致的，因而使归责条件存在一定的差别，表现为不同的归责原则。根据归责原则的不同，可将物业管理法律责任的构成划分为以下三种不同的归责类型。

（一）过错责任类型

凡是因实施了违法行为而致人损害者，如果不能证明自己主观上没有过错，就被推定为有过错并承担相应的法律责任。过错的性质和程度，反映着行为人对自己行为的认识水平。法律要求每一位具有行为能力的主体能够理性地预见自己行为的后果，并对自己的行为后果负责。过错责任类型具备一般归责四要素。按过错责任归属何方主体的情况不同，可分为三种具体类型：①侵害人过错责任；②受害人过错责任；③侵害人、受害人双方过错责任。如果受害人本人对受损害也有过错的，则可减轻侵害人的责任。

（二）无过错责任类型

无过错责任类型，又称严格责任类型。只要行为人做出特定侵权行为或违约行为而造成损害结果，不论其主观有无过错，即使无过错，仍应当依法承担法律责任。这种责任类型适用于产品责任、某些特殊侵权责任和合同违约责任。1884 年德国制定了《劳工伤害保险》，该法首次推行了工伤事故社会保险制度，使工伤事故的无过失责任得以实施。无过错责任的优点突出表现在涉及无过错责任的诉讼中，举证责任倒置和抗辩事由受严格限制，原告只需向法庭证明自己受损害的事实存在和该损害与被告相关，或者只证明被告未履行合同义务的事实，不要求举证证明被告有过错，也不要求被告证明自己对于不履行义务或做出侵权行为无过错，免去了证明过错有无的困难。被告只能举证证明原告未受损害、受损害是原告自己的行为或第三人的行为所导致的或者损害是不可抗力造成的，但不得单纯证明本人无过错而要求免除责任，从而加强了对受害人的保护，也方便裁判，节省诉讼成本。对于合同关系而言，违约责任是由合同义务转化而来，本质上是出于当事人双方约定，不是法律强加的，法律确认合同拘束力，在一方不履行时追究违约责任，不过是执行当事人的意愿和约定而已。不履行合同与违约责任直接联系，二者互为因果关系，违约责任采用无过错归责原则，有利于促使当事人严肃对待合同，有利于维护合同的严肃性，增强当事人的责任心和法律意识。由于物业管理中存在大量的服务合同关系，因而掌握无过错责任类型的法理知识，对物业管理关系各方都是十分必要的。

（三） 公平责任类型

公平责任类型，又称衡平责任。凡是当事人对发生的损害都没有过错，也没有做出违法行为，但受害人要求有关当事人承担民事责任的，法院可以根据实际情况，按照公平合理原则由当事人分担民事责任。例如，物业服务公司开展义务服务活动，某职工到某业主家免费帮助擦窗户，在干活过程中失足摔倒跌断股骨，因医疗发生的费用，可以依法按公平责任类型处理，物业服务公司和作为受益人的业主应适当承担一部分医疗费用。《民法典》第一百八十三条的规定“因保护他人民事权益使自己受到损害的，由侵权人承担民事责任，受益人可以给予适当补偿。没有侵权人、侵权人逃逸或者无力承担民事责任，受害人请求补偿的，受益人应当给予适当补偿”，也可以视为是适用公平责任的一种情形，但是公平责任不适用于精神损害赔偿的案件。

物业管理法律责任必须得以实现，才能恢复被破坏了的权利义务关系的平衡，才能保障有关法规规定的贯彻执行，才能使受责人从所处的受责状态中解脱出来。法律责任的实现即责任人所处受责的必为状态的消除，可分两类实现方式：一类称法律责任的积极实现，指责任承担人通过自觉的或在法律强制下，实际履行了由法律责任产生的特殊必为义务，从而结束其受责状态；另一类称法律责任的消极实现，指责任承担人并未实际履行由法律责任产生的特殊必为义务，而因法定条件或情况的出现，使其从受责状态中解脱出来，消除了其承担的法律责任。能脱责的法定条件主要有：①权利除斥期间和诉讼时效届满；②责任承担人是自然人死亡，是组织解散或终止（也可能发生责任转承关系）；③享有主张追究法律责任权利的某些民事关系当事人放弃主张权（如放弃接受民事赔偿的权利）；④属于“告诉才处理”案件的法律责任由于原告撤诉而解除；⑤司法机关裁判免除责任人的法律责任。

第三节 物业管理法律责任的种类

在法理学上，法律责任有很多种分类，一般的分类是根据违法者承担责任方式的不同，将法律责任分为民事责任、行政责任、经济责任、刑事责任和违宪责任。自2000年最高人民法院对发生在我国山东的一起冒名顶替上学案件作了批复后，违宪责任就具有了现实可操作性，但在物业服务区域侵犯公民宪法权利的机会甚微，可以认为不存在违宪责任。经济责任兼有民事责任和行政责任的性质，这里就不再单独分析了。

一、物业管理民事法律责任

民事法律责任，是指民事主体违反民事义务所应承担的否定性民事法律后果。民事法律责任与其他法律责任不同的主要特点是它主要表现为一种财产责任，民事责任的内容由当事人自行约定。《民法典》第一百八十七条规定："民事主体因同一行为应当承担民事责任、行政责任和刑事责任的，承担行政责任或者刑事责任不影响承担民事责任；民事主体的财产不足以支付的，优先用于承担民事责任。"第一百八十八条规定："向人民法院请求保护民事权利的诉讼时效期间为三年。法律另有规定的，依照其规定。诉讼时效期间自权利人知道或者应当知道权利受到损害以及义务人之日起计算。法律另有规定的，依照其规定。但是，自权利受到损害之日起超过二十年的，人民法院不予保护，有特殊情况的，人民法院可以根据权利人的申请决定延长。"

根据不同的标准，民事法律责任可有多种分类。如根据民事责任是否带有财产性质，可分为财产责任和非财产责任；根据共同责任人的责任分担情况，分为按份责任和连带责任；根据责任承担方的不同，分为单方责任和混合责任；根据责任发生的原因不同，分为违约责任和侵权责任。下面主要就最后一种分类作详细介绍。

（一）承担民事责任的方式

承担民事责任的方式，《民法典》第一百七十九条规定了11种方式，这些方式根据不同的侵害情形，既可以单独适用，也可以合并适用。法律规定惩罚性赔偿的，依照其规定。

1. 停止侵害

停止侵害，是指受害人请求或人民法院制止正在进行的违法侵害行为，以避免损害后果的产生或扩大。这种方式适用于侵权行为，是基本的民事法律责任方式。

2. 排除妨碍

排除妨碍，是指权利人对阻碍其行使合法权利的侵害行为，有权请求侵害人排除，这种方式主要适用于物权的保护。

3. 消除危险

消除危险，是指权利人在其合法权益受到某种潜在或现实的危险威胁时，有权请求行为人消除或请求人民法院强制其消除。

4. 返还财产

返还财产，是指权利人的财产被行为人非法侵占时，权利人有权请求返还该财产。

5. 恢复原状

恢复原状，是指在财产被不法损害或性能状态被改变而有复原的可能时，受害人有权请求恢复到财产未受损坏或未改变时的状态。

6. 修理、重作、更换

修理、重作、更换，这是违约责任的一种，是指物业管理合同的当事人未按照约定的质量提供服务或交付标的物时，可以采用这种补救方法。

7. 继续履行

继续履行，又称实际履行或强制履行，是指在合同违约方有能力但不履行合同时，基于守约方的履行请求，法院或仲裁机关强制违约方继续履行合同债务的责任承担方式。

8. 赔偿损失

赔偿损失，是指违法行为给他人造成财产或精神上的损失时，以一定数额的金钱来弥补受害人的损失或抚慰受害人的精神。

9. 支付违约金

支付违约金，是指依法律规定或当事人约定，违约方向对方支付一定数额的金钱来弥补对方的损失。

10. 消除影响、恢复名誉

消除影响、恢复名誉，是指公民或法人的名誉权受到不法侵害时，有权通过人民法院要求行为人以公开形式澄清事实，消除所造成的不良影响，以恢复未受损害时社会对其品行、才能或信用的良好评价。消除影响是过程，目的是为了恢复受害人的名誉。

11. 赔礼道歉

赔礼道歉，这是一种有中国特色的非财产责任形式，是指公民或法人的精神权利受到程度轻微的不法侵害时，受害人可请求行为人通过公开表示歉意的方式，以抚慰其精神伤害。

（二）违约法律责任

违约法律责任，又称合同责任，是指合同当事人一方不履行合同义务或者履行义务不符合合同约定条件所应承担的否定性民事法律后果。违约行为一般表现为：不履行、逾期履行、不适当履行。

1. 物业管理违约责任的承担方式

（1）赔偿损失。赔偿损失，是指违约方不履行合同义务对守约方的合法权利造成损害时，应以相当的财产价值对受损的权利进行弥补与恢复。这也是物业管理违约责任中最重要的责任方式。《民法典》第五百七十七条规定：“当事人一方不履行合同义务或者履行合同义务不符合约定的，应当承担继续履行、采取补救措施或者赔偿损失等违约责任。”

（2）继续履行。继续履行，是指根据合同法的有关规定，在一方当事人违约后，守约的当事人如果认为有必要继续履行合同的话，可以请求人民法院强制违约方继续履行，除非在法律上或事实上无法履行，或者履行成本太高。

（3）违约金。违约金，是指物业管理合同主体不履行合同义务时，依照合同约定向对方支付一定数额金钱的责任方式。一般认为违约金是预定的损害赔偿金，带有惩罚性质，但是，如果约定的违约金低于或过分高于造成的损失时，当事人可以请求人民法院或仲裁机构予以增减。违约金有两种：一般违约金和迟延履行违约金。一般来说，交付了违约金后，就不需要继续履行合同了，但如果就迟延履行特别约定了违约金，在交付了违约金后，仍然应当继续履行合同。

（4）定金。定金，是根据合同当事人的约定，为保证合同履行，一方当事人预先向对方交付的一定款项。定金不同于订金，订金实际上是预付款，不发生定金的法律效果。根据有关法律规定，给付定金的一方不履行约定的债务时，无权要求返还定金；收受定金的一方不履行约定的债务的，应当双倍返还定金。当事人既约定违约金，又约定定金的，一方违约时，对方可以选择适用违约金或定金条款。

2. 物业管理过程中的违约行为

（1）房地产发展商未按销售合同规定的期限和质量交付物业设施。

（2）物业服务公司未按物业管理合同约定的范围和标准为住户提供服务。

（3）物业服务公司未按管理合同约定使用物业管理费和物业维修基金。

（4）业主或非业主的合法住户无正当理由拒交有关物业管理费用，如低层住户拒交电梯费和高压水泵费，业主因小孩无法入读附近重点中小学校而拒交管理费，这是住户最常见的违约行为。

（5）业主委员会不按照《物业服务委托合同》的约定，协助物业服务企业进行物业管理工作。

（三）侵权法律责任

物业管理的侵权民事法律责任是指行为人侵犯受物业管理法律规范保护的财产等合法权益，依法应承担的否定性民事法律后果。有关侵权的法律规定主要见《民法典》的规定。物业管理侵权民事责任可分为一般侵权的民事责任和特殊侵权的民事责任。一般侵权的民事责任要求行为人主观上有过错，适用过错原则来追究不法行为人责任；特殊侵权的民事责任不要求主观上的过错，通常以法律明确规定为其适用范围。物业管理的侵权民事法律责任的承担方式见前面民事责任承担方式，这里就不再一一论述了。

物业管理过程中的侵权行为主要有以下几方面。

(1) 物业服务公司及其工作人员执行职务造成侵权损害的民事责任。物业服务公司是企业法人，法人的活动是通过其法定代表人和员工执行职务的行为来实现的。按照民法上的雇佣人理论，法人对自己的法定代表人和其他工作人员执行职务中超越权限（如滥用管理职权）或违反法定义务（如玩忽职守）的侵权行为应依法承担民事责任。

(2) 物件损害责任。《民法典》第一千二百五十二条规定："建筑物、构筑物或者其他设施倒塌、塌陷造成他人损害的，由建设单位与施工单位承担连带责任，但是建设单位与施工单位能够证明不存在质量缺陷的除外。建设单位、施工单位赔偿后，有其他责任人的，有权向其他责任人追偿。因所有人、管理人、使用人或者第三人的原因，建筑物、构筑物或者其他设施倒塌、塌陷造成他人损害的，由所有人、管理人、使用人或者第三人承担侵权责任。"第一千二百五十三条规定："建筑物、构筑物或者其他设施及其搁置物、悬挂物发生脱落、坠落造成他人损害，所有人、管理人或者使用人不能证明自己没有过错的，应当承担侵权责任。所有人、管理人或者使用人赔偿后，有其他责任人的，有权向其他责任人追偿。"第一千二百五十四条规定："禁止从建筑物中抛掷物品。从建筑物中抛掷物品或者从建筑物上坠落的物品造成他人损害的，由侵权人依法承担侵权责任；经调查难以确定具体侵权人的，除能够证明自己不是侵权人的外，由可能加害的建筑物使用人给予补偿。可能加害的建筑物使用人补偿后，有权向侵权人追偿。"第一千二百五十五条规定："堆放物倒塌、滚落或者滑落造成他人损害，堆放人不能证明自己没有过错的，应当承担侵权责任。"第一千二百五十六条规定："在公共道路上堆放、倾倒、遗撒妨碍通行的物品造成他人损害的，由行为人承担侵权责任。公共道路管理人不能证明已经尽到清理、防护、警示等义务的，应当承担相应的责任。"第一千二百五十七条规定："因林木折断、倾倒或者果实坠落等造成他人损害，林木的所有人或者管理人不能证明自己没有过错的，应当承担侵权责任。"第一千二百五十八条规定："在公共场所或者道路上挖掘、修缮安装地下设施等造成他人损害，施工人不能证明已经设置明显标志和采取安全措施的，应当承担侵权责任。窨井等地下设施造成他人损害，管理人不能证明尽到管理职责的，应当承担侵权责任。"

例如，住宅小区围墙发生倒塌，损伤他人时，物业服务公司应当对此承担责任。但如果该围墙的倒塌不是质量问题，而是第三人在围墙边挖沟，致使墙基倾斜倒塌，那么，赔偿责任就应由挖沟的第三人承担；在对房屋进行维修施工或者在通道上挖坑修缮地下设施时，没有设置明显标志和采取安全措施造成他人损害的，物业服务公司应当承担人身损害赔偿。

(3) 因妨碍行为而产生的侵权责任。这种侵权责任主要是因违反相邻关系义务而引起的。具体表现为：堵塞或改变给、排水渠道，妨碍相邻他方正常给、排水；堵塞或改变通道，造成他人通行难；新建建筑物或附属设施影响他人采光和通风；等等。

因给相邻他方造成妨碍或损失的，应当停止侵害、排除妨碍、赔偿损失。

（4）破坏、污染环境的侵权责任。《民法典》第一千二百二十九条规定：“因污染环境、破坏生态造成他人损害的，侵权人应当承担侵权责任。”第一千二百三十条规定：“因污染环境、破坏生态发生纠纷，行为人应当就法律规定的不承担责任或者减轻责任的情形及其行为与损害之间不存在因果关系承担举证责任。”第一千二百三十一条规定：“两个以上侵权人污染环境、破坏生态的，承担责任的大小，根据污染物的种类、浓度、排放量，破坏生态的方式、范围、程度，以及行为对损害后果所起的作用等因素确定。”第一千二百三十三条规定：“因第三人的过错污染环境、破坏生态的，被侵权人可以向侵权人请求赔偿，也可以向第三人请求赔偿。侵权人赔偿后，有权向第三人追偿。”

环境保护和持续改善环境是物业管理的重要任务之一。在物业管理域界内，一些住户装修住房，将装修垃圾随意倾倒在绿化地或公共场所，由此造成物业服务公司增加恢复绿地原状和清运垃圾的费用，应由违章倾倒垃圾者赔偿或支付。

（5）无行为能力人、限制民事行为能力人致人损害的民事责任。在住宅小区内，常发生孩童损坏公用设施、设备等行为，物业服务公司应根据《民法典》第一千一百八十八条“无民事行为能力人、限制民事行为能力人造成他人损害的，由监护人承担侵权责任。监护人尽到监护职责的，可以减轻其侵权责任。有财产的无民事行为能力人、限制民事行为能力人造成他人损害的，从本人财产中支付赔偿费用；不足部分，由监护人赔偿”的规定进行处理。

（6）侵犯业主的建筑物区分所有权而产生的侵权责任。这种类型的侵权主要依据《民法典》“物权编”之第六章“业主的建筑物区分所有权”的规定来处理。

（7）饲养动物损害责任。现在小区内饲养宠物的人很多，针对动物（宠物）造成的损害，物业服务公司应根据《民法典》第一千二百四十五条至第一千二百五十条的规定进行处理。具体如下，饲养的动物造成他人损害的，动物饲养人或者管理人应当承担侵权责任；但是，能够证明损害是因被侵权人故意或者重大过失造成的，可以不承担或者减轻责任。违反管理规定，未对动物采取安全措施造成他人损害的，动物饲养人或者管理人应当承担侵权责任。禁止饲养的烈性犬等危险动物造成他人损害的，动物饲养人或者管理人应当承担侵权责任。动物园的动物造成他人损害的，动物园应当承担侵权责任；但是，能够证明尽到管理职责的，不承担侵权责任。遗弃、逃逸的动物在遗弃、逃逸期间造成他人损害的，由动物原饲养人或者管理人承担侵权责任。因第三人的过错致使动物造成他人损害的，被侵权人可以向动物饲养人或者管理人请求赔偿，也可以向第三人请求赔偿。动物饲养人或者管理人赔偿后，有权向第三人追偿。

（四）违约责任与侵权责任的竞合

责任竞合，是指一个侵害行为同时符合了法律规定的两种或以上责任要件的状况。在民法中违约责任与侵权责任的竞合是常见的现象，如消费者在打开啤酒瓶盖时，啤酒瓶突然爆炸，炸伤了消费者，这就属于责任竞合。首先，啤酒瓶爆炸是侵害了消费者的人身权利，啤酒的生产者、销售者构成侵权责任。其次，啤酒瓶之所以会爆炸，是因为质量不合格，因此构成违约责任。在物业服务区域也可能发生违约与侵权责任的竞合，如物业服务公司违背物业管理合同的约定私自改变物业设施的用途，一方面构成违约责任，另一方面也侵犯了业主的权利，构成侵权责任。当发生责任竞合的时候，我国《民法典》第一百八十六条有明确规定：“因当事人一方的违约行为，损害对方人身权益、财产权益的，受损害方有权选择请求其承担违约责任或者侵权责任。”也就是说，在违约行为与侵权行为发生竞合时，当事人只能选择一种对自己更为有利的请求权，不能同时以两个诉由起诉，即不能取得双倍赔偿。

（五）《物业管理条例》规定的民事法律责任

《物业管理条例》在第六章明确规定了物业管理的法律责任，主要有以下几条。

第五十七条规定：“违反本条例的规定，建设单位擅自处分属于业主的物业共用部位、共用设施设备的所有权或者使用权的，由县级以上地方人民政府房地产行政主管部门处 5 万元以上 20 万元以下的罚款；给业主造成损失的，依法承担赔偿责任。”

第五十八条规定：“违反本条例的规定，不移交有关资料的，由县级以上地方人民政府房地产行政主管部门责令限期改正；逾期仍不移交有关资料的，对建设单位、物业服务企业予以通报，处 1 万元以上 10 万元以下的罚款。”

第五十九条规定：“违反本条例的规定，物业服务企业将一个物业管理区域内的全部物业管理一并委托给他人的，由县级以上地方人民政府房地产行政主管部门责令限期改正，处委托合同价款 30% 以上 50% 以下的罚款。委托所得收益，用于物业管理区域内物业共用部位、共用设施设备的维修、养护，剩余部分按照业主大会的决定使用；给业主造成损失的，依法承担赔偿责任。”

第六十一条规定：“违反本条例的规定，建设单位在物业管理区域内不按照规定配置必要的物业管理用房的，县级以上地方人民政府房地产行政主管部门责令限期改正，应给予警告，没收违法所得，并处 10 万元以上 50 万元以下的罚款。”

（六）物业管理民事责任的免责条件

物业管理民事责任的免责条件，简称“免责条件”，是指侵权人或违约人依法或依当事人约定可以不承担民事责任的情形。免责条件通常是基于法律的规定，也可以由物业管理合同双方当事人约定，但约定的免责条件不得与法律强制性规定和社会公序良俗相抵触。根据我国民法和司法实践，免责条件主要有以下几种情形。

（1）不可抗力。不可抗力，是指不能预见、不能避免并不能克服的客观情况。一般指地震、台风、洪水、战争等。如暴雨在极短时间内致使地下车库内的车辆被淹，造成损失，地下车库的排水系统没有问题的话，物业服务公司是不需要承担责任的。

（2）正当防卫。正当防卫，是指当公共利益、他人或本人的权利遭受正在进行的不法侵害时，行为人对侵害人所采取的合法的防卫措施。如物业服务公司的保安人员在捉拿小偷的过程中，将小偷刺伤，此行为属于正当防卫，物业服务公司不需承担责任。

（3）紧急避险。紧急避险，是指为避免较大利益受损，而不得已采取的损害另一较小利益的行为。《民法典》第一百八十二条规定："因紧急避险造成损害的，由引起险情发生的人承担民事责任。危险由自然原因引起的，紧急避险人不承担民事责任，可以给予适当补偿。紧急避险采取措施不当或者超过必要的限度，造成不应有的损害的，紧急避险人应当承担适当的民事责任。"

（4）受害人自己的过错致使损害发生的，按照民法的基本原理，应当由自己来承担责任。如业主因自行装修房屋，致使房间的电路受到损害，应由自己承担责任。

（5）第三人过错致使损害发生的，应区别不同的情况。如果第三人的过错单独导致损害发生的话，被告可以免责，由第三人承担全部责任。如果损失的发生是第三人、原告、被告中的两者或多者的过错导致，则在分清责任的基础上，各自承担自己的过错所造成的损失。

（6）因自愿实施紧急救助行为造成受助人损害的，救助人不承担民事责任。这里依据的是我国《民法典》第一百八十四条的规定。

二、物业管理行政法律责任

行政法律责任，是指行政主体或行政相对人违反行政法律法规所必须承担的否定性法律后果。承担行政法律责任的方式一般分为三类。

1. 行政处罚

行政处罚，根据《中华人民共和国行政处罚法》第九条的规定，行政处罚的种类包括：警告、通报批评，罚款、没收违法所得、没收非法财物；暂扣许可证件、降低资质等级、吊销许可证件，限制开展生产经营活动、责令停产停业、责令关闭、限制从业，行政拘留，法律、行政法规规定的其他行政处罚。

2. 行政处分

行政处分，是指国家机关、企事业单位依据国家法律、法规或国家机关、企事业单位的规章制度的规定，按行政隶属关系对其所属人员中有轻微违法行为或违反纪律行为的一种内部制裁，主要包括警告、记过、降职、降薪、撤职、留用察看、开除等。

3. 行政赔偿

行政赔偿，是指行政机关及其工作人员违法行使职权造成公民、法人和其他合法社会组织损失所应承担的国家赔偿责任。以金钱赔偿为主要方式，辅之以返还财产、恢复原状等方式。《物业管理条例》规定的行政法律责任主要是针对物业服务企业的。

在物业管理活动中，行政责任的违法行为主要表现为六种。

一是非法处置属于业主的物业共有部分及其设施。

为牟取非法利益，非法转让、出租物业，或以临时借用等形式，变相买卖、出租物业，对上述违法行为，《物业管理条例》第五十六条至第五十九条明确规定了行政法律责任。第五十七条规定，建设单位擅自处分属于业主的物业共用部位、共用设施设备的所有权或者使用权的，由县级以上地方人民政府房地产行政主管部门处5万元以上20万元以下的罚款。第六十一条规定，建设单位在物业管理区域内不按照规定配置必要的物业管理用房的，县级以上地方人民政府房地产行政主管部门责令限期改正，应给予警告，没收违法所得，并处10万元以上50万元以下的罚款。第六十二条规定，未经业主大会同意，物业服务企业擅自改变物业管理用房的用途的，应由县级以上地方人民政府房地产行政主管部门责令限期改正，给予警告，并处1万元以上10万元以下的罚款；有收益的，所得收益用于物业管理区域内物业共用部位、共用设施设备的维修、养护，剩余部分按照业主大会的决定使用。

二是非法经营行为。

非法经营行为是指物业服务企业及其工作人员不具备从事物业管理的资质，而从事了物业管理经营活动。主要表现在无证营业和超范围经营。

无证营业，即不具备从事物业管理能力和资格而从事物业管理活动的行为。一方面是未经资质审查而从事了物业管理活动，另一方面是没有领取营业执照就从事了物业管理的活动。《物业管理条例》第五十六条规定，住宅物业的建设单位未通过招投标的方式选聘物业服务企业或者未经批准，擅自采用协议方式选聘物业服务企业的，县级以上地方人民政府房地产行政主管部门责令限期改正，给予警告，可以并处10万元以下的罚款。

超范围经营是指物业服务公司超越经营资格和经营能力的限制，从事了不属于其经营范围内的活动。它包括两种：一种是超越资质条件，低资质的物业服务公司从事了高资质的物业管理活动；另一种是超越营业执照规定的经营范围从事其他活动。

三是挪用专项维修资金的行为。

《物业管理条例》第六十条规定，挪用专项维修资金的，由县级以上地方人民政府房地产行政主管部门追回挪用的专项维修资金，给予警告，没收违法所得，可以并处挪用数额2倍以下的罚款；构成犯罪的，依法追究直接负责的主管人员和其他直接责任人员的刑事责任。

四是违法的转委托行为。

物业服务企业接受业主的委托从事物业服务工作，物业服务企业只能将部分服务项目转委托给专门服务公司，而不能将全部业务都委托给他人。《物业管理条例》第五十九条明确规定，物业服务企业将一个物业管理区域内的全部物业管理一并委托给他人的，由县级以上地方人民政府房地产行政主管部门责令限期改正，处委托合同价款30%以上50%以下的罚款；情节严重的，由颁发资质证书的部门吊销资质证书。委托所得收益，用于物业管理区域内物业共用部位、共用设施设备的维修、养护，剩余部分按照业主大会的决定使用；给业主造成损失的，依法承担赔偿责任。

五是妨碍管理行为。

妨碍管理行为是指妨碍国家有关行政部门和业主委员会，对管理实施宏观管理和有效监督的行为，以及物业服务公司工作人员的渎职行为。主要表现在，首先是妨碍执行公务的行为。即物业服务企业人员以各种非法手段妨碍国家有关机关具体执行公务，如阻碍消防部门对消防隐患的检查。其次是妨碍实施监督行为。

六是物业管理主管机关及其工作人员违法行使职权行为。

对于违法的行政行为，公民可以通过行政复议、行政诉讼和行政赔偿诉讼来纠正，从而保障自己的合法权益的实现。《物业管理条例》第六十六条规定，国务院建设行政主管部门、县级以上地方人民政府房地产行政主管部门或者其他有关行政管理部门的工作人员利用职务上的便利，收受他人财物或者其他好处，不依法履行监督管理职责，或者发现违法行为不予查处，构成犯罪的，依法追究刑事责任；尚不构成犯罪的，依法给予行政处分。

三、物业管理刑事法律责任

物业管理刑事法律责任是指在物业管理活动中，行为人因触犯刑事法律而应承担的强制性法律义务。它是制裁最为严厉的一种报应，它是确保物业管理行业健康有序发展的根本性保障。国务院《物业管理条例》第六十一条、第六十六条、第六十七条明确规定了刑事责任。承担刑事责任的方式是刑罚，刑罚分为两类：一是主刑，包括管制、拘役、有期徒刑、无期徒刑和死刑；二是附加刑，包括罚金、剥夺政治权利和没收财产。犯罪构成的一般要件包括犯罪主体、犯罪客体、犯罪客观方面和犯罪主观方面。

（1）犯罪主体。包括自然人和法人（单位），单位一般是双罚制，负刑事责任的年龄是 14 周岁。根据《中华人民共和国刑法修正案》（十一）的规定，特殊情况下可以降到 12 周岁：“已满十二周岁不满十四周岁的人，犯故意杀人、故意伤害罪，致人死亡或者以特别残忍手段致人重伤造成严重残疾，情节恶劣，经最高人民检察院核准追诉的，应当负刑事责任。”

（2）犯罪客体。我国刑法所保护而为犯罪行为所侵犯的社会关系。犯罪客体与对象不一致。

（3）犯罪客观方面。包括行为、损害结果（严重的后果）以及因果关系。

（4）犯罪主观方面。故意和过失故意包括直接故意（追求犯罪结果）和间接故意（放任犯罪结果）；过失包括疏忽大意和过于自信的过失。

在物业管理活动中涉及的常见罪名有以下几种。

（1）高空抛物罪。根据《中华人民共和国刑法修正案》（十一）修改的《刑法》第二百九十一条之二规定，从建筑物或者其他高空抛掷物品，情节严重的，处一年以下有期徒刑、拘役或者管制，并处或者单处罚金；有前款行为，同时构成其他犯罪的，依照处罚较重的规定定罪处罚。高空抛物罪作为刑事犯罪罪名自 2021 年 3 月 1 日起施行。

（2）诈骗罪。这是指在物业管理活动中，隐瞒事实真相或者捏造虚假事实，骗取公私财物的行为。本罪的客体是公私财产所有权；客观方面表现为用虚构事实或者隐瞒真相的欺骗方法，骗取公私财物，数额较大的行为；主体为一般主体，即具有刑事责任能力的自然人；主观方面是直接故意，并以非法占有为目的。《刑法》第二百六十六条规定，对数额较大的处三年以下有期徒刑、拘役或者管制，并处或者单处罚金；

数额巨大或者有其他严重情节的，处三年以上十年以下有期徒刑，并处罚金；数额特别巨大或者有其他特别严重情节的，处十年以上有期徒刑或者无期徒刑，并处罚金或者没收财产。

（3）职务侵占与挪用资金罪。职务侵占罪是指在物业管理活动中的工作人员，利用职务上的便利，将本单位财产非法占为己有的行为。本罪的客体是物业服务公司的财物所有权；客观方面表现为利用职务上的便利，将本单位的财物非法占为己有，数额较大的行为；主体是特殊主体，即限于物业服务公司的人员；主观方面为直接故意，即明知是本单位所有的财物，而希望利用职务之便非法占为己有的心理态度。《刑法》第二百七十一条规定，将本单位财产非法占为己有，数额较大的，处五年以下有期徒刑或者拘役；数额巨大的，处五年以上有期徒刑并可以处没收财产。挪用资金罪是指在物业管理的工作人员，利用职务上的便利，挪用本单位资金归个人使用或者借贷给他人，数额较大，超过三个月未还的，或者虽未超过三个月，但数额较大、进行营利活动，或者进行非法活动的。《刑法》第二百七十二条规定对犯挪用资金罪的处三年以下有期徒刑或者拘役；挪用本单位资金数额巨大的，或者数额较大不退还的，处三年以上十年以下有期徒刑。本罪的客体是物业服务公司的财产权，具体侵犯的是单位对财产的占有权、使用权和收益权；客观方面表现为利用职务上的便利，挪用单位资金归个人使用或者借贷给他人使用；主体是特殊主体，即物业服务公司中从事一定管理职务的人员；主观方面是直接故意，且具有非法使用单位资金的目的。

（4）扰乱公共秩序罪。主要是指伪造公司、企业、事业单位、人民团体的印章的行为。《刑法》第二百八十条第二款规定，犯本罪的，处三年以下有期徒刑、拘役、管制或者剥夺政治权利，并处罚金。本罪的客体是公司、企业、事业单位、人民团体的正常活动。犯罪对象是公司、企业、事业单位、人民团体的印章，不包括公司、企业、事业单位、人民团体的文件与证件。这里的公司、企业、事业单位、人民团体，均没有所有制限制；客观方面表现为行为人实施了伪造公司、企业、事业单位、人民团体的印章的行为；主体是一般主体；主观方面为故意。

（4）故意伤害与故意杀人罪。物业管理民事、行政纠纷在得不到适当处理的时候，很多会升级为暴力冲突，甚至故意伤害他人身体或是致人死亡的后果。如广州富×楼盘因为物业管理纠纷，调集大批保安殴打业主；北京某小区发生业主用开水泼物业管理工作人员就属于这种情况。如果对他人造成严重伤害后果，就会构成本罪。《刑法》第二百三十四条规定，故意伤害他人身体的，处三年以下有期徒刑、拘役或者管制；犯前款罪，致人重伤的，处三年以上十年以下有期徒刑。《刑法》第二百三十二条规定，故意杀人的，处死刑、无期徒刑或者十年以上有期徒刑；情节较轻的，处三年以上十年以下有期徒刑。

（5）妨害对公司、企业管理秩序罪。一是虚报注册资本罪。本罪指在物业服务公司申请公司登记使用虚假证明文件或者采取其他欺诈手段虚报的注册资本欺骗公司登记主管部门，取得公司登记，虚报注册资本数额巨大，后果严重或者有其他严重情节的。《刑法》第一百五十八条规定，处三年以下有期徒刑或者拘役，并处或者单处虚报注册资本金额百分之一以上百分之五以下罚金。单位犯前款罪的，对单位判处罚金，并对其直接负责的主管人员和其他直接责任人员，处三年以下有期徒刑或者拘役。本罪侵犯客体是国家的公司登记管理秩序；客观方面表现为在申请公司登记时使用虚假证明文件或者采取其他欺诈手段虚报注册资本，欺骗公司登记主管部门，取得公司登记，虚报注册资本数额巨大，后果严重；主体是具有刑事责任能力的自然人和单位；主观方面是故意，其目的是为了骗取公司登记和营业执照。二是虚假出资、抽逃出资罪。本罪指公司发起人、股东违反《公司法》的规定，未交付货币、实物或者未转移财产权，虚假出资，或者在公司成立后又抽逃其出资，数额巨大、后果严重或者有其他严重情节的行为。《刑法》第一百五十九条规定，处五年以下有期徒刑或者拘役，并处或者单处虚假出资金额或者抽逃出资金额百分之二以上百分之十以下罚金。单位犯前款罪的，对单位判处罚金，并对其直接负责的主管人员和其他直接责任人员，处五年以下有期徒刑或者拘役。本罪侵犯的客体是国家有关设立公司的出资管理秩序；客观方面表现为公司发起人、股东违反《公司法》的规定，虚假出资、抽逃出资，数额巨大，后果严重；主体为公司发起人、股东；主观方面是故意。

【小 结】

本章主要讲述了物业管理法律责任的基本内容。法律责任有广义和狭义两种理解。广义的法律责任是指法律义务，即法律规定的一切社会成员都必须履行的各种义务（责任）。狭义的法律责任，是指违法者对自己实施的违法行为必须承担的责任。本书是在狭义上理解和运用法律责任这一概念的。物业管理法律责任，是指在物业管理相关活动中，物业管理法律关系主体实施违法行为所必须承担的否定性法律后果。物业管理法律责任由民事责任、行政责任和刑事责任三部分组成。其中物业管理民事法律责任最为重要。物业管理民事法律责任包括违约责任和侵权责任两种。当在物业服务区域发生了违约与侵权责任的竞合，当事人只能选择一种对自己更为有利的请求权，不能同时以两个诉由起诉，即不能取得双倍赔偿。在不可抗力、正当防卫、紧急避险等情况下可免除物业管理法律关系主体的民事责任。《物业管理条例》主要规定了物业管理行政法律责任，物业管理刑事法律责任是制裁最为严厉的一种法律责任，它是确保物业管理行业健康有序发展的根本性保障。

拓展阅读

【典型案例】

多次高空抛掷啤酒瓶、垃圾等物，深圳一住户犯高空抛物罪被判刑

资料来源：摘自人民法院网2021年6月8日新闻，作者：赖敏伶、庞小春

2021年1月以来，苏某在光明区某街道住房住宿期间，多次从所住房间窗户向外抛掷啤酒瓶、垃圾等物品。1月14日12时30分许，苏某从临街的窗户向外抛出两个玻璃啤酒瓶，差点误伤路人，路人王某报警后，民警到场前往苏某住所将其抓获。

另查明，苏某于2020年8月3日至9月11日在光明区某街道另一住房住宿期间，两次向楼下扔啤酒瓶。2021年4月，光明区人民检察院向法院提起公诉。

法院审理后认为，苏某从建筑物高空抛掷物品，情节严重，其行为触犯了刑法，犯罪事实清楚，证据确实、充分，应当以高空抛物罪追究其刑事责任。苏某认罪认罚，依据刑事诉讼法相关规定，可以从宽处理。最终，法院结合公诉机关的量刑建议，作出上述判决。

第八章 物业管理纠纷的防范与处理

【学习目的和要求】

了解：物业管理纠纷的范围、起因与特点。
掌握：物业管理纠纷的防范措施。
应用：物业管理纠纷的处理方式与程序。

【思政目标】

透过程序、案例讲解，引导学生崇德向善，增强遵纪守法的法治意识，培养诚实守信、严谨负责的从业价值观。

[案例]

某小区业主在拆除住户露台建筑设施时，不慎把部分杂物掉落在业主张某家外面的露台表面，堵塞了该露台仅有的直径约6厘米的下水管。堵塞导致该栋大楼顶层露台下水不畅，雨水无法及时排泄，流入楼下业主叶某家中，造成叶某家厨房的橱柜、墙面、煤气灶、地面等多处过水。经查实，如果小区业主要进入顶层露台，正常通行的情况下，只能从顶层业主张某家内进入，但张某的房产证中的产权范围并没有包括露台，其购房合同和补充协议也未约定露台归其所有。

[问题]

叶某可以通过哪些途径解决问题?

第一节　物业管理纠纷概述

物业管理纠纷，是指自然人、法人、其他社会组织、国家行政管理机关就物业与物业管理相关事项发生的争端。物业管理纠纷是房地产纠纷总类的一个分类，物业管理纠纷随着房地产行业的高速发展而日益增多。虽然物业管理本身在20世纪90年代中期才纳入我国规范化轨道，目前我们正处于对物业管理行为的追踪调研期，但有学者已经对物业管理纠纷的分类进行了总结。根据物业纠纷法律关系的性质差异，可以将物业管理纠纷划分为三大类：民事纠纷、行政纠纷和刑事纠纷。根据纠纷与权益的关系状态不同，可以将物业管理纠纷分为两大类：静态的物业管理纠纷和动态的物业管理纠纷。静态的物业管理纠纷，是指就物业管理的权益归属所发生的争议，如小区楼顶的使用权归属争议。动态的物业管理纠纷，是指在物业管理的权利行使、运用过程中所发生的争议。

一、物业管理民事纠纷

物业管理民事纠纷，是指发生在物业管理过程中，因违约或侵权产生的纠纷。目前常见的物业管理纠纷多为民事纠纷，如业主因种种原因拒绝交纳物业管理费用，业主因不满物业服务公司服务行为而产生纠纷等。物业管理民事纠纷的形式是多种多样的，大致可以把它们分为三类：物业服务合同纠纷（违约纠纷）、侵权纠纷、不动产相邻纠纷。物业管理民事纠纷有以下三个特征。

第一，纠纷具备民事纠纷的一般特征。在没有法律法规的专门规定的情况下，应适用一般民事纠纷的规则，包括纠纷主体地位的平等性，纠纷的可诉性与可调解性等。

第二，纠纷具有易发性和普遍性。物业管理的服务地域一般是人口密集的小区，服务大多都直接关系到人们生活的方方面面，加之服务对象本身的个性差异，容易就服务质量的好坏、满意与否发生争执。业主们就物业管理某些方面的利益具有类同性的特征，如小区的保安问题、小区公共场地的使用等牵涉全体业主的利益，一旦处理不当，极易引发业主们集体争执甚至集团诉讼。

第三，纠纷涉及法律关系较一般民事纠纷复杂。物业管理纠纷不但是物业服务企业与业主之间的纠纷，很多时候还涉及业主之间、业主与业主委员会、业主与房地产发展商和中介机构等方面，处理起来非常复杂。

第四，纠纷往往是侵权行为与违约行为的交叉。侵权责任与违约责任的竞合在物业管理纠纷中表现得较为明显，当事人可以选择追究对方的违约责任，也可以选择追究对方的侵权责任，但不可以同时适用违约和侵权责任。

二、物业管理行政纠纷

物业管理行政纠纷有狭义和广义之分。狭义上的物业管理行政纠纷，是指物业管理的行政机关与行政相对方就具体行政行为发生的争执；广义上的物业管理行政纠纷还包括因抽象行政行为而产生的争执。受行政诉讼法的限制，物业管理行政纠纷一般从狭义上来理解，因为行政诉讼法把抽象行政行为排除在外了。在物业管理行政法律关系中，主要是物业管理行政职能部门的行政指导、行政监督和行政执法行为所引起的，如对物业管理项目招投标过程中的违法行为的处罚引起物业服务企业的异议。物业管理行政纠纷有以下三个特征。

第一，物业管理行政纠纷是由纵向的行政管理关系引起的。当事人的法律地位平等，但在具体的行政管理关系中的地位是不平等的。争议的一方必定是行使国家行政职权的机关，另一方则是行政管理相对方。

第二，物业管理行政纠纷的判断标准具有模糊性。作为一种新型的行政纠纷，无论是在理论研究还是在实务操作上都极为不足，法律法规的规定又不够明朗，因此判断该行政行为是否违法也是很困难的。

第三，物业管理纠纷最终要通过司法途径解决。行政诉讼与民事诉讼有很大的区别，如行政诉讼不允许调解，举证责任是倒置的，而民事诉讼是“谁主张，谁举证”，在诉讼的全过程中都是允许双方和解的。

上述民事、行政纠纷得不到及时、合理的解决时，容易使当事人矛盾尖锐化、剧烈化，从而演变为刑事纠纷。在刑事纠纷中，由于是国家代替受害人追究犯罪嫌疑人的责任，不是本教材主要研究的问题，所以这里就不再详述了。

第二节　物业管理纠纷的处理

一、物业管理纠纷处理方式概述

物业管理纠纷包括民事纠纷和行政纠纷。民事纠纷，是指平等主体之间发生的、以物业管理的权利义务为内容的纠纷。行政纠纷，是指物业管理行政主管部门因具体行政行为与物业管理行政相对方发生的纠纷。这里我们主要介绍的是物业管理民事纠纷。

物业管理纠纷的处理方式，概括起来有以下四种：①自决与协商；②调解；③仲裁；④诉讼。

当事人由于物业管理产生的纠纷，可以自由选择处理方式，既可以通过协商和解解决纠纷，也可以约定申请仲裁或者通过诉讼解决纠纷。

二、物业管理纠纷的自决与协商

物业管理纠纷的自决与协商，是指纠纷主体依靠自身力量解决纠纷，以维护自己的合法权益。自决是指特定主体依据自己意志处理一定事务的方式和权利，是纠纷一方强调凭借自己的力量使对方服从；协商是指争议发生后，由当事人双方直接进行磋商，是双方在自愿的基础上互相妥协和让步，最后达成和解的过程。

自决与协商是纠纷主体依靠自我的力量来解决争议，无须第三者参与，属于私力救济的范围，不具备法律强制力。物业管理纠纷往往在自决与协商不成时才会启动下面的程序。

三、物业管理纠纷的调解

调解，就是一种排难解纷的活动，也就是在当事人以外的中立的第三人的主持和劝导之下，使当事人达成互相谅解的协议，以调和争端，解决分歧。

（一）物业管理纠纷的调解方式

调解是指在第三人的主持下，当事人双方自由地讨价还价，对于双方的纠纷在相互妥协的基础上达成一种合意，并进而化解纠纷的一种行为。[①] 也就是在当事人以外的中立第三人的主持和劝导之下，使当事人达成互相谅解的协议，以调和争端，解决分歧。

调解有两种，一种是诉讼调解，又称法院调解，是双方当事人在法院审判组织的主持下进行调解，包括诉前调解、诉中调解，诉中调解是诉讼程序中的一个环节，不具有独立性；一种是诉讼外调解，主要有人民调解、行政调解以及其他形式的调解。

物业管理纠纷的诉前调解是指人民法院在立案前的调解，即在当事人提起诉讼后，人民法院立案受理前，法院在征得起诉人同意的情况下，暂缓立案，由人民法院通知对方当事人，先行对案件进行调解，如果调解不成，再由人民法院立案受理的制度。[②] 该制度在现行立法中没有明文规定，是人民法院构建的创新性纠纷化解制度。《最高人民法院关于建立健全诉讼与非诉讼相衔接的矛盾纠纷解决机制的若干意见》（法发〔2009〕45 号）第 14 条对诉前调解进行了规范：“对于属于人民法院受理民事诉讼的范围和受诉人民法院管辖的案件，人民法院在收到起诉状或者口头起诉之后、正式立案之前，可以依职权或者经当事人申请后，委派行政机关、人民调解组织、商事调解组织、行政调解组织或者其他具有调解职能的组织进行调解。当事人不同意调解或者在商定、指定时间内不能达成调解协议的，人民法院应当依法及时立案。”

物业管理纠纷的诉讼外调解主要是人民调解和行政调解。通过诉讼外调解达成的协议，不具有法律效力，只能靠当事人自愿履行。协议达成后，当事人如不同意仍可以反悔，不履行协议。

物业管理纠纷的人民调解，是指在人民调解委员会的主持之下，用教育、劝导的办法，促使发生物业管理纠纷的当事人在互相谅解、互相让步的基础上自愿达成合法

① 河南省法学会．调解制度理论与实践［M］．郑州：郑州大学出版社，2010：51.

② 张坚．人民陪审员诉讼调解读本［M］．北京：人民法院出版社，2015：25.

协议和消除彼此分歧的一种过程。

物业管理纠纷的行政调解，是指在政府主管部门的主持下，对由于物业管理产生的纠纷进行调解，使当事人达成和解协议的活动。

（二）物业管理纠纷的人民调解和行政调解的原则

在处理物业管理纠纷，进行调解时必须遵循以下三个原则。

第一，依据法律、法规和政策进行调解，法律、法规和政策没有明确规定的，依据社会主义道德进行调解。

第二，在双方当事人自愿平等的基础上进行调解。

第三，尊重当事人的诉讼权利，不得因未经调解或者调解不成而阻止当事人向人民法院起诉。

（三）物业管理纠纷的调解程序

1. 物业管理纠纷的人民调解的程序

（1）申请和受理。当事人由于物业管理而产生纠纷时，可以向当事人所在地人民调解委员会主动申请调解。申请时，既可以口头陈述事实和理由，也可以递交书面材料，形式不拘，以简便易行为原则。

（2）调查了解，查明事实。通过以下步骤进行：①向产生纠纷的双方当事人调查；②向关系人、知情人和周围的群众做调查；③到现场调查。

（3）进行调解。在查明物业管理纠纷产生的原因的基础上，分析双方当事人争议焦点所在，所负责任的大小，并在互相让步、互相谅解的基础上，达成和解协议，并由人民调解委员会制作调解书。

2. 物业管理纠纷的行政调解的程序

（1）由当事人向主管政府部门提出调解申请。行政机关接到申请后，应根据有关规定进行审查，决定是否受理。

（2）调查了解，收集证据。接受调解申请的行政机关针对申请人提出的由于物业管理产生的纠纷，进行充分调查，收集有关证据，如当事人双方有关物业管理的合同、协议；双方当事人各自提交的材料；等等。

（3）进行调解。接受调解申请的行政机关在查明事实、分清是非、明确责任的基础上依照法律政策进行调解，坚持说服教育，对当事人的错误进行适当批评，促使双方当事人互谅互让，达成解决问题的协议。双方当事人达成协议后，应由该行政机关制作调解协议书。

四、物业管理纠纷的仲裁

《中华人民共和国仲裁法》（以下简称《仲裁法》）第二条规定："平等主体的公

民、法人和其他组织之间发生的合同纠纷和其他财产权益纠纷，可以仲裁。”在我国，物业管理纠纷通过仲裁解决有特殊意义，因为物业服务公司目前非常头痛的一个问题是业主欠费，欠费数额不高，如果通过诉讼途径解决时间长，耗费的人力、财力巨大，通过仲裁相对便捷很多。仲裁就是双方当事人将争议事项提交非司法机关的仲裁机构进行审理，并作出具有约束力的裁决的过程。

（一）物业管理纠纷的仲裁协议

物业管理纠纷的仲裁协议包括两种：一种是在订立合同时就约定一个条款，说明一旦有争议就提交仲裁，称为仲裁条款。另一种是双方当事人出现纠纷后临时达成提交仲裁庭仲裁的书面协议。

物业管理纠纷的仲裁协议的内容包括法定内容和当事人约定内容。

根据《仲裁法》第十六条规定，仲裁协议包括合同中订立的仲裁条款和以其他书面方式在纠纷发生前或者纠纷发生后达成的请求仲裁的协议，法定内容应当具有：①请求仲裁的意思表示；②仲裁事项；③选定的仲裁委员会。

当事人约定内容，是指当事人在不违反法律法规的前提下，自由约定的一些内容，一般包括：①仲裁机构适用的仲裁规则；②仲裁裁决的效力；③仲裁费用的负担等。

（二）物业管理纠纷仲裁的基本原则

1. 自愿原则

自愿原则，是指物业管理纠纷的当事人达成仲裁协议申请仲裁、选择仲裁机构及仲裁员、达成仲裁调解或和解协议等都必须出自其真实意愿，任何机关、组织和个人都不得强迫当事人仲裁，任何一方当事人也不得将自己的意志强加于对方。该原则是物业管理纠纷当事人意思自治的直接体现。

自愿原则作为基本原则贯穿物业管理纠纷仲裁程序的始终，体现在以下几方面。

（1）以仲裁方式解决物业管理纠纷，应以双方当事人自愿为前提。如果没有当事人双方自愿达成的共同选择仲裁解决争议的仲裁协议，任何一方都不能以个人意愿提交仲裁，仲裁委员会也无权受理。

（2）仲裁机构和仲裁地点，由物业管理纠纷双方当事人协商选定。《仲裁法》第六条规定：“仲裁委员会应当由当事人协议选定。仲裁不实行级别管辖和地域管辖。”所以，当事人有权根据双方的意愿，合意选择任何一个仲裁机构，而不受级别和地域的限制。

（3）仲裁庭组成形式及仲裁员，由物业管理纠纷当事人自主选定。在仲裁中，当事人有权约定仲裁庭的组成形式，有权选定自己信赖的仲裁员。《仲裁法》第三十条规定：“仲裁庭可以由三名仲裁员或者一名仲裁员组成。”第三十一条规定：“当事人约定由三名仲裁员组成仲裁庭的，应当各自选定或者各自委托仲裁委员会主任指定一名仲裁员，第三名仲裁员由当事人共同选定或者共同委托仲裁委员会主任指定。第三名仲裁员是首席仲裁员。当事人约定由一名仲裁员成立仲裁庭的，应当由当事人共同选定或者共同委托仲裁委员会主任指定仲裁员。”

（4）提交由于物业管理纠纷而产生的争议事项，由当事人双方约定。双方当事人应当在仲裁协议中明确约定争议事项，仲裁机构必须尊重当事人的意愿和选择，对当事人在协议中没有约定的仲裁事项，无权审理和仲裁。

（5）物业管理纠纷的当事人可以约定开庭形式、审理方式等有关程序事项。《仲裁法》第三十九条规定：“仲裁应当开庭进行。当事人协议不开庭的，仲裁庭可以根据仲裁申请书、答辩书以及其他材料作出裁决。”第四十条规定：“仲裁不公开进行。当事人协议公开的，可以公开进行，但涉及国家秘密的除外。”

2. 公平合理仲裁原则

公平合理仲裁原则是指仲裁庭在仲裁活动中必须保持中立，平等对待双方当事人，依据事实公平合理地作出裁决。其包括以下两层含义。

（1）仲裁庭对待双方当事人一律平等。在仲裁中，无论仲裁员是由哪一方当事人选定的，他都不代表任何一方当事人的利益，而是平等地保护各方当事人的利益，为各方当事人平等地行使权利提供同等的手段和机会。

（2）仲裁庭应公平合理地对物业管理纠纷作出裁决。仲裁庭是在查清案件事实的基础上，正确适用法律，公平合理地确定当事人之间的权利义务关系，以解决纠纷。

3. 符合法律规定原则

符合法律规定原则，是指仲裁庭在查明仲裁案件事实的基础上，应当根据法律的规定确认当事人各方的权利义务关系，所作的裁决应符合法律规定，不能抛开法律任意判断和确定。而对于法律没有明确规定的，可以参照在实践中被普遍接受的做法，如行业惯例等公平合理地作出裁决。

4. 独立仲裁原则

独立仲裁原则，是指仲裁机构在设置上，不依附于任何机关、团体，且在审理仲裁案件时，依法独立进行审理、裁决，不受任何机关、团体和个人的干涉。《仲裁法》第八条规定：“仲裁依法独立进行，不受行政机关、社会团体和个人的干涉。”第十四条规定：“仲裁委员会独立于行政机关，与行政机关没有隶属关系。仲裁委员会之间也没有隶属关系。”这是独立仲裁原则的法律依据，其主要内容如下。

（1）仲裁独立于行政。仲裁机构是一个社会团体，独立设立，属于非官方的民间组织，仲裁委员会独立于行政机关，二者之间不存在隶属关系，而是彼此独立。

（2）仲裁组织体系中的仲裁协会、仲裁委员会和仲裁庭三者之间相互独立。

（3）仲裁不受社会团体和个人干涉。仲裁机构与其他社会团体之间没有隶属关系，都是平等的主体，而公民个人，无论社会地位、职务高低、权力大小、收入多寡，都不能以任何借口干涉仲裁。

（三）物业管理纠纷仲裁处理的程序

1. 仲裁的申请

物业管理纠纷的当事人依据仲裁协议申请仲裁是仲裁的发端程序，但是，当事人申请仲裁的行为并不必然引起仲裁程序的发生。原因是当事人依据仲裁协议申请仲裁后，仲裁委员会须对当事人的申请进行审查，只受理符合法定条件的仲裁申请。

申请仲裁必须要符合两个条件：实质条件和形式条件。

（1）实质条件。根据《仲裁法》第二十一条的规定，当事人申请仲裁应当符合下列条件：①有仲裁协议；②有具体的仲裁请求和事实、理由；③属于仲裁委员会的受理范围。

（2）形式条件。根据《仲裁法》第二十二条的规定，当事人申请仲裁还需要符合相应的形式条件，就是必须向仲裁委员会递交仲裁协议、仲裁申请书及副本。仲裁申请书，是指由于物业管理纠纷产生争议的一方当事人依据仲裁协议，依法向仲裁委员会提交的请求仲裁委员会对双方当事人之间的争议进行仲裁的书面文件。

2. 仲裁的受理

仲裁委员会收到物业管理纠纷当事人提出的仲裁申请后，应当在法定期间内对申请是否符合法定条件进行审查。仲裁委员会可以从两方面对仲裁申请进行审查：一是审查仲裁申请是否符合《仲裁法》第二十一条规定的申请仲裁条件，即有无仲裁协议；有无具体的仲裁请求和事实、理由；是否属于仲裁委员会的受理范围。二是审查仲裁申请书的内容是否完备，是否符合《仲裁法》第二十三条规定的仲裁申请书应具备的内容，即当事人的基本情况；仲裁请求和所根据的事实、理由；证据和证据来源、证人姓名和住所。

仲裁委员会接到物业管理纠纷当事人的仲裁申请后，应当根据《仲裁法》第二十四条的规定，在收到仲裁申请书之日起5日内，认为符合受理条件的，应当受理，并通知当事人；认为不符合受理条件的，应当书面通知当事人不予受理，并说明理由。如果仲裁委员会经过审查，只是发现仲裁申请书内容有欠缺的，应当责令申请人限期补正仲裁申请书，然后根据补正的申请书的具体情况再予以处理。

仲裁委员会受理了物业管理纠纷当事人的仲裁申请后，就意味着仲裁委员会取得了对争议案件的仲裁权；申请人和被申请人取得了仲裁当事人的资格。

3. 送达、答辩和反请求

根据《仲裁法》第二十五条第一款规定，仲裁委员会在受理了物业管理纠纷当事人的仲裁申请后，应当在仲裁规则规定的期限内将仲裁规则和仲裁员名册送达申请人，并将仲裁申请书副本和仲裁规则、仲裁员名册送达被申请人。

《仲裁法》第二十五条第二款规定，被申请人收到仲裁申请书副本后，应当在仲裁规则规定的期限内向仲裁委员会提交答辩书。仲裁委员会收到答辩书后，应当在仲裁规则规定的期限内将答辩书副本送达申请人。被申请人未提交答辩书的，不影响仲裁程序的进行。被申请人在规定期限内完成答辩后，物业管理纠纷的双方当事人按名册选定仲裁员。普通程序审理时由三名仲裁员组成，双方各选一名仲裁员，仲裁委员会指定一名任首席仲裁员；案情简单、争议标的小的，可以适用简易程序，由一名仲裁员审理。

反请求，是指在仲裁程序中，被申请人以仲裁申请人为被申请人，向仲裁委员会提出的与原仲裁请求有牵连的，目的在于抵消或者吞并原仲裁请求的请求。《仲裁法》第二十七条明确规定，被申请人可以承认或者反驳仲裁请求，有权提出反请求。由此，物业管理纠纷的被申请人可以在仲裁程序中提出反请求。

仲裁委员会收到被申请人提出的反请求后，应当对该反请求进行审查，对于符合条件的反请求，应当予以受理，并将反请求副本送达申请人；对于不符合条件的反请求，仲裁委员会不予受理。对于反请求与仲裁请求，仲裁庭一般应当合并审理，以达到经济仲裁的目的。仲裁委员会受理被申请人提出的反请求后，如果申请人撤回仲裁申请，仲裁庭应当对被申请人的反请求继续进行审理并作出仲裁裁决。

4. 仲裁审理、裁决

仲裁审理，是指仲裁庭依法组成后，按照仲裁法规定的程序和方式，对物业管理纠纷当事人之间的争议进行审理并作出仲裁裁决的活动。

根据《仲裁法》的有关规定，仲裁庭在对物业管理纠纷当事人之间争议的案件进行仲裁审理时应遵循以下原则。

第一，以开庭审理为主、书面审理为补充的原则。《仲裁法》第三十九条规定，仲裁应当开庭进行。当事人协议不开庭的，仲裁庭可以根据仲裁申请书、答辩书以及其他材料作出裁决。开庭审理，是指仲裁庭在物业管理纠纷当事人以及其他参与人参加下，依照《仲裁法》以及仲裁规则规定的程序，对双方当事人之间有争议的案件进行实体审理并作出仲裁裁决的活动。书面审理，是指仲裁庭根据物业管理纠纷双方当事人的协议选择，在未经过开庭审理的情况下，仅对当事人提供的仲裁申请书、答辩书以及其他材料进行审查之后，就作出仲裁裁决的活动。

第二，以不公开审理为主、公开审理为补充的原则。《仲裁法》第四十条规定，仲裁不公开进行。当事人协议公开的，可以公开进行，但涉及国家秘密的除外。不公开审理，是指仲裁庭审理物业管理纠纷案件时，除双方当事人及其代理人、证人等参与外，既不允许案件以外的其他人员参与，也不允许新闻记者采访与报道的形式。公开审理，是指仲裁庭在当事人及其代理人、证人的参与下审理物业管理纠纷案件时，允许社会群众旁听，同时也允许新闻记者采访与报道的形式。

仲裁审理一般应经过以下阶段。

（1）开庭准备。包括告知当事人开庭审理的日期与地点；对于公开审理的案件，应当发出公开开庭审理的公告。

（2）开庭开始。一般有下列工作：一是由首席仲裁员或者独任仲裁员宣布开庭；二是由首席仲裁员或者独任仲裁员核对案件当事人及其代理人的基本情况，宣布案由；三是宣布仲裁庭的组成人员和记录人名单，告知双方当事人有关的权利和义务，并询问双方当事人是否对仲裁庭的组成人员申请回避。

（3）庭审调查阶段。仲裁庭听取物业管理纠纷双方当事人陈述，展示相关证据并由双方当事人质证，对争议案件进行全面调查与实体审理的活动。步骤是：当事人陈述；证人作证，宣读未到庭证人的证言；出示书证、物证和视听资料；宣读鉴定结论；宣读勘验笔录。

（4）庭审辩论阶段。这一阶段是在仲裁庭主持下，物业管理纠纷双方当事人依据在庭审调查阶段查明的争议案件的事实和证据，提出各自的主张，陈述意见，相互辩驳和论证的活动。《仲裁法》第四十七条规定，当事人在仲裁过程中有权进行辩论。辩论终结时，首席仲裁员或者独任仲裁员应当征询当事人的最后意见。可见庭审辩论的目的在于，通过物业管理纠纷双方当事人之间的庭审辩论，使仲裁庭充分了解争议案件的事实真相，以及各自的主张与事实、理由，为作出仲裁裁决奠定基础。庭审辩论可以按照下列顺序进行：申请人及其代理人发言；被申请人及其代理人答辩；双方进行辩论。

（5）评议与裁决。庭审辩论终结后，经调解未达成调解协议，或者未经过调解的，应当进入评议与裁决阶段。《仲裁法》第五十三条规定，裁决应当按照多数仲裁员的意见作出，少数仲裁员的不同意见可以记入笔录。如果仲裁庭评议案件时产生严重分歧，无法形成多数意见，可根据《仲裁法》第五十三条的规定，仲裁庭不能形成多数意见时，裁决应当按照首席仲裁员的意见作出。

物业管理纠纷的仲裁裁决，是指仲裁庭对当事人依据协议提请仲裁的争议案件进行审理，在查明争议案件事实、分清是非的基础上，适用法律，就双方当事人之间的实体权利义务所作出的具有约束力的判定。《仲裁法》第五十四条规定，仲裁裁决书内容应当写明仲裁请求、争议的事实、裁决理由、裁决结果、仲裁费用的负担和裁决日期。当事人协议不愿写明争议事实和裁决理由的，可以不写。

在物业管理纠纷仲裁审理过程中，当事人可以自行和解，也可以调解。

物业管理纠纷仲裁中的和解，是指仲裁委员会受理争议案件后，仲裁庭作出裁决之间，双方当事人通过自愿平等协商，达成和解协议，以解决争议案件，终结仲裁程序的活动。《仲裁法》第四十九条规定，当事人申请仲裁后，可以自行和解。达成和解协议的，可以请求仲裁庭根据和解协议作出裁决书，也可以撤回仲裁申请。所以，物业管理纠纷的当事人自行和解并达成和解协议后，可以请求仲裁庭根据和解协议作出裁决书或者撤回仲裁申请。

物业管理纠纷仲裁中的调解，是指在仲裁程序中，根据双方当事人的申请或者仲裁庭的自行决定，在仲裁庭的主持下，双方当事人就争议的实体权利义务，自愿协商，达成协议，解决双方争议案件的活动及方式。《仲裁法》第五十一条、第五十二条规定，仲裁庭在作出裁决前，可先行调解。调解须由仲裁庭主持，双方当事人及其代理人都应当参与调解。调解达成协议的，仲裁庭应当制作调解书或者根据协议的结果制作裁决书。调解书应当写明仲裁请求和当事人协议的结果，仲裁庭依据当事人之间达成的调解协议制作的调解书，与生效的仲裁裁决书具有同等的法律效力。如果双方当事人在仲裁庭主持下，经过协商，仍无法达成一致的协议，仲裁庭应当及时行使裁决权，对争议案件作出仲裁裁决。

5. 仲裁裁决的执行

如果物业管理纠纷仲裁裁决生效后，负有义务的一方当事人不履行义务，另一方当事人可以依照民事诉讼法的有关规定向有管辖权的人民法院申请强制执行，由人民法院执行组织运用国家强制力，强制依据生效的仲裁裁决负有义务的一方当事人履行其实体义务，以实现权利人的实体权利。

五、物业管理纠纷的诉讼

物业管理纠纷的诉讼，是指人民法院凭借国家赋予的审判权确定物业管理纠纷主体双方之间的权利义务关系的过程。诉讼是处理物业管理纠纷的一种最有权威和最有效的机制，能够使纠纷得到最公平、最合理的解决。这里主要介绍的是民事诉讼程序。

（一）物业管理纠纷诉讼的原则

1. 当事人诉讼权利平等原则

《中华人民共和国民事诉讼法》（以下简称《民事诉讼法》）第八条规定：“民事诉讼当事人有平等的诉讼权利。人民法院审理民事案件，应当保障和便利当事人行使诉讼权利，对当事人在适用法律上一律平等。”因此，物业管理纠纷的双方当事人的诉讼地位完全平等，即诉讼权利和义务平等；物业管理纠纷的双方当事人拥有同等地行使诉讼权利的手段；诉讼中对物业管理纠纷的当事人在适用法律上一律平等。

2. 同等原则与对等原则

《民事诉讼法》第五条规定了民事诉讼的同等原则和对等原则。具体规定是：“外国人、无国籍人、外国企业和组织在人民法院起诉、应诉，同中华人民共和国公民、法人和其他组织有同等的诉讼权利义务。外国法院对中华人民共和国公民、法人和其他的民事诉讼权利加以限制的，中华人民共和国人民法院对该国公民、企业和组织的民事诉讼权利，实行对等原则。”物业管理纠纷的诉讼属民事诉讼，也适用该原则。

3. 法院调解自愿和合法的原则

《民事诉讼法》第九条规定："人民法院审理民事案件，应当根据自愿和合法的原则进行调解；调解不成的，应当及时判决。"这也是物业管理纠纷诉讼中的调解所适用的原则之一。

4. 辩论原则

《民事诉讼法》第十二条规定："人民法院审理民事案件时，当事人有权进行辩论。"就是说，在人民法院主持下，物业管理纠纷的当事人有权就案件事实和争议问题，各自陈述自己的主张和根据，互相进行反驳和答辩，以维护自己的合法权益。

5. 处分原则

《民事诉讼法》第十三条规定："当事人有权在法律规定的范围内处分自己的民事权利和诉讼权利。"据此，物业管理纠纷的当事人在诉讼中有权在法律规定的范围内处分自己的民事权利和诉讼权利。处分即自由支配，对于权利可以行使，也可以放弃。但是，该原则不是绝对的，我国法律在赋予当事人处分权的同时，也要求当事人不得违反法律规定，不得损害国家的、社会的、集体的和公民合法的利益。

6. 检察监督原则

《民事诉讼法》第十四条规定："人民检察院有权对民事诉讼实行法律监督。"所以，人民检察院有权对物业管理纠纷的诉讼活动实行法律监督。

（二） 民事诉讼证据制度

1. 证据的概念与特征

证据是指能够证明民事案件真实情况的各种事实，也是法院认定有争议的案件事实的根据。证据来源于证据材料，证据材料是指民事诉讼中当事人向法院提供的或者法院依职权收集的用以证明案件事实的各种材料。只有经过法庭调查或法庭评议阶段，才能确定哪些证据材料可以作为证据。①

（1）证据具有客观性，即必须是客观存在的事实。客观性是指民事诉讼证据必须是客观的、真实的。它有两方面的含义：一是要求当事人举证时必须向法庭提供真实的证据；二是要求法庭在调查收集证据时必须客观、全面。

（2）证据具有关联性，即必须与待证事实存在联系。关联性是指民事诉讼证据必须与待证的案件事实存在一定的联系。这种联系可以是直接联系，也可以是间接联系；此外，证据与待证事实的联系可以是肯定的联系，也可以是否定的联系。判断有无关联性的标准应当是：证据的存在，使得待证事实的真实或虚假变得更为清晰，从而有助于证明待证事实的真伪。

---

① 江伟. 民事诉讼法［M］. 5版. 北京：高等教育出版社，2016：146－147.

（3）证据具有合法性，即必须符合法律的要求。合法性是指民事诉讼证据必须按照法定程序收集和提供，必须符合法律规定的条件。主要包括三方面内容：一是收集证据的合法性，即在收集证据时不得违反法律的规定。二是证据形式的合法性，包括：①证据形式必须以法律规定的存在形式表现出来，符合法律要求；②当法律规定某些事实或法律行为须用特定形式的证据来证明时，应当使用特定形式表现出来。三是证据材料转化为诉讼证据的合法性，即证据材料必须经过法律规定的质证程序，才能成为证据。

2. 证据的作用

（1）证据是当事人维护自己民事权益的武器。在发生民事纠纷时，无论是通过什么方式解决纠纷，当事人是否有充分的证据起最重要的作用，充分的证据能保证当事人的权利主张得到法院的支持。

（2）证据是法院查明案件事实真相的手段。诉讼中，法院判案是“以事实为根据”，就是指法院要查明案件事实的真相，就必须是通过证明活动获取案件的事实。

（3）证据是使裁判具有公信力的基础。当裁判认定的事实是以严格按照证据规则运作的证据为依据的，裁判结果的公信力就值得信任。

3. 证据的分类

（1）本证和反证。本证指对待事实负有证明责任的一方当事人提出的，用于证明该事实的证据。反证指对待事实不负证明责任的一方当事人，为证明该事实不存在或不真实而提出的证据。

（2）原始证据和传来证据。原始证据指直接来源于案件事实而未经中间环节传播的证据，是在案件事实发生、发展和消灭的过程中直接形成的证据。传来证据指从原始证据中衍生出来的证据。

（3）直接证据和间接证据。直接证据指与待证事实具有直接联系，能够单独地直接证明待证事实的证据。间接证据指与待证事实之间具有间接联系，不能单独直接证明待证事实的证据。

（4）间接本证和间接反证。间接本证指对于待证的主要事实负证明责任的当事人，因无法提出直接证据证明该事实，而提出间接证据证明间接事实，从而是依据经验法则由该间接事实推定该待证的主要事实存在。间接反证指不负证明责任的当事人为了防止主要事实被推定成立的不利结果，以反证证明另外的间接事实，从而依据经验法则由间接事实推定待证的主要事实不存在。

4. 证据的种类

（1）当事人陈述。当事人陈述是指当事人就与本案有关的事实情况向法院所作的陈述。

（2）书证。书证指用文字、符号、图案等所记载和表达的思想内容来证明案件事实的证据。包括：公文书和私文书，处分性书证和报道性书证，普通书证和特别书证，原本、正本、副本、影印本、节录本。

（3）物证。物证指以其形状、质量、规格、受损坏的程度等来证明案件事实的物品。实务中，存在某一实物证据既是书证又是物证的情形。当以刻在该物品上的文字所反映的思想内容证明案件事实时，它是书证；当以该物品的外部特征证明案件事实时，它又是物证。

（4）视听资料。视听资料指利用录音、录像来证明案件事实的证据。一般包括录音资料和影像资料及电脑储存的资料。

（5）电子数据。电子数据指以电子形式存在的、作为证据使用的材料及其派生物，是借助电子技术和电子设备而形成的证据。

（6）证人证言。证人证言指证人就其所了解的案件情况，以口头或书面形式向法院所作的陈述。凡是知道案件情况的单位和个人，都有义务出庭作证。

（7）鉴定意见。鉴定意见指鉴定人员运用专业知识、专门技术对案件中的专门性问题进行分析、鉴别、判断后作出的意见。

（8）勘验笔录。勘验笔录指审判人员在诉讼过程中对与争议有关的现场、物品等进行查验、测量、拍照后制作的笔录，是通过勘查、检验等方法形成的证据。

（三）物业管理纠纷的诉讼程序

1. 起诉、受理、送达

（1）起诉。起诉，是指物业管理纠纷的当事人认为自己所享有的或者依法由自己管理、支配的民事权益受到侵害，或者与他人发生民事权益的争议，以自己的名义在法律规定诉讼时效及期间内向有管辖权的人民法院提起诉讼，请求法院通过审判给予司法保护的诉讼行为。《民事诉讼法》第一百一十九条规定，起诉必须符合下列条件：①原告是与本案有直接利害关系的公民、法人和其他组织；②有明确的被告；③有具体的诉讼请求和事实、理由；④属于人民法院受理民事诉讼的范围和受诉人民法院管辖。起诉，应当向人民法院递交起诉状，并按照被告人数提出副本。《民事诉讼法》第一百二十一条规定，起诉状应记明下列内容：①原告的姓名、性别、年龄、民族、职业、工作单位、住所、联系方式，法人或者其他组织的名称、住所和法定代表人或者主要负责人的姓名、职务、联系方式；②被告人的姓名、性别、工作单位、住所等信息，法人或者其他组织的名称、住所等信息；③诉讼请求和所根据的事实和理由；④证据和证据来源，证人姓名和住所。

（2）受理。受理，是指受理物业管理纠纷诉讼的人民法院通过对原告起诉的审查，认为符合法定条件，决定立案审理，从而引起诉讼程序开始的职权行为。人民法院受理物业管理纠纷案件原告的起诉后，产生三个方面的法律效果：①就受诉人民法院而言，在依法受理了原告的起诉后，既实现了对该案件的管辖权，取得了对该案件的专有审判权，同时也负起了对该案件进行审理并依法作出裁判的职责，非有法定原因，不得中途停止对该案件的审判。②就双方当事人而言，由于原告的起诉到受诉人民法院的受理，故而取得了原告和被告的诉讼地位，分别享有了法定的诉讼权利并依法承担相应的诉讼义务，他们分别与受诉人民法院之间的民事诉讼法律关系亦自此发生。③受诉人民法院依法受理原告的起诉以后，还具有实体法上的效果，即诉讼时效因提起诉讼而就此中断。从中断时起，诉讼时效期间应当重新开始计算。法律另有规定的除外。

（3）送达。送达，是指人民法院依照法定的方式和程序，将诉讼文书交给当事人和其他诉讼参与人的行为。送达作为一项诉讼行为，其特点是：①送达是人民法院向当事人及其他诉讼参与人实施的一项诉讼行为，它既是人民法院的职权，也是人民法院的义务。②送达必须按照法律规定的方式和程序进行，包括直接送达、留置送达、委托送达、邮寄送达、转交送达、公告送达。③送达的对象是各类诉讼文书，包括开庭审理案件前的起诉状、答辩状、上诉状、传票、通知书的送达；庭审后判决书、裁定书、调解书、支付令的送达等。

2. 审理前准备、开庭审理

（1）审理前准备。审理前准备，是人民法院受理物业管理纠纷案件原告的起诉以后到开庭审理之前，由案件承办人员依法进行的一系列准备工作的总称。据《民事诉讼法》第一百二十五条至一百三十三条及有关司法解释的规定，物业管理纠纷案件审理前准备阶段的工作内容有：①在法定期限内将起诉状副本发送被告，限期被告提出答辩状，并在法定期限内将答辩状副本发送原告。②向当事人告知有关的诉讼权利义务，合议庭组成人员确定后，应当在三日内告知当事人。人民法院对决定受理的案件，应当在受理案件通知书和应诉通知书中向当事人告知有关的诉讼权利和义务，或者口头予以告知，如果已经确定开庭日期的，应当一并告知当事人及其诉讼代理人开庭的时间、地点。③人民法院应当审查当事人提出的管辖权异议的意见，并依法作出裁定。④认真审核原、被告双方向受诉法院提交的起诉状、答辩状，以及他们各自提交的有关证据材料，调查收集当事人及其诉讼代理人因客观原因不能自行收集的证据，或者受诉人民法院认为审理案件所需要的证据。⑤追加当事人。人民法院通过审核诉讼材料和审前调查，如果发现必须共同进行诉讼的当事人没有参加诉讼时，应当通知其参加诉讼。

（2）开庭审理。开庭审理，是指受理物业管理纠纷诉讼的人民法院在完成审理前的准备后，于确定的日期，以双方当事人及其他诉讼参与的参加下，依照法定的形式和程序，在法庭上对物业管理纠纷案件进行实体审理的诉讼活动过程。人民法院开庭审理物业管理纠纷案件，通过法庭调查和法庭辩论，审查核实证据，查明案件事实，分清是非责任，并在此基础上，通过合议庭评议，形成裁判结果，以确认当事人之间的民事权利义务关系，制裁民事违法行为，保护当事人的合法权益。开庭审理必须采取法庭审理的形式（即开庭审理必须在法庭上进行），原则上应当采取公开审理的形式和必须采取言词审理的形式。开庭审理的程序、顺序分为开庭准备、法庭调查、法庭辩论、案件评议和宣告判决。

开庭准备是开庭审理前的预备阶段，具体是指在事先确定的开庭日期到来时，在正式进入实体审理前，为保证案件审理的顺利进行而由人民法院进行的准备工作。包括：①查明当事人和其他诉讼参与人是否到庭，宣读法庭纪律；②核对当事人，宣布案由，宣布审判人员、书记员名单，告知当事人有关的诉讼权利义务，询问当事人是否提出回避申请。

法庭调查是人民法院对物业管理纠纷案件进行实体性审理的阶段。《民事诉讼法》第一百三十八条规定，法庭调查按照下列顺序进行：①当事人陈述。先由原告陈述其起诉的请求和理由，再由被告针对原告起诉中的请求和理由作出承认或者否认的答辩；第三人陈述或者答辩时，有独立请求权的第三人陈述其诉讼请求及理由，无独立请求权的第三人则应当针对原、被告的陈述提出承认或者否认的答辩意见。②告知证人的权利义务，证人作证，宣读未到庭的证人证言。③出示书证、物证、视听资料和电子数据。不论是当事人提交的证据，还是人民法院调查收集的证据，均应在法庭上出示，并由当事人互相质证。④宣读鉴定意见。对物业管理纠纷案件中涉及的专门性问题进行了鉴定的，应当当庭宣读由鉴定部门和鉴定人提出的书面鉴定结论。⑤宣读勘验笔录。人民法院如果在审前调查中对物证或者现场进行过勘验，即应当在法庭调查时当庭宣读勘验人制作的勘验笔录。人民法院根据案件具体情况并征得当事人同意，可以将法庭调查和法庭辩论合并进行。

法庭辩论是在合议庭的主持下，物业管理纠纷的双方当事人根据此前法庭调查已经基本查明的事实和证据，阐明自己的观点，论述自己的意见，反驳对方的主张，相互进行言词辩论的诉讼活动。《民事诉讼法》第一百四十一条规定，法庭辩论按照下列顺序进行：①原告及其诉讼代理人发言；②被告及其诉讼代理人答辩；③第三人及其诉讼代理人发言或者答辩；④互相辩论。法庭辩论终结，由审判长按照原告、被告、第三人的先后顺序征询各方最后意见。

案件评议和宣告判决，物业管理纠纷案件经过开庭审理后，当事人不愿意调解或者调解不成的，合议庭应当休庭进行评议，就案件的性质、认定的事实、适用的法律、是非责任和处理结果作出结论。合议庭评议后，应当由审判长宣布继续开庭并宣读裁判。宣判的内容包括：认定的事实、适用的法律、判决的结果和理由、诉讼费用的负担、当事人的上诉权利、上诉期限和上诉法院。不能当庭宣判的，审判长应当宣布另定日期宣判。

3. 法院调解

物业管理纠纷的法院调解，是指在人民法院审判人员的主持下，双方当事人就民事权益争议自愿、平等地进行协商，以达成协议，解决物业管理纠纷的活动。与前述的物业管理纠纷的诉讼外调解不同，法院调解有其明显的特点，一是法院调解是在人民法院审判人员的主持下依法进行；二是法院调解贯穿于民事审判程序的全过程；三是法院调解是人民法院行使审判权的方式之一，凡经法院调解并审查认可的当事人之间达成的协议，就可制作成调解书，调解书送达后，即产生与生效判决相同的法律效力。

根据《民事诉讼法》的规定，法院调解必须遵循以下三个原则：①自愿原则。《民事诉讼法》第九十三条、第九十六条规定，人民法院审理民事案件，根据当事人自愿的原则，进行调解。调解达成协议，必须双方自愿，不得强迫。由此可见，自愿原则既包括程序意义上的自愿，也包括实体意义上的自愿。②事实清楚、是非分明的原则。《民事诉讼法》第九十三条规定，人民法院审理的案件，必须在事实清楚的基础上，分清是非，进行调解。只有查明了事实，分清了当事人之间是非责任，才能对当事人进行说服教育，做好调解工作，从而正确解决纠纷。③合法原则。《民事诉讼法》第九十六条规定，调解协议的内容不得违反法律规定。这里的“合法”可以理解为不违反法律的有关禁止性规定，而不是像判决那样严格按照法律规定对双方当事人的权利义务作出判定。

物业管理纠纷的法院调解程序。在我国，根据《民事诉讼法》规定的精神，调解与案件的审理过程是合为一体的。人民法院在案件的审理过程中进行调解，在调解的过程中对案件进行审理，调解贯穿于审理程序的始终。法院调解有开始、进行和结束三个阶段。①调解的开始。法院调解既可以依当事人申请调解而开始，也可以由人民法院依职权主动开始。实践中，一般是人民法院依职权主动进行调解的居多数。②调解的进行。法院调解的进行是按开庭审理的方式和步骤进行的。调解开始前，先由审判人员告知当事人的诉讼权利和诉讼义务、合议庭组成人员或独任审判员的姓名，询问当事人是否申请回避。调解开始后，先由双方当事人陈述案件的事实和理由，并出示有关证据，或要求证人出庭作证，双方当事人可以进行辩论、质证。再由审判人员根据已查明的事实，针对当事人之间争议的焦点，有的放矢地对当事人进行法制宣传教育工作。最后由双方当事人自行协商，双方当事人可在法庭内进行，也可以在法庭外进行，但审判人员和协助调解人员应当参加。③调解的结束。有两种情况出现：一是因调解无效而结束。即经过调解，双方当事人不能达成协议，或虽已达成协议，但协议内容不合法，当事人又不愿修改以及在调解书送达前一方反悔。二是因调解成立而结束。即双方当事人经法院调解后，达成了调解协议，经过人民法院审查协议内容符合国家法律政策，调解书送达后生效。

法院调解书的生效时间和效力。《民事诉讼法》第九十七条规定，调解书经双方当事人签收后，即具有法律效力。据此，调解书必须送达双方当事人，并经双方当事人包括第三人签收后，才发生法律效力。法院调解书与法院判决具有同等的效力，主要表现为：①结束诉讼程序。这是法院调解在程序方面的法律效力。凡经调解结案的，人民法院不得再行审理和另行判决。②确认当事人之间权利义务关系。这是法院调解在实体方面的法律效力。③不得提起上诉。由于调解协议是双方当事人自愿达成的，所以不产生对调解不服的问题，法律也不允许当事人对调解提起上诉。④具有强制执行效力。调解书生效后，负有义务的一方当事人不自觉履行调解书中确定的义务，对方当事人可向人民法院申请强制执行。

4. 法院裁判

法院裁判，是指物业管理纠纷通过诉讼程序后，人民法院依法处理双方当事人的实体争议和程序性事项以及其他特殊事项的结论性判定。其包括民事判决、裁定和决定。

物业管理纠纷的民事判决，是指在物业管理纠纷案件审理终结后，人民法院依据案件的事实和法律规定，对双方当事人之间的实体争议或者一方当事人提出的实体权利的主张所作出的具有法律约束力的结论性判定。据《民事诉讼法》第一百五十二条规定，内容包括：①案由、诉讼请求、争议的事实和理由。②判决认定的事实、理由和适用的法律依据。③判决结果和诉讼费用的负担。④上诉期间和上诉的人民法院。物业管理纠纷的民事判决所具有的法律效力，包括拘束力和确定力。所谓拘束力，是指生效的民事判决所具有的拘束一定主体的行为的效力。所谓确定力，是指生效的民事判决在程序法上的效力。

物业管理纠纷的民事裁定书，是指人民法院为处理物业管理纠纷诉讼中的各种程序性事项所作出的具有法律约束力的结论性判定。适用范围包括不予受理、对管辖权有异议、驳回起诉、财产保全和先予执行、准许或者不准许撤诉、中止或者终结诉讼等。内容包括：①开头部分，有标题、案件的编号、双方当事人和诉讼代理人的基本情况以及案由等。②正文部分，写明据以作出该项裁定的事实、理由和法律规定以及处理结论等内容。③结尾部分，写明作出该项裁定的审判人员、书记员以及作出裁定的具体时间。如果该项裁定具有依法可以上诉的或者是依法可以申请复议的，应一并写明。物业管理纠纷民事裁定的效力只表现为程序法上的效力而不产生实体法上的效力，生效标志有两种：一是依法准许上诉的裁定，当事人在上诉期限届满没有提起上诉的，该项裁定即告生效。二是依法不准上诉的裁定，一经作出或者送达当事人，立即发生法律效力。

物业管理纠纷的民事决定书，是指人民法院为了保证物业管理纠纷诉讼的顺利进行，对诉讼过程中发生的障碍或者阻碍诉讼活动正常推移的特殊事项进行处理时所作出的具有法律约束力的结论性判定。例如，当事人在庭审预备阶段临时提出的回避申请等。内容包括：①开头部分，有标题、案件的编号、案由、当事人或者所涉及对象的基本情况。②正文部分，写明据以作出该项决定的事实、理由和法律规定以及该项决定的具体结论。③结尾部分，写明作出该项决定的审判人员、书记员以及作出决定的具体时间。如果该项决定依法可以申请复议的，应一并写明。所有的物业管理纠纷民事决定，一经作出或者送达当事人（或者所涉及的对象），立即发生法律效力。

5. 第二审程序

第二审程序，是指由于民事诉讼的当事人不服地方各级人民法院生效的第一审裁判而在法定期间内向上一级人民法院提起上诉而引起的诉讼程序，是第二审级的人民法院审理上诉案件所适用的程序。由于我国实行两审终审制，当事人不服第一审法院作出的裁判，可以向第一审法院的上一级法院提起上诉，经上一级法院审理并作出裁判后，诉讼便告终结。所以第二审又称上诉审，第二审程序又称上诉再审程序。同时，一个案件经过第二审程序审理并作出裁判后，诉讼即告终结，第二审作出的判决立即发生法律效力，因此，第二审程序又称为终审程序。

《民事诉讼法》第一百六十四条规定："当事人不服地方人民法院第一审判决的，有权在判决书送达之日起十五日内向上一级人民法院提起上诉。当事人不服地方人民法院第一审裁定的，有权在裁定书送达之日起十日内向上一级人民法院提起上诉。"

上诉应当递交上诉状。上诉状的内容，应当包括当事人的姓名，法人的名称及其法定代表人的姓名或者其他组织的名称及其主要负责人的姓名；原审人民法院名称、案件的编号和案由；上诉的请求和理由。

上诉状应当通过原审人民法院提出，并按照对方当事人或者代表人的人数提出副本。当事人直接向第二审人民法院上诉的，第二审人民法院应当在 5 日内将上诉状移交原审人民法院。原审人民法院收到上诉状，应当在 5 日内将上诉状副本送达对方当事人，对方当事人在收到之日起 15 日内提出答辩状。人民法院应当在收到答辩状之日起 5 日内将副本送达上诉人。对方当事人不提出答辩状的，不影响人民法院审理。原审人民法院收到上诉状、答辩状，应当在 5 日内连同全部案卷和证据，报送第二审人民法院。

第二审人民法院应当对上诉请求的有关事实和适用法律进行审查。第二审人民法院对上诉案件，应当组成合议庭，开庭审理。经过阅卷和调查，询问当事人，在事实核对清楚后，合议庭认为不需要开庭审理的，也可以径行判决、裁定。第二审人民法院审理上诉案件，可以在本院进行，也可以到案件发生地或者原审人民法院所在地进行。

第二审人民法院对上诉案件，经过审理，按照下列情形，分别处理。

（1）原判决认定事实清楚，适用法律正确的，判决驳回上诉，维持原判决。

（2）原判决适用法律错误的，依法改判。

（3）原判决认定事实错误，或者原判决认定事实不清，证据不足，裁定撤销原判决，发回原审人民法院重审，或者查清事实后改判。

（4）原判决违反法定程序，可能影响案件正确判决的，裁定撤销原判决，发回原审人民法院重审。

当事人对重审案件的判决、裁定，可以上诉。第二审人民法院审理上诉案件，可以进行调解。调解达成协议，应当制作调解书，由审判人员、书记员署名，加盖人民法院印章。调解书送达后，原审人民法院的判决即视为撤销。

6．执行程序

物业管理纠纷通过诉讼程序后，负有义务的一方当事人拒不按期自动履行其履行义务，另一方当事人有权在法定期限内依照民事诉讼的有关规定，向有管辖权的人民法院申请强制执行生效的法律文书。就是说进入执行程序，即由人民法院根据已经发生法律效力的法律文书的规定，采取法律措施，强制当事人履行义务。在我国，执行程序的发生，必须具备四个条件：①必须有执行依据。包括人民法院的判决书、裁定书、调解书、支付令等法律文书。②执行根据必须具有给付内容。就是说法律文书中确定了一方当事人必须交付给另一方当事人某种财物或者必须完成某种行为。③执行根据必须已发生法律效力的法律文书。未发生法律效力的法律文书，如上诉期之内的一审民事判决，就不得执行。④负有义务的当事人拒绝或推脱履行生效法律文书确定的义务。当事人拒绝履行发生法律效力的法律文书，人民法院依权利人的申请或者依照职权发出执行通知，在执行通知指定的期间内被执行人仍不履行的，应当强制执行。

7．再审程序

当事人申请再审，是指物业管理纠纷诉讼的当事人，对已经发生法律效力的判决、裁定、调解协议，认为有错误，向原审人民法院或者上一级人民法院申请再行审理的行为。发生法律效力的判决、裁定、调解协议：一是双方当事人经过诉讼程序后，双方均不上诉，法律文书生效。二是一方当事人不服提起上诉，进入二审程序，经过二审终审后，人民法院所制作的判决、裁定、调解书终审法律文书。物业管理纠纷诉讼的当事人申请再审必须具备以下条件：①当事人申请再审的对象必须是已经发生法律效力且准予提出再审申请的判决、裁定、调解书。②当事人申请再审应在判决、裁定发生法律效力后6个月内提出。③当事人申请再审，必须向有管辖权的人民法院提出。④当事人申请再审必须符合法定情形。上述当事人申请再审的四个条件，缺一不可，只有同时具备，申请再审才能成立。

六、物业管理纠纷民事诉讼与行政诉讼的区别

物业管理纠纷民事诉讼与行政诉讼有很多相似的地方，这里简单介绍一下民事诉讼与行政诉讼的区别。

1. 案件处理的性质不同

民事诉讼处理的是平等主体之间的有关物业管理的纠纷。行政诉讼处理的是纵向的物业行政管理关系所引起的纠纷。

2. 举证责任不同

民事诉讼所遵循的举证责任为“谁主张，谁举证”，原告负主要责任。行政诉讼奉行的是举证责任倒置，即被告负主要举证责任。

3. 民事诉讼允许调解，行政诉讼不允许调解

基于当事人意思自治的原则，民事诉讼的调解是贯穿于整个民事诉讼过程的。但在行政诉讼过程中，被告方代表的是国家行政职权，而国家权力是不可以放弃的，因此，行政诉讼是不允许调解的。

在仲裁和诉讼中，均应贯彻合法公正的原则，以事实为依据，以法律为准绳。要注重相关法律与物业管理专门法规及地方性法规、规章制度的衔接，并依据宪法的原则处理好法规的效力认定和冲突的解决。但是在许多物业管理重大问题法律未有明确规定的情况下，应当强调发挥政府的主导和干预作用。

第三节 物业管理纠纷的防范

一、物业管理纠纷的起因分析

随着福利分房时代的结束和房地产产业的发展，物业管理纠纷日益增多，物业纠纷也不断升级，保安打业主、业主闹事的暴力事件时有发生。导致物业管理纠纷发生的原因大体有以下几个方面。

第一，物业管理法规规定较笼统，缺乏实际的可操作性。《物业管理条例》的颁布对业主和物业服务企业来说无疑是一个福音，但立法层次仍然较低（仅是行政法规），内容也较为笼统，缺陷也十分明显，如《物业管理条例》比较重视行政处罚，而忽视了民事责任，配套的规章制度也有待于完善。

第二，开发商前期遗留的问题引发了后来物业管理的矛盾。主要表现在三个方面：①分摊不合理导致物业收费难。如先买房的和后买房的业主有差别待遇，同样面积的房屋公共分摊不一致。②配套没兑现。许多房地产开发商为了能把商品房卖出去，做了许多不合实际的承诺，结果实现不了。如广州某小区对外宣传的是封闭式管理，实际上有一条规划路正好穿过小区，而且是几年前已经规划好的，封闭式管理根本无法实现。③维修问题谁负责，开发商和物业服务公司没有衔接好。现在小区入住时物业服务公司多是开发商委托或者自己组建的物业服务公司，开发商和物业服务公司的关

系无论是“亲戚关系”，还是“亲子关系”，这种关系让业主自然而然地觉得物业服务公司是开发商的维护者和售后服务者，就应该负责所有的维修问题。而现在企业运行体制又决定了物业服务公司作为一个独立的经济实体，它也有利益诉求，业主却认为物业服务公司应该为他们排忧解难，矛盾自然就产生。房屋开发和销售完毕以后，监理、设计、施工等单位遗留的问题，这时候由物业服务公司承担，而物业服务公司收费中又没有这部分成本，应该承担责任的逃离了，而不应该承担责任的物业服务公司没有能力也没有义务承担，在这种状态下自然而然就会和业主发生纠纷。

第三，缺乏完善的市场竞争机制。缺乏完善的市场竞争机制，这就无法通过市场确认合理物业管理的费率和利润率，使物业服务企业实现优胜劣汰。如香港的收入水平比内地的收入水平高很多，但香港的物业管理费并不比内地高，这就是完善市场的作用。缺乏完善的市场竞争机制也使业主很难通过市场来选择高素质的物业服务公司为自己服务。

第四，物业服务企业和业主的观念错位。物业服务企业的服务理念没有完全建立起来。物业管理是业主与物业服务企业通过委托服务合同确立的，在地位上业主与物业服务企业是平等的，物业服务企业是业主请来的“管家”。但物业服务企业的很多工作方法和理念还是过去行政管理的一套模式，缺乏市场经济的竞争意识和服务意识，没有形成物业管理的规范商业模式。一旦业主与物业服务企业发生矛盾，物业服务企业较少能耐心改进工作，而是采取断水、断电等方式相要挟，导致纠纷迭起，最终只能通过诉讼解决。同时小区业主普遍存在“少交费、多服务”的心理，希望物业服务企业能够解决小区内出现的一切问题，而不管是否属于物业服务合同约定的事项，否则将不交、迟交物业服务费。

第五，业主委员会运作不规范。业主委员会运作不规范，无法起到沟通业主和物业服务企业的桥梁作用。业主委员会是由全体业主选出的，代表全体业主利益的常设性机构。但由于经费匮乏、激励机制缺失、业主参与意识不强等原因，导致很多小区业主委员会形同虚设，业主委员会成员违法、违规操作的事情时有发生，业主、物业服务企业与业主委员会之间又增加了许多无谓的矛盾与纠纷。

二、物业管理纠纷的防范措施

第一，完善相关立法工作。房地产行业的迅猛发展势头，必然要求建立与之相配套的物业管理法律，以推动和完善房地产行业的发展。我国虽然出台了《民法典》《物业管理条例》，一方面，《民法典》虽对业主的建筑物区分所有权有着专章规定，但就其规定来看显然还不够全面、完善；另一方面，《物业管理条例》毕竟也仅仅只是国务院颁布的一个行政法规。因此，建议制定《物业管理法》，废止过时的规章和条例，进一步明确物业管理的主体、权利、义务、范围、标准及法律救济手段，从而为解决物业管理纠纷提供法律标准和依据。

第二，加大行业规范化管理力度。在目前很多实际操作问题尚未明确的情况下，相关行政管理部门加强对物业服务公司的管理监督尤为重要。①要对物业服务公司的资质进行严格审查，提高物业服务企业的素质。②要督促开发商成立业主管理委员会，保护业主的合法权益；对开发商不设立业主委员会的，要采取惩罚措施；对已经成立的业主委员会运作提出具体指导意见，并接受业主投诉，防止业主委员会成员滥用手中的职权。③要打破物业服务企业的垄断地位，在适当时候要采用公开招投标的方式，由业主自主选择合适的物业服务企业。④有关行政管理部门要定期对物业服务企业加大抽查力度，对不合格的予以整顿，并采取相应的惩罚和制裁措施。⑤协调物业管理中涉及治安、环保、城管、消防、水电、卫生等政府部门的事务。⑥确立物业服务企业在招标、投标过程中一系列的具体措施，以及物业服务和物业服务收费标准。

第三，培育和完善物业管理市场，把物业管理纳入市场运行的轨道。首先，要改变由行政安排和房地产开发商自行组建物业服务企业的做法，用市场竞争的方式产生物业服务企业，并在政策上给予一定的扶持；对现有的物业服务企业要逐步做到与房地产行政部门及房地产开发商分离。其次，要推广和完善物业企业聘用和招投标的办法，要实行市场的准入机制、准入制度，加强物业服务企业的资质认证，防止不合格的物业服务企业在市场上充数。最后，要确立物业管理的商业模式、标准模式，根据不同的消费层次确立不同的服务标准和费率。

第四，业主和物业服务企业通过签订一份具体明确、内容详尽的物业管理合同来规范双方的行为。现在，无论是商家还是消费者，都很看重售后服务，因为售后服务是交易双方的交易目的得以实现的重要保障。物业管理是买房后的售后服务，而房屋可能是一个人终身使用的商品，因此，物业服务内容与项目、服务水准及收费标准都应在物业管理合同里列载清楚。如果物业管理合同内容不完备，条款用语含混，欠缺必备的约定内容，这些必将成为日后产生争议的原因。反之，则合同双方会减少很多麻烦。从司法实践来看，业主因物业服务企业服务质量低劣而拖欠物业管理费或解聘物业服务企业的案件大量出现。由于物业服务合同签订过于笼统，细化不够，结果通常是业主举证不足，而导致败诉。我们呼吁物业管理行政主管部门应尽快制定物业管理服务的量化考评标准。

第五，进一步规范政府行为。前面我们提到由于物业管理尚未定型化、规范化，因此物业管理行政主管部门应当加强对物业服务企业的监督管理，但任何不受制约的权力都会产生腐败，所以我们应当进一步规范政府行为，防止权力被滥用。关于这一点，《物业管理条例》第六十六条对此有明确规定："违反本条例的规定，国务院建设行政主管部门、县级以上地方人民政府房地产行政主管部门或者其他有关行政管理部门的工作人员利用职务上的便利，收受他人财物或者其他好处，不依法履行监督管理职责，或者发现违法行为不予查处，构成犯罪的，依法追究刑事责任；尚不构成犯罪的，依法给予行政处分。”但这还远远不够，比如目前物业行政管理活动中的一个突出问题是行政事业性收费问题。今后我们必须通过立法加强对政府行政行为的规范，起码应当核定统一的收费项目与标准，取缔各部门自定收费的做法。

【小　结】

本章主要讲述的是物业管理纠纷的防范与处理的基本内容。物业管理纠纷，是指自然人、法人、其他社会组织、国家行政管理机关就物业与物业管理相关事项发生的争端。物业管理纠纷是房地产纠纷总类的一个分类，物业管理纠纷随着房地产行业的高速发展而日益增多。根据物业纠纷法律关系的性质差异，可以将物业管理纠纷划分为三大类：民事纠纷、行政纠纷和刑事纠纷。根据纠纷与权益的关系状态不同，可以将物业管理纠纷分为两大类：静态的物业管理纠纷和动态的物业管理纠纷。目前常见的物业管理纠纷多为民事纠纷。物业管理纠纷的处理方式，概括起来有以下四种：①自决与协商；②调解；③仲裁；④诉讼。当事人由于物业管理产生的纠纷，可以自由选择处理方式，既可以通过协商和解解决纠纷，也可以约定申请仲裁或者通过诉讼解决纠纷。本章最后分析了物业管理纠纷产生的原因，并提出了相应的对策。

拓展阅读

【典型案例】

物业服务公司是否可以采取强制措施

某小区物业服务公司是由该小区的长江房地产开发有限责任公司组建成立的，具有相应的物业管理资质，系独立核算、自负盈亏的企业法人，但物业服务公司的很多工作人员就是长江房地产开发有限责任公司的职工。在业主收楼、入住后，就由该物业服务公司负责该小区的物业管理服务工作。其中小区 3 号楼某住户系分期付款购房，但其入住后却迟迟未将剩余的房款付清，房地产开发商多次催缴，但都得不到住户的回应。某日，开发商给该物业服务公司发来一份通知，要求对该住户采取停水、停电、停天然气的措施，以迫使该住户及早交清尾款。该物业服务公司马上照办，时值盛夏，该住户家中无水、无电，给其生活带来了极大的不便，从而引发纠纷。

【分析】

本案的焦点问题是物业服务公司采取的强制措施是否合法。

在本案中，首先需要解决的问题是物业服务企业定位的问题。物业管理作为一种法律关系与开发商及业主间的房屋买卖法律关系是相互独立的。在房屋买卖关系中，买方承担支付房价款的义务，享有取得房屋所有权的权利。而在物业管理法律关系中，业主承担支付物业管理费的义务，享有接受物业服务企业服务的权利。在任何一个法律关系中，责、权、利均应一致。履行了相关的合同义务，就应当享有相应的权利，反之，则应按照合同的约定承担相应的责任，这就是责、权、利一致。

本案中的住户，同时是房屋买卖关系以及物业管理关系的主体。他未按时缴纳房款，说明他没有履行房屋买卖关系中按时付款的义务，那么他就应该承担相应的民事责任，开发商也有权要求其承担这种民事责任。开发商可以按照购房合同的规定要求该业主承担违约金、利息等责任，甚至可以要求解除合同等。对于纠纷的解决，双方可以以协商的方式、诉讼的方式或其他方式来解决，但是如果该住户已经按照物业服务合同的规定缴纳了物业管理费，这就意味着他在物业管理法律关系中已经履行了自己的义务，那么他就应该得到完善的物业管理服务，包括水、电、气、暖等设施设备的良好使用等。物业服务公司应该保证其权利的实现，而其他人（包括开发商）则不能对这种权益进行侵害。

现在开发商要求物业服务公司用停水、停电的方式迫使住户按时交清房款，其实质就是：由于住户未履行房屋买卖关系中的义务而不能享有物业管理法律关系中的权利。这显然是对住户合法行使权利的阻挠。而物业服务公司按照开发商的要求对住户停水、停电则违背了其法定职责与义务，更是不对的。水、电、天然气供应和收费实际上是由相关公共事业企业负责的，物业服务企业仅就小区内的相应设施代为管理，无权自作主张停止水、电、天然气的供应，我国《民法典》对此有明确的规定。

目前在我国物业行业，物业服务企业与房地产开发商往往有千丝万缕的联系，不少物业服务企业都是开发商出钱设立的。虽说名义上是独立自主经营的企业法人，但由于开发商还能控制物业服务企业的人、财、物，导致物业服务企业受制于开发商，不能够真正地独立自主经营，而只能成为开发商的附庸，是实际上的“父子关系”“母子关系”。还有一些专门的物业服务企业虽然不依附于房地产开发商，但是业务上需要开发商的支持和配合，也不敢轻易得罪开发商。不管谁从事物业服务工作，不管物业服务企业与开发商的关系如何，都不能混淆物业服务关系与房屋买卖关系的区别，以违法的方式来配合开发商的工作。

参考书目

[1] 陈华彬. 现代建筑物区分所有权制度研究 [M]. 北京：法律出版社，1995.

[2] 马克力，王磊，罗海艳. 物业管理纠纷 [M]. 北京：法律出版社，2007.

[3] 夏善胜. 物业管理法 [M]. 北京：法律出版社，2003.

[4] 陈枫，王克非. 物业管理 [M]. 北京：北京大学出版社，2007.

[5] 国务院法制办农业资源环保法制司，建设部政策法规司、住宅与房地产业司. 物业管理条例释义 [M]. 北京：知识产权出版社，2003.

[6] 李宗锷. 香港房地产法 [M]. 香港：商务印书馆香港分馆，1988.

[7] 周序中. 业主维权实务 [M]. 北京：人民法院出版社，2006.

[8] 张连生，杨立方，盛承懋. 物业管理案例分析 [M]. 南京：东南大学出版社，2000.

[9] 金俭. 房地产法学 [M]. 北京：科学出版社，2008.

[10] 刘湖北，岳娜，胡万平. 物业管理法规与案例评析 [M]. 北京：中国建筑工业出版社，2007.

[11] 孙彬. 物业管理法规 [M]. 广州：广东高等教育出版社，2019.

[12] 阎祖兴. 物业管理法律实务 [M]. 北京：中国建筑工业出版社，2003.

[13] 江伟. 民事诉讼法 [M]. 5 版. 北京：高等教育出版社，2016.

[14] 高铭暄，马克昌. 刑法学 [M]. 7 版. 北京：北京大学出版社，2016.

[15] 黄乐平. 业主物权与物业管理法务全解 [M]. 北京：法律出版社，2008.

[16] 中华人民共和国民法典 [M]. 北京：法律出版社，2020.

[17] 刘兴桂. 物业管理法 [M]. 广州：中山大学出版社，2000.

附　录

附录 1　《中华人民共和国民法典》第二编　物权（节选）

第六章　业主的建筑物区分所有权

第二百七十一条　业主对建筑物内的住宅、经营性用房等专有部分享有所有权，对专有部分以外的共有部分享有共有和共同管理的权利。

第二百七十二条　业主对其建筑物专有部分享有占有、使用、收益和处分的权利。业主行使权利不得危及建筑物的安全，不得损害其他业主的合法权益。

第二百七十三条　业主对建筑物专有部分以外的共有部分，享有权利，承担义务；不得以放弃权利为由不履行义务。

业主转让建筑物内的住宅、经营性用房，其对共有部分享有的共有和共同管理的权利一并转让。

第二百七十四条　建筑区划内的道路，属于业主共有，但是属于城镇公共道路的除外。建筑区划内的绿地，属于业主共有，但是属于城镇公共绿地或者明示属于个人的除外。建筑区划内的其他公共场所、公用设施和物业服务用房，属于业主共有。

第二百七十五条　建筑区划内，规划用于停放汽车的车位、车库的归属，由当事人通过出售、附赠或者出租等方式约定。

占用业主共有的道路或者其他场地用于停放汽车的车位，属于业主共有。

第二百七十六条　建筑区划内，规划用于停放汽车的车位、车库应当首先满足业主的需要。

第二百七十七条　业主可以设立业主大会，选举业主委员会。业主大会、业主委员会成立的具体条件和程序，依照法律、法规的规定。

地方人民政府有关部门、居民委员会应当对设立业主大会和选举业主委员会给予指导和协助。

第二百七十八条　下列事项由业主共同决定：

（一）制定和修改业主大会议事规则；

（二）制定和修改管理规约；

（三）选举业主委员会或者更换业主委员会成员；

（四）选聘和解聘物业服务企业或者其他管理人；

（五）使用建筑物及其附属设施的维修资金；

（六）筹集建筑物及其附属设施的维修资金；

（七）改建、重建建筑物及其附属设施；

（八）改变共有部分的用途或者利用共有部分从事经营活动；

（九）有关共有和共同管理权利的其他重大事项。

业主共同决定事项，应当由专有部分面积占比三分之二以上的业主且人数占比三分之二以上的业主参与表决。决定前款第六项至第八项规定的事项，应当经参与表决专有部分面积四分之三以上的业主且参与表决人数四分之三以上的业主同意。决定前款其他事项，应当经参与表决专有部分面积过半数的业主且参与表决人数过半数的业主同意。

第二百七十九条 业主不得违反法律、法规以及管理规约，将住宅改变为经营性用房。业主将住宅改变为经营性用房的，除遵守法律、法规以及管理规约外，应当经有利害关系的业主一致同意。

第二百八十条 业主大会或者业主委员会的决定，对业主具有法律约束力。

业主大会或者业主委员会作出的决定侵害业主合法权益的，受侵害的业主可以请求人民法院予以撤销。

第二百八十一条 建筑物及其附属设施的维修资金，属于业主共有。经业主共同决定，可以用于电梯、屋顶、外墙、无障碍设施等共有部分的维修、更新和改造。建筑物及其附属设施的维修资金的筹集、使用情况应当定期公布。

紧急情况下需要维修建筑物及其附属设施的，业主大会或者业主委员会可以依法申请使用建筑物及其附属设施的维修资金。

第二百八十二条 建设单位、物业服务企业或者其他管理人等利用业主的共有部分产生的收入，在扣除合理成本之后，属于业主共有。

第二百八十三条 建筑物及其附属设施的费用分摊、收益分配等事项，有约定的，按照约定；没有约定或者约定不明确的，按照业主专有部分面积所占比例确定。

第二百八十四条 业主可以自行管理建筑物及其附属设施，也可以委托物业服务企业或者其他管理人管理。

对建设单位聘请的物业服务企业或者其他管理人，业主有权依法更换。

第二百八十五条 物业服务企业或者其他管理人根据业主的委托，依照本法第三编有关物业服务合同的规定管理建筑区划内的建筑物及其附属设施，接受业主的监督，并及时答复业主对物业服务情况提出的询问。

物业服务企业或者其他管理人应当执行政府依法实施的应急处置措施和其他管理

措施，积极配合开展相关工作。

第二百八十六条 业主应当遵守法律、法规以及管理规约，相关行为应当符合节约资源、保护生态环境的要求。对于物业服务企业或者其他管理人执行政府依法实施的应急处置措施和其他管理措施，业主应当依法予以配合。

业主大会或者业主委员会，对任意弃置垃圾、排放污染物或者噪声、违反规定饲养动物、违章搭建、侵占通道、拒付物业费等损害他人合法权益的行为，有权依照法律、法规以及管理规约，请求行为人停止侵害、排除妨碍、消除危险、恢复原状、赔偿损失。

业主或者其他行为人拒不履行相关义务的，有关当事人可以向有关行政主管部门报告或者投诉，有关行政主管部门应当依法处理。

第二百八十七条 业主对建设单位、物业服务企业或者其他管理人以及其他业主侵害自己合法权益的行为，有权请求其承担民事责任。

第七章　相邻关系

第二百八十八条 不动产的相邻权利人应当按照有利生产、方便生活、团结互助、公平合理的原则，正确处理相邻关系。

第二百八十九条 法律、法规对处理相邻关系有规定的，依照其规定；法律、法规没有规定的，可以按照当地习惯。

第二百九十条 不动产权利人应当为相邻权利人用水、排水提供必要的便利。

对自然流水的利用，应当在不动产的相邻权利人之间合理分配。对自然流水的排放，应当尊重自然流向。

第二百九十一条 不动产权利人对相邻权利人因通行等必须利用其土地的，应当提供必要的便利。

第二百九十二条 不动产权利人因建造、修缮建筑物以及铺设电线、电缆、水管、暖气和燃气管线等必须利用相邻土地、建筑物的，该土地、建筑物的权利人应当提供必要的便利。

第二百九十三条 建造建筑物，不得违反国家有关工程建设标准，不得妨碍相邻建筑物的通风、采光和日照。

第二百九十四条 不动产权利人不得违反国家规定弃置固体废物，排放大气污染物、水污染物、土壤污染物、噪声、光辐射、电磁辐射等有害物质。

第二百九十五条 不动产权利人挖掘土地、建造建筑物、铺设管线以及安装设备等，不得危及相邻不动产的安全。

第二百九十六条 不动产权利人因用水、排水、通行、铺设管线等利用相邻不动产的，应当尽量避免对相邻的不动产权利人造成损害。

附录2 《中华人民共和国民法典》第三编 合同（节选）

第二十四章 物业服务合同

第九百三十七条 物业服务合同是物业服务人在物业服务区域内，为业主提供建筑物及其附属设施的维修养护、环境卫生和相关秩序的管理维护等物业服务，业主支付物业费的合同。

物业服务人包括物业服务企业和其他管理人。

第九百三十八条 物业服务合同的内容一般包括服务事项、服务质量、服务费用的标准和收取办法、维修资金的使用、服务用房的管理和使用、服务期限、服务交接等条款。

物业服务人公开作出的有利于业主的服务承诺，为物业服务合同的组成部分。

物业服务合同应当采用书面形式。

第九百三十九条 建设单位依法与物业服务人订立的前期物业服务合同，以及业主委员会与业主大会依法选聘的物业服务人订立的物业服务合同，对业主具有法律约束力。

第九百四十条 建设单位依法与物业服务人订立的前期物业服务合同约定的服务期限届满前，业主委员会或者业主与新物业服务人订立的物业服务合同生效的，前期物业服务合同终止。

第九百四十一条 物业服务人将物业服务区域内的部分专项服务事项委托给专业性服务组织或者其他第三人的，应当就该部分专项服务事项向业主负责。

物业服务人不得将其应当提供的全部物业服务转委托给第三人，或者将全部物业服务支解后分别转委托给第三人。

第九百四十二条 物业服务人应当按照约定和物业的使用性质，妥善维修、养护、清洁、绿化和经营管理物业服务区域内的业主共有部分，维护物业服务区域内的基本秩序，采取合理措施保护业主的人身、财产安全。

对物业服务区域内违反有关治安、环保、消防等法律法规的行为，物业服务人应当及时采取合理措施制止、向有关行政主管部门报告并协助处理。

第九百四十三条 物业服务人应当定期将服务的事项、负责人员、质量要求、收费项目、收费标准、履行情况，以及维修资金使用情况、业主共有部分的经营与收益情况等以合理方式向业主公开并向业主大会、业主委员会报告。

第九百四十四条 业主应当按照约定向物业服务人支付物业费。物业服务人已经按照约定和有关规定提供服务的，业主不得以未接受或者无需接受相关物业服务为由拒绝支付物业费。

业主违反约定逾期不支付物业费的，物业服务人可以催告其在合理期限内支付；合理期限届满仍不支付的，物业服务人可以提起诉讼或者申请仲裁。

物业服务人不得采取停止供电、供水、供热、供燃气等方式催交物业费。

第九百四十五条 业主装饰装修房屋的，应当事先告知物业服务人，遵守物业服务人提示的合理注意事项，并配合其进行必要的现场检查。

业主转让、出租物业专有部分、设立居住权或者依法改变共有部分用途的，应当及时将相关情况告知物业服务人。

第九百四十六条 业主依照法定程序共同决定解聘物业服务人的，可以解除物业服务合同。决定解聘的，应当提前六十日书面通知物业服务人，但是合同对通知期限另有约定的除外。

依据前款规定解除合同造成物业服务人损失的，除不可归责于业主的事由外，业主应当赔偿损失。

第九百四十七条 物业服务期限届满前，业主依法共同决定续聘的，应当与原物业服务人在合同期限届满前续订物业服务合同。

物业服务期限届满前，物业服务人不同意续聘的，应当在合同期限届满前九十日书面通知业主或者业主委员会，但是合同对通知期限另有约定的除外。

第九百四十八条 物业服务期限届满后，业主没有依法作出续聘或者另聘物业服务人的决定，物业服务人继续提供物业服务的，原物业服务合同继续有效，但是服务期限为不定期。

当事人可以随时解除不定期物业服务合同，但是应当提前六十日书面通知对方。

第九百四十九条 物业服务合同终止的，原物业服务人应当在约定期限或者合理期限内退出物业服务区域，将物业服务用房、相关设施、物业服务所必需的相关资料等交还给业主委员会、决定自行管理的业主或者其指定的人，配合新物业服务人做好交接工作，并如实告知物业的使用和管理状况。

原物业服务人违反前款规定的，不得请求业主支付物业服务合同终止后的物业费；造成业主损失的，应当赔偿损失。

第九百五十条 物业服务合同终止后，在业主或者业主大会选聘的新物业服务人或者决定自行管理的业主接管之前，原物业服务人应当继续处理物业服务事项，并可以请求业主支付该期间的物业费。

附录3 物业管理条例

[2003年6月8日中华人民共和国国务院令第379号公布 根据2007年8月26日《国务院关于修改〈物业管理条例〉的决定》第一次修订 根据2016年2月6日《国务院关于修改部分行政法规的决定》第二次修订 2018年3月19日，根据《国务院关于修改和废止部分行政法规的决定》（国务院令第698号）第三次修订]

目 录

第一章 总 则

第一条 为了规范物业管理活动，维护业主和物业服务企业的合法权益，改善人民群众的生活和工作环境，制定本条例。

第二条 本条例所称物业管理，是指业主通过选聘物业服务企业，由业主和物业服务企业按照物业服务合同约定，对房屋及配套的设施设备和相关场地进行维修、养护、管理，维护物业管理区域内的环境卫生和相关秩序的活动。

第三条 国家提倡业主通过公开、公平、公正的市场竞争机制选择物业服务企业。

第四条 国家鼓励采用新技术、新方法，依靠科技进步提高物业管理和服务水平。

第五条 国务院建设行政主管部门负责全国物业管理活动的监督管理工作。

县级以上地方人民政府房地产行政主管部门负责本行政区域内物业管理活动的监督管理工作。

第二章 业主及业主大会

第六条 房屋的所有权人为业主。

业主在物业管理活动中，享有下列权利：

（一）按照物业服务合同的约定，接受物业服务企业提供的服务；

（二）提议召开业主大会会议，并就物业管理的有关事项提出建议；

（三）提出制定和修改管理规约、业主大会议事规则的建议；

（四）参加业主大会会议，行使投票权；

（五）选举业主委员会成员，并享有被选举权；

（六）监督业主委员会的工作；

（七）监督物业服务企业履行物业服务合同；

（八）对物业共用部位、共用设施设备和相关场地使用情况享有知情权和监督权；

（九）监督物业共用部位、共用设施设备专项维修资金（以下简称“专项维修资金”）的管理和使用；

（十）法律、法规规定的其他权利。

第七条　业主在物业管理活动中，履行下列义务：

（一）遵守管理规约、业主大会议事规则；

（二）遵守物业管理区域内物业共用部位和共用设施设备的使用、公共秩序和环境卫生的维护等方面的规章制度；

（三）执行业主大会的决定和业主大会授权业主委员会作出的决定；

（四）按照国家有关规定交纳专项维修资金；

（五）按时交纳物业服务费用；

（六）法律、法规规定的其他义务。

第八条　物业管理区域内全体业主组成业主大会。

业主大会应当代表和维护物业管理区域内全体业主在物业管理活动中的合法权益。

第九条　一个物业管理区域成立一个业主大会。

物业管理区域的划分应当考虑物业的共用设施设备、建筑物规模、社区建设等因素。具体办法由省、自治区、直辖市制定。

第十条　同一个物业管理区域内的业主，应当在物业所在地的区、县人民政府房地产行政主管部门或者街道办事处、乡镇人民政府的指导下成立业主大会，并选举产生业主委员会。但是，只有一个业主的，或者业主人数较少且经全体业主一致同意，决定不成立业主大会的，由业主共同履行业主大会、业主委员会职责。

第十一条　下列事项由业主共同决定：

（一）制定和修改业主大会议事规则；

（二）制定和修改管理规约；

（三）选举业主委员会或者更换业主委员会成员；

（四）选聘和解聘物业服务企业；

（五）筹集和使用专项维修资金；

（六）改建、重建建筑物及其附属设施；

（七）有关共有和共同管理权利的其他重大事项。

第十二条 业主大会会议可以采用集体讨论的形式，也可以采用书面征求意见的形式；但是，应当有物业管理区域内专有部分占建筑物总面积过半数的业主且占总人数过半数的业主参加。

业主可以委托代理人参加业主大会会议。

业主大会决定本条例第十一条第（五）项和第（六）项规定的事项，应当经专有部分占建筑物总面积三分之二以上的业主且占总人数三分之二以上的业主同意；决定本条例第十一条规定的其他事项，应当经专有部分占建筑物总面积过半数的业主且占总人数过半数的业主同意。

业主大会或者业主委员会的决定，对业主具有约束力。

业主大会或者业主委员会作出的决定侵害业主合法权益的，受侵害的业主可以请求人民法院予以撤销。

第十三条 业主大会会议分为定期会议和临时会议。

业主大会定期会议应当按照业主大会议事规则的规定召开。经20%以上的业主提议，业主委员会应当组织召开业主大会临时会议。

第十四条 召开业主大会会议，应当于会议召开15日以前通知全体业主。

住宅小区的业主大会会议，应当同时告知相关的居民委员会。

业主委员会应当做好业主大会会议记录。

第十五条 业主委员会执行业主大会的决定事项，履行下列职责：

（一）召集业主大会会议，报告物业管理的实施情况；

（二）代表业主与业主大会选聘的物业服务企业签订物业服务合同；

（三）及时了解业主、物业使用人的意见和建议，监督和协助物业服务企业履行物业服务合同；

（四）监督管理规约的实施；

（五）业主大会赋予的其他职责。

第十六条 业主委员会应当自选举产生之日起30日内，向物业所在地的区、县人民政府房地产行政主管部门和街道办事处、乡镇人民政府备案。

业主委员会委员应当由热心公益事业、责任心强、具有一定组织能力的业主担任。

业主委员会主任、副主任在业主委员会成员中推选产生。

第十七条 管理规约应当对有关物业的使用、维护、管理，业主的共同利益，业主应当履行的义务，违反管理规约应当承担的责任等事项依法作出约定。

管理规约应当尊重社会公德，不得违反法律、法规或者损害社会公共利益。

管理规约对全体业主具有约束力。

第十八条 业主大会议事规则应当就业主大会的议事方式、表决程序、业主委员会的组成和成员任期等事项作出约定。

第十九条 业主大会、业主委员会应当依法履行职责，不得作出与物业管理无关的决定，不得从事与物业管理无关的活动。

业主大会、业主委员会作出的决定违反法律、法规的，物业所在地的区、县人民政府房地产行政主管部门或者街道办事处、乡镇人民政府，应当责令限期改正或者撤销其决定，并通告全体业主。

第二十条 业主大会、业主委员会应当配合公安机关，与居民委员会相互协作，共同做好维护物业管理区域内的社会治安等相关工作。

在物业管理区域内，业主大会、业主委员会应当积极配合相关居民委员会依法履行自治管理职责，支持居民委员会开展工作，并接受其指导和监督。

住宅小区的业主大会、业主委员会作出的决定，应当告知相关的居民委员会，并认真听取居民委员会的建议。

第三章 前期物业管理

第二十一条 在业主、业主大会选聘物业服务企业之前，建设单位选聘物业服务企业的，应当签订书面的前期物业服务合同。

第二十二条 建设单位应当在销售物业之前，制定临时管理规约，对有关物业的使用、维护、管理，业主的共同利益，业主应当履行的义务，违反临时管理规约应当承担的责任等事项依法作出约定。

建设单位制定的临时管理规约，不得侵害物业买受人的合法权益。

第二十三条 建设单位应当在物业销售前将临时管理规约向物业买受人明示，并予以说明。

物业买受人在与建设单位签订物业买卖合同时，应当对遵守临时管理规约予以书面承诺。

第二十四条 国家提倡建设单位按照房地产开发与物业管理相分离的原则，通过招投标的方式选聘具有相应资质的物业服务企业。

住宅物业的建设单位，应当通过招投标的方式选聘具有相应资质的物业服务企业；投标人少于3个或者住宅规模较小的，经物业所在地的区、县人民政府房地产行政主管部门批准，可以采用协议方式选聘具有相应资质的物业服务企业。

第二十五条 建设单位与物业买受人签订的买卖合同应当包含前期物业服务合同约定的内容。

第二十六条 前期物业服务合同可以约定期限；但是，期限未满、业主委员会与物业服务企业签订的物业服务合同生效的，前期物业服务合同终止。

第二十七条 业主依法享有的物业共用部位、共用设施设备的所有权或者使用权，建设单位不得擅自处分。

第二十八条 物业服务企业承接物业时，应当对物业共用部位、共用设施设备进行查验。

第二十九条 在办理物业承接验收手续时，建设单位应当向物业服务企业移交下列资料：

（一）竣工总平面图，单体建筑、结构、设备竣工图，配套设施、地下管网工程竣工图等竣工验收资料；

（二）设施设备的安装、使用和维护保养等技术资料；

（三）物业质量保修文件和物业使用说明文件；

（四）物业管理所必需的其他资料。

物业服务企业应当在前期物业服务合同终止时将上述资料移交给业主委员会。

第三十条 建设单位应当按照规定在物业管理区域内配置必要的物业管理用房。

第三十一条 建设单位应当按照国家规定的保修期限和保修范围，承担物业的保修责任。

第四章 物业管理服务

第三十二条 从事物业管理活动的企业应当具有独立的法人资格。

国家对从事物业管理活动的企业实行资质管理制度。具体办法由国务院建设行政主管部门制定。

第三十三条 一个物业管理区域由一个物业服务企业实施物业管理。

第三十四条 业主委员会应当与业主大会选聘的物业服务企业订立书面的物业服务合同。

物业服务合同应当对物业管理事项、服务质量、服务费用、双方的权利义务、专项维修资金的管理与使用、物业管理用房、合同期限、违约责任等内容进行约定。

第三十五条 物业服务企业应当按照物业服务合同的约定，提供相应的服务。

物业服务企业未能履行物业服务合同的约定，导致业主人身、财产安全受到损害的，应当依法承担相应的法律责任。

第三十六条 物业服务企业承接物业时，应当与业主委员会办理物业验收手续。

业主委员会应当向物业服务企业移交本条例第二十九条第（一）项规定的资料。

第三十七条 物业管理用房的所有权依法属于业主。未经业主大会同意，物业服务企业不得改变物业管理用房的用途。

第三十八条 物业服务合同终止时，物业服务企业应当将物业管理用房和本条例

第二十九条第（一）项规定的资料交还给业主委员会。

物业服务合同终止时，业主大会选聘了新的物业服务企业的，物业服务企业之间应当做好交接工作。

第三十九条　物业服务企业可以将物业管理区域内的专项服务业务委托给专业性服务企业，但不得将该区域内的全部物业管理一并委托给他人。

第四十条　物业服务收费应当遵循合理、公开以及费用与服务水平相适应的原则，区别不同物业的性质和特点，由业主和物业服务企业按照国务院价格主管部门会同国务院建设行政主管部门制定的物业服务收费办法，在物业服务合同中约定。

第四十一条　业主应当根据物业服务合同的约定交纳物业服务费用。业主与物业使用人约定由物业使用人交纳物业服务费用的，从其约定，业主负连带交纳责任。

已竣工但尚未出售或者尚未交给物业买受人的物业，物业服务费用由建设单位交纳。

第四十二条　县级以上人民政府价格主管部门会同同级房地产行政主管部门，应当加强对物业服务收费的监督。

第四十三条　物业服务企业可以根据业主的委托提供物业服务合同约定以外的服务项目，服务报酬由双方约定。

第四十四条　物业管理区域内，供水、供电、供气、供热、通信、有线电视等单位应当向最终用户收取有关费用。

物业服务企业接受委托代收前款费用的，不得向业主收取手续费等额外费用。

第四十五条　对物业管理区域内违反有关治安、环保、物业装饰装修和使用等方面法律、法规规定的行为，物业服务企业应当制止，并及时向有关行政管理部门报告。

有关行政管理部门在接到物业服务企业的报告后，应当依法对违法行为予以制止或者依法处理。

第四十六条　物业服务企业应当协助做好物业管理区域内的安全防范工作。发生安全事故时，物业服务企业在采取应急措施的同时，应当及时向有关行政管理部门报告，协助做好救助工作。

物业服务企业雇请保安人员的，应当遵守国家有关规定。保安人员在维护物业管理区域内的公共秩序时，应当履行职责，不得侵害公民的合法权益。

第四十七条　物业使用人在物业管理活动中的权利义务由业主和物业使用人约定，但不得违反法律、法规和管理规约的有关规定。

物业使用人违反本条例和管理规约的规定，有关业主应当承担连带责任。

第四十八条　县级以上地方人民政府房地产行政主管部门应当及时处理业主、业主委员会、物业使用人和物业服务企业在物业管理活动中的投诉。

第五章 物业的使用与维护

第四十九条 物业管理区域内按照规划建设的公共建筑和共用设施，不得改变用途。

业主依法确需改变公共建筑和共用设施用途的，应当在依法办理有关手续后告知物业服务企业；物业服务企业确需改变公共建筑和共用设施用途的，应当提请业主大会讨论决定同意后，由业主依法办理有关手续。

第五十条 业主、物业服务企业不得擅自占用、挖掘物业管理区域内的道路、场地，损害业主的共同利益。

因维修物业或者公共利益，业主确需临时占用、挖掘道路、场地的，应当征得业主委员会和物业服务企业的同意；物业服务企业确需临时占用、挖掘道路、场地的，应当征得业主委员会的同意。

业主、物业服务企业应当将临时占用、挖掘的道路、场地，在约定期限内恢复原状。

第五十一条 供水、供电、供气、供热、通信、有线电视等单位，应当依法承担物业管理区域内相关管线和设施设备维修、养护的责任。

前款规定的单位因维修、养护等需要，临时占用、挖掘道路、场地的，应当及时恢复原状。

第五十二条 业主需要装饰装修房屋的，应当事先告知物业服务企业。

物业服务企业应当将房屋装饰装修中的禁止行为和注意事项告知业主。

第五十三条 住宅物业、住宅小区内的非住宅物业或者与单幢住宅楼结构相连的非住宅物业的业主，应当按照国家有关规定交纳专项维修资金。

专项维修资金属于业主所有，专项用于物业保修期满后物业共用部位、共用设施设备的维修和更新、改造，不得挪作他用。

专项维修资金收取、使用、管理的办法由国务院建设行政主管部门会同国务院财政部门制定。

第五十四条 利用物业共用部位、共用设施设备进行经营的，应当在征得相关业主、业主大会、物业服务企业的同意后，按照规定办理有关手续。业主所得收益应当主要用于补充专项维修资金，也可以按照业主大会的决定使用。

第五十五条 物业存在安全隐患，危及公共利益及他人合法权益时，责任人应当及时维修养护，有关业主应当给予配合。

责任人不履行维修养护义务的，经业主大会同意，可以由物业服务企业维修养护，费用由责任人承担。

第六章　法律责任

第五十六条　违反本条例的规定，住宅物业的建设单位未通过招投标的方式选聘物业服务企业或者未经批准，擅自采用协议方式选聘物业服务企业的，由县级以上地方人民政府房地产行政主管部门责令限期改正，给予警告，可以并处 10 万元以下的罚款。

第五十七条　违反本条例的规定，建设单位擅自处分属于业主的物业共用部位、共用设施设备的所有权或者使用权的，由县级以上地方人民政府房地产行政主管部门处 5 万元以上 20 万元以下的罚款；给业主造成损失的，依法承担赔偿责任。

第五十八条　违反本条例的规定，不移交有关资料的，由县级以上地方人民政府房地产行政主管部门责令限期改正；逾期仍不移交有关资料的，对建设单位、物业服务企业予以通报，处 1 万元以上 10 万元以下的罚款。

第五十九条　违反本条例的规定，未取得资质证书从事物业管理的，由县级以上地方人民政府房地产行政主管部门没收违法所得，并处 5 万元以上 20 万元以下的罚款；给业主造成损失的，依法承担赔偿责任。

以欺骗手段取得资质证书的，依照本条第一款规定处罚，并由颁发资质证书的部门吊销资质证书。

第六十条　违反本条例的规定，物业服务企业将一个物业管理区域内的全部物业管理一并委托给他人的，由县级以上地方人民政府房地产行政主管部门责令限期改正，处委托合同价款 30% 以上 50% 以下的罚款；情节严重的，由颁发资质证书的部门吊销资质证书。委托所得收益，用于物业管理区域内物业共用部位、共用设施设备的维修、养护，剩余部分按照业主大会的决定使用；给业主造成损失的，依法承担赔偿责任。

第六十一条　违反本条例的规定，挪用专项维修资金的，由县级以上地方人民政府房地产行政主管部门追回挪用的专项维修资金，给予警告，没收违法所得，可以并处挪用数额 2 倍以下的罚款；物业服务企业挪用专项维修资金，情节严重的，并由颁发资质证书的部门吊销资质证书；构成犯罪的，依法追究直接负责的主管人员和其他直接责任人员的刑事责任。

第六十二条　违反本条例的规定，建设单位在物业管理区域内不按照规定配置必要的物业管理用房的，由县级以上地方人民政府房地产行政主管部门责令限期改正，给予警告，没收违法所得，并处 10 万元以上 50 万元以下的罚款。

第六十三条　违反本条例的规定，未经业主大会同意，物业服务企业擅自改变物业管理用房的用途的，由县级以上地方人民政府房地产行政主管部门责令限期改正，给予警告，并处 1 万元以上 10 万元以下的罚款；有收益的，所得收益用于物业管理区域内物业共用部位、共用设施设备的维修、养护，剩余部分按照业主大会的决定使用。

第六十四条 违反本条例的规定，有下列行为之一的，由县级以上地方人民政府房地产行政主管部门责令限期改正，给予警告，并按照本条第（二）项的规定处以罚款；所得收益，用于物业管理区域内物业共用部位、共用设施设备的维修、养护，剩余部分按照业主大会的决定使用：

（一）擅自改变物业管理区域内按照规划建设的公共建筑和共用设施用途的；

（二）擅自占用、挖掘物业管理区域内道路、场地，损害业主共同利益的；

（三）擅自利用物业共用部位、共用设施设备进行经营的。

个人有前款规定行为之一的，处 1 000 元以上 1 万元以下的罚款；单位有前款规定行为之一的，处 5 万元以上 20 万元以下的罚款。

第六十五条 违反物业服务合同约定，业主逾期不交纳物业服务费用的，业主委员会应当督促其限期交纳；逾期仍不交纳的，物业服务企业可以向人民法院起诉。

第六十六条 业主以业主大会或者业主委员会的名义，从事违反法律、法规的活动，构成犯罪的，依法追究刑事责任；尚不构成犯罪的，依法给予治安管理处罚。

第六十七条 违反本条例的规定，国务院建设行政主管部门、县级以上地方人民政府房地产行政主管部门或者其他有关行政管理部门的工作人员利用职务上的便利，收受他人财物或者其他好处，不依法履行监督管理职责，或者发现违法行为不予查处，构成犯罪的，依法追究刑事责任；尚不构成犯罪的，依法给予行政处分。

第七章 附 则

第六十八条 本条例自 2003 年 9 月 1 日起施行。

附录4 广东省物业管理条例

（1998年7月29日广东省第九届人民代表大会常务委员会第四次会议通过 2008年11月28日广东省第十一届人民代表大会常务委员会第七次会议修订）

第一章 总 则

第一条 为了规范物业管理活动，维护业主、物业服务企业的合法权益，营造和谐、安全、文明、整洁的居住和工作环境，根据《中华人民共和国物权法》《物业管理条例》等法律、行政法规，结合本省实际，制定本条例。

第二条 本条例适用于本省行政区域内物业管理活动。

本条例所称物业管理，是指业主通过选聘物业服务企业，由业主和物业服务企业按照物业服务合同约定，对房屋及配套的设施设备和相关场地进行维修、养护、管理，维护物业管理区域内的环境卫生和相关秩序的活动。

第三条 各级人民政府应当规范物业管理工作，保障业主对物业依法享有的管理权，促进物业管理向专业化、市场化发展，鼓励采用新技术、新方法，提高物业管理和服务水平。

第四条 省人民政府建设行政主管部门负责全省物业管理活动的监督管理工作。

市、县（区）人民政府房地产行政主管部门负责本行政区域内物业管理活动的监督管理工作。

各级人民政府有关行政管理部门在各自职责范围内，做好物业管理区域内的有关工作。

第五条 街道办事处、乡镇人民政府会同物业所在地的区、县人民政府房地产行政主管部门对设立业主大会和选举业主委员会给予指导和协助，协调处理物业管理中的纠纷。居民委员会、村民委员会予以协助和配合。

第六条 物业管理行业协会应当依法加强行业自律管理，规范行业行为，维护市场秩序和公平竞争，建立物业服务企业及其从业人员诚信档案，督促其依法、诚信经营和服务，对违反法律法规和行业规范的行为给予通报批评和公开谴责，促进行业健康发展。

第二章 物业管理区域

第七条 物业管理区域根据物业建设用地规划许可证确定的红线图范围，结合物业的共用设施设备、社区建设等因素划定。物业的配套设施设备共用的，应当划定为一个物业管理区域；但其设施设备能够分割、独立使用的，可以划定为不同的物业管理区域。

旧城区、城中村等没有实施物业管理的建成居住区需要实施物业管理的，由街道办事处、乡镇人民政府征求相关业主意见后，确定物业管理区域。

对物业管理区域划定有争议的，物业所在地的区、县人民政府房地产行政主管部门应当征求物业所在地街道办事处、乡镇人民政府、相关业主、居民委员会的意见后确定。

第八条 新建物业出售前，建设单位应当将划定的物业管理区域向物业所在地的区、县人民政府房地产行政主管部门备案，并将经备案的物业管理区域在商品房买卖合同中明示。

已经实施物业管理的区域，由物业服务企业向物业所在地的区、县人民政府房地产行政主管部门备案。

街道办事处、乡镇人民政府确定的物业管理区域，由街道办事处、乡镇人民政府向物业所在地的区、县人民政府房地产行政主管部门备案。

第九条 一个物业管理区域成立一个业主大会，由一个物业服务企业提供物业管理服务。

第三章　业主、业主大会及业主委员会

第十条 房屋的所有权人为业主。

尚未登记取得所有权，但基于买卖、赠与、拆迁补偿等旨在转移所有权的法律行为已经合法占有该房屋的人，在物业管理活动中享有法律法规规定的业主的权利，并承担相应的义务。

第十一条 业主依法成立业主大会，选举业主委员会。

业主大会由物业管理区域内全体业主组成，代表和维护全体业主在物业管理活动中的合法权益，依法履行职责。

一个物业管理区域内业主人数较少且经全体业主一致同意，决定不成立业主大会的，由业主共同履行业主大会、业主委员会的职责。

第十二条 已交付使用的物业建筑面积达到物业管理区域建筑面积百分之五十的，建设单位应当书面报告物业所在地街道办事处、乡镇人民政府，并在物业管理区域的显著位置公告。

第十三条 百分之二十以上业主可以联名向街道办事处、乡镇人民政府提出成立业主大会的书面要求。

已交付使用的物业建筑面积达到物业管理区域建筑面积百分之五十以上的，业主可以向街道办事处、乡镇人民政府提出成立业主大会的书面要求。

符合前两款情形之一的，街道办事处、乡镇人民政府应当在三十日内会同物业所在地的区、县人民政府房地产行政主管部门指导、协助业主推荐产生业主大会筹备组。

业主大会筹备组由业主代表、建设单位以及街道办事处、乡镇人民政府代表七至十五人组成，其中业主代表应当不少于首次业主大会筹备组人数的百分之六十。业主大会筹备组成员名单应当自成立之日起七日内在物业管理区域的显著位置公告。

第十四条　建设单位和物业服务企业应当协助业主大会筹备组工作，向业主大会筹备组提供业主清册、物业建筑的基本资料（包括物业管理区域内地上、地下的建筑物、设施设备和相关场地等）、已筹集的专项维修资金清册等文件资料，并在物业管理区域提供相应的人力、场地支持。

业主大会筹备组应当对业主资料保密，不得将前款资料用于与业主大会筹备无关的活动。

第十五条　业主大会筹备组应当自成立之日起六个月内，组织召开首次业主大会会议。

业主大会筹备组履行下列职责：

（一）确定首次业主大会会议召开的时间、地点、形式和内容；

（二）拟订管理规约草案和业主大会议事规则草案；

（三）确认业主身份，确定业主在首次业主大会会议上的投票权数；

（四）确定业主委员会委员候选人产生办法及名单；

（五）召开首次业主大会会议的其他准备工作。

前款（一）至（四）项的内容应当在首次业主大会会议召开十五日前在物业管理区域的显著位置公告并书面通知全体业主。

第十六条　首次业主大会会议应当对管理规约、业主大会议事规则进行表决，并选举业主委员会。

第十七条　管理规约应当对有关物业的使用、维护、管理，业主的共同利益，业主应当履行的义务，违反管理规约应当承担的责任等事项依法作出约定。管理规约对全体业主、物业使用人具有约束力。

业主大会议事规则应当就业主大会的议事方式、表决程序，业主委员会的组成、成员任期及职务终止等事项作出约定。

第十八条　业主大会会议分为定期会议和临时会议。

业主大会定期会议应当按照业主大会议事规则的规定召开。

经业主委员会决定，或者百分之二十以上的业主提议，业主委员会应当组织召开业主大会临时会议。

业主委员会不按照前两款规定组织召开业主大会定期会议、临时会议的，业主可以向物业所在地街道办事处、乡镇人民政府提出协助要求，街道办事处、乡镇人民政府应当协调组织召开。

第十九条 召开业主大会会议，应当于会议召开十五日前将会议时间、地点、议题和议程在物业管理区域的显著位置公告，并书面通知全体业主。

业主大会会议可以采用集体讨论的形式，也可以采用书面征求意见等形式。采用书面征求意见形式的，应将书面征求意见的结果在物业管理区域内公示三十日以上，业主有权查阅相关资料。

第二十条 业主可以幢、单元或者楼层为单位，推选业主代表参加业主大会会议。

推选业主代表参加业主大会会议的，业主代表应当在参加业主大会会议三日前，就业主大会会议拟讨论的事项书面征求其所代表的业主意见；需要投票表决的，业主的赞同、反对及弃权的具体票数经本人签字后，由业主代表在业主大会投票时如实反映。

第二十一条 业主可以委托他人参加业主大会会议。业主委托他人参加业主大会会议的，应当出具书面委托书，载明委托事项、委托权限及期限。

第二十二条 业主大会决定筹集和使用专项维修资金、改建或者重建建筑物及其附属设施的，应当经专有部分占建筑物总面积三分之二以上的业主且占总人数三分之二以上的业主同意；决定其他有关共有和共同管理权利重大事项的，应当经专有部分占建筑物总面积过半数的业主且占总人数过半数的业主同意。面积和业主人数按照下列方式确定：

（一）专有部分面积，按照建筑面积计算；建筑物总面积，按专有部分面积之和计算。

（二）建设单位已经出售的专有部分的业主人数，一户按一人计算；建设单位未出售的专有部分按一人计算；总人数，按照两者之和计算。

第二十三条 业主大会会议表决采用记名投票的方式。

任何人不得伪造业主选票、表决票、业主签名或者书面委托书。选票、表决票和书面委托书应当妥善保管，以备查询。

第二十四条 业主委员会是业主大会的执行机构，履行下列职责：

（一）召集业主大会会议，向业主大会报告工作；

（二）代表业主与业主大会决定选聘或者续聘的物业服务企业签订物业服务合同；

（三）及时了解业主、物业使用人的意见和建议，监督和协助物业服务企业履行物业服务合同；

（四）督促业主、物业使用人遵守管理规约，协调处理物业管理活动中的相关问题；

（五）配合街道办事处、乡镇人民政府、居民委员会做好物业管理区域的社区建设工作；

（六）法律法规规定或者业主大会赋予的其他职责。

业主委员会对全体业主负责，接受业主监督。

第二十五条 业主委员会委员应当从具备以下条件的业主中选举产生：

（一）具有完全民事行为能力；

（二）遵纪守法，热心公益事业，责任心强，具有较强的公信力和组织能力；

（三）遵守管理规约，履行业主义务，按时交纳住宅专项维修资金和物业服务费用，无损害公共利益行为；

（四）本人及其近亲属未在为本物业管理区域提供物业服务的企业及其下属单位任职。

第二十六条 业主委员会一般由五至十五人的单数委员组成，每届任期不超过五年，可以连选连任，具体人数、任期由业主大会议事规则约定。业主委员会主任、副主任在业主委员会成员中推选产生。

业主委员会委员候选人由业主联名推荐、业主自荐等方式产生。

业主委员会是否实行差额选举以及实行差额选举的差额比例由业主大会议事规则约定。

业主委员会实行差额选举的，未当选业主委员会委员且得票数达到法定票数的候选人，可以按照得票顺序当选业主委员会候补委员。候补委员人数由业主大会议事规则约定。候补委员可以列席业主委员会会议，不具有表决权。

第二十七条 业主委员会应当自选举产生之日起三十日内，向物业所在地的区、县人民政府房地产行政主管部门和街道办事处、乡镇人民政府备案。备案时应提交以下材料：

（一）管理规约、业主大会议事规则；

（二）业主大会的会议记录和会议决定；

（三）业主委员会委员（候补委员）名单及其基本情况。

物业所在地的区、县人民政府房地产行政主管部门应当在收到上述材料后五日内发出备案回执。

业主委员会收到备案回执后，应将备案情况告知物业服务企业，并在物业管理区域的显著位置公告。

备案的有关事项发生变更的，业主委员会应当自变更之日起十五日内书面报告物业所在地的区、县人民政府房地产行政主管部门和街道办事处、乡镇人民政府。

第二十八条 业主委员会凭物业所在地的区、县人民政府房地产行政主管部门的备案回执，向公安机关申请刻制印章，按照业主大会议事规则的规定和业主大会的决定使用。

第二十九条 业主委员会会议应当按照业主大会议事规则的规定定期召开。经三分之一以上业主委员会委员提议或者业主委员会主任认为有必要的，可以召开业主委员会会议。

业主委员会会议应当有过半数委员出席，作出决定必须经全体委员过半数同意，并在物业管理区域的显著位置公布。

第三十条 业主委员会委员应当遵守法律法规和管理规约，不得有下列行为：

（一）挪用、侵占业主共有财产；

（二）索取、非法收受建设单位、物业服务企业或者有利害关系业主提供的利益或者报酬；

（三）利用职务之便要求物业服务企业减免物业服务费；

（四）违反物业服务合同拒不交纳物业服务费用；

（五）泄露业主资料或者将业主资料用于与物业管理无关的活动；

（六）其他损害业主共同利益或者可能影响其公正履行职责的行为。

业主委员会委员违反前款规定的，经业主委员会会议决定中止其委员职务，并提请业主大会会议决定终止其委员职务。

第三十一条 业主委员会委员有下列情形之一的，其委员职务自行终止：

（一）因物业转让等原因不再是业主的；

（二）因疾病等原因丧失履行职责能力的；

（三）任职期间被依法追究刑事责任的；

（四）本人以书面形式向业主大会或者业主委员会提出辞职的；

（五）业主大会议事规则约定的其他情形。

第三十二条 业主委员会委员职务终止，有候补委员的，由候补委员依次递补。业主委员会应当及时将业主委员会委员职务终止和候补委员递补的情况在物业管理区域的显著位置公告。

职务终止的业主委员会委员应当自公告之日起三日内将其保管的属于业主大会、业主委员会所有的资料、印章等物品交回业主委员会。

第三十三条 业主委员会委员缺员，由候补委员递补后仍不足五人，或者后期物业的业主入住后需增补业主委员会委员的，业主委员会应当组织召开业主大会会议补选业主委员会委员。

业主委员会委员集体辞职的，应当召开业主大会会议重新选举业主委员会。业主可以向物业所在地街道办事处、乡镇人民政府提出协助要求，街道办事处、乡镇人民政府应当给予协助。

第三十四条 业主委员会任期届满三个月前，应当组织召开业主大会会议选举产生新一届业主委员会。业主委员会任期届满仍未组织召开业主大会会议进行换届选举的，业主可以向物业所在地街道办事处、乡镇人民政府提出协助要求，街道办事处、乡镇人民政府应当给予协助。

业主委员会应当在任期届满三日内，将属于业主大会、业主委员会的有关财物、文件资料、印章等移交给新一届业主委员会。

业主委员会任期届满，不得继续履行职责。

第三十五条 业主委员会日常工作经费由全体业主承担，经费的筹集、管理和使用由业主大会决定。

业主委员会应当按季度在物业管理区域的显著位置公布工作经费的使用情况，接受业主监督。

第四章 前期物业管理

第三十六条 前期物业管理阶段的住宅物业，建设单位应当通过招投标的方式选聘具有相应资质的物业服务企业进行前期物业管理服务，并签订书面的前期物业服务合同。投标人少于三个或者总建筑面积不超过五万平方米的住宅物业，经物业所在地的区、县人民政府房地产行政主管部门批准，可以采用协议方式选聘具有相应资质的物业服务企业。

分期开发的物业划定为一个物业管理区域的，应当由同一物业服务企业提供服务。

物业服务企业应当于合同签订之日起十五日内将前期物业服务合同报物业所在地的区、县人民政府房地产行政主管部门和街道办事处、乡镇人民政府备案。

第三十七条 建设单位与物业买受人签订的商品房买卖合同，应当包含前期物业服务合同约定的内容，载明由物业买受人交纳的前期物业服务费的时间、标准和方式。

实行政府指导价的前期物业服务费标准，应当按照政府指导价的有关规定执行。

第三十八条 建设单位应当按照不少于物业管理区域总建筑面积千分之二的比例，在物业管理区域内配置物业服务用房，最低不少于五十平方米，最高不超过三百平方米；其中，业主委员会办公用房最低不少于十平方米，最高不超过六十平方米。分期开发建设的物业，建设单位应当在先期开发的区域按照不少于先期开发房屋建筑面积千分之二的比例配置物业服务用房。

物业服务用房应当为地面以上的独立成套装修房屋，具备水、电使用功能；没有配置电梯的物业，物业服务用房所在楼层不得高于四层。

物业服务用房的所有权依法属于全体业主，专用于物业管理服务工作，不得挪作他用。

第三十九条 县级以上人民政府城乡规划行政主管部门应当在审批建设工程规划许可证时，按前条规定明确物业服务用房的位置和面积。建设单位应当在商品房预售时予以公布。

县级以上人民政府房地产行政主管部门应当在办理所有权初始登记时，在房地产登记簿中注明物业服务用房面积和房号以及物业的其他共有部分。业主有权查询。

第四十条 建设单位在交付物业前，应当对物业服务用房、共用场地、共用设施设备配置独立的水电气计量器具。

第四十一条 物业买受人应当在建设单位交付物业后按照商品房买卖合同的约定交纳物业服务费用。

物业管理区域尚未出售或者已出售但尚未交付给物业买受人的物业，其物业服务费用由建设单位按照该物业区域同类物业的标准全额交纳。

建设单位出售物业时，不得承诺或者约定减免物业服务费用。建设单位已经承诺或者约定减免的物业服务费用，由建设单位承担。

第四十二条 物业服务企业承接物业时，应当对物业共用部位、共用设施设备进行查验。

在办理物业承接验收手续时，建设单位应当向物业服务企业移交下列资料：

（一）物业的报建、批准文件，竣工总平面、单体建筑、结构、设备竣工图，配套设施、地下管网工程竣工图等竣工验收资料；

（二）设施设备买卖合同复印件及安装、使用和维护保养等技术资料；

（三）物业质量保修文件和物业使用说明文件；

（四）物业管理区域内各类建筑物、场地、设施设备的清单；

（五）物业及配套设施的产权清单；

（六）物业服务用房的清单；

（七）物业的使用、维护、管理必需的其他资料。

建设单位、物业服务企业不得泄露业主资料，物业服务企业不得将业主资料用于与物业管理服务无关的活动。在前期物业服务合同终止时，物业服务企业应当将前款资料移交给业主委员会。

第四十三条 物业服务企业应当听取业主、物业使用人对物业管理服务的意见和建议，及时处理业主投诉，改进物业管理服务。

物业服务企业不及时处理业主的投诉的，居民委员会、街道办事处、乡镇人民政府、物业所在地的区、县人民政府房地产行政主管部门应当及时协调处理；对物业服务企业损害业主、物业使用人合法权益的，物业所在地的区、县人民政府房地产行政主管部门应当责令其限期整改，物业服务企业应当按期整改。

第五章　物业管理服务

第四十四条　业主大会成立后，业主委员会应当与业主大会选聘或者续聘的物业服务企业签订物业服务合同。签订合同时，业主委员会应当出具业主大会选聘或者续聘物业服务企业的决定和业主委员会的合法有效证明。

物业服务合同应当对物业管理范围、物业管理服务事项、服务标准、服务费用、双方的权利义务、专项维修资金的管理与使用、物业服务用房的使用、共用部位和共用设施设备的管理使用、合同期限、物业服务企业的退出、资料的移交、违约责任等内容进行约定。

物业服务企业应当于合同签订之日起十五日内将物业服务合同报物业所在地的区、县人民政府房地产行政主管部门和街道办事处、乡镇人民政府备案。

第四十五条　物业服务企业应当按照法律法规的规定和物业服务合同的约定，为业主提供服务，并配合政府有关部门、街道办事处、乡镇人民政府开展社区服务和社区文化活动。

第四十六条　物业服务企业应当明码标价，将服务内容、服务标准以及收费项目、收费标准等有关情况在物业管理区域的显著位置进行公示。

物业服务企业可以根据业主的委托提供物业服务合同约定以外的服务项目，服务报酬由双方协商确定。

第四十七条　业主应当按照物业服务合同的约定，按时交纳物业服务费用；物业产权转移时，业主应当与物业服务企业结清物业服务费用。

第四十八条　物业管理区域内，供水、供电、供气、通信、有线电视等单位应当服务到最终用户，并向最终用户收取有关费用。

第四十九条　物业服务收费实行酬金制的，物业服务企业应当向业主大会或者全体业主公布物业服务资金年度预决算，并每年不少于一次公布物业服务资金的收支情况。业主委员会可以聘请专业机构对物业服务资金的收支情况进行审计。

物业服务企业应当定期公布共用场地、共用设施设备产生的水电用量、单价、金额，按照实际费用和约定的方式向全体业主合理分摊。没有约定或者约定不明确的，按照业主专有部分占建筑物总面积的比例分摊。

业主或者业主大会对公布的物业服务资金年度预决算和物业服务资金的收支情况，以及共用场地、共用设施设备产生的水电费的分摊情况提出异议时，物业服务企业应当及时答复。

第五十条 物业服务合同期限届满三个月前，业主委员会应当组织召开业主大会决定选聘或者续聘物业服务企业，并将决定书面告知物业服务企业；物业服务企业决定不再续签物业服务合同的，应当在物业服务合同期限届满三个月前书面告知业主委员会。业主大会决定续聘的，业主委员会应当在物业服务合同期限届满一个月前与物业服务企业续签物业服务合同。

业主大会决定选聘新的物业服务企业的，原物业服务企业应当在物业服务合同终止之日起十五日内退出物业管理区域。

物业服务合同期限届满，业主大会没有作出选聘或者续聘决定，原物业服务企业自愿按照原合同约定继续提供服务的，物业服务合同自动延续至业主大会作出选聘或者续聘决定为止。

第五十一条 物业服务企业退出时，应当向业主委员会移交其合法占有的下列资料和财物，并配合新的物业服务企业做好交接工作：

（一）第四十二条规定的资料；

（二）物业服务用房；

（三）物业管理服务期间改造、维修、保养有关物业形成的技术资料；

（四）物业管理服务期间配置的固定设施设备；

（五）其他应当移交的财物、资料。

第五十二条 业主委员会应当督促物业服务企业按照物业服务合同的约定做好物业管理服务，协调、处理业主、物业使用人对物业管理服务的投诉。

业主、物业使用人、业主委员会和物业服务企业对于物业管理服务有争议的，可以向物业所在地的区、县人民政府房地产行政主管部门、街道办事处、乡镇人民政府、居民委员会申请协调处理。

业主、物业使用人、业主委员会和物业服务企业对有关物业服务收费有争议的，可以向物业所在地价格行政主管部门申请协调处理。

第六章 物业的使用和维护

第五十三条 物业管理区域内按照规划建设的公共建筑和共用设施，不得擅自改变用途。

任何人不得擅自占用、挖掘物业管理区域的道路、场地，损害业主的共同利益。

利用物业管理区域属于业主共有的道路、绿地或者其他场地作为停放车辆的车位或者利用物业共用部位、共用设施设备进行经营的，应当征得相关业主和业主大会的同意，并依法办理相关手续。所得收益依法归全体业主共有。

第五十四条 物业管理区域内，规划用于停放汽车的车位、车库，应当首先满足本区域业主的需要。

物业管理区域内规划用于停放汽车的车位、车库，建设单位应当首先出租给本区域业主、物业使用人。在满足本区域业主、物业使用人需要后，建设单位将车位、车库出租给本区域业主、物业使用人以外的其他人的，其租赁合同期限不得超过六个月。

建设单位依法取得车位、车库权属登记后方能出售车位、车库。建设单位应当在出售车位、车库一个月前，以书面形式告知本区域全体业主，并在物业管理区域的显著位置公示拟出售车位、车库的产权证明文件和出售价格。拟出售车位、车库数量少于本区域房屋套数时，每户业主只能购买一个车位、车库。

第五十五条 物业管理区域内禁止下列行为：

（一）损坏或者擅自变动房屋承重结构、主体结构；

（二）违反法律法规以及管理规约，改变房屋用途，将住宅改变为经营性用房；

（三）将没有防水要求的房间或者阳台改为卫生间、厨房，或者将卫生间改在下层住户的卧室、起居室（厅）、书房和厨房的上方；

（四）破坏或者擅自改变房屋外观；

（五）违法搭建建筑物、构筑物；

（六）损坏或者擅自占用、改建物业共用部位；

（七）损坏或者擅自占用、移装共用设施设备；

（八）损毁树木、园林；

（九）存放不符合安全标准的易燃、易爆、剧毒、放射性等危险性物品，存放、铺设超负荷物品；

（十）乱丢垃圾，高空抛物；

（十一）发出超过规定标准的噪声或者影响邻居采光、通风；

（十二）法律法规和管理规约禁止的其他行为。

物业管理区域内发生上述行为时，业主、物业使用人有权投诉、举报，物业服务企业、业主委员会应当根据物业服务合同或者管理规约及时予以劝阻、制止；劝阻、制止无效的，物业服务企业、业主委员会应当及时报告有关行政主管部门，有关部门应当依法及时处理，相关业主和物业使用人应当积极予以配合。

第五十六条 物业共用部位、共用设施设备维修、更新时，相关业主、物业使用人应当予以配合。因相关业主、物业使用人阻挠维修、更新，造成其他业主、物业使用人财产损失的，责任人应当予以赔偿。

因物业共用部位、共用设施设备维修、更新等原因，造成房屋、设施设备等损害的，责任人应当予以恢复原状或者赔偿。

第五十七条 业主转让或者出租物业时，应当将管理规约内容、物业服务费用标准等事项告知受让人或者承租人，并自物业转让合同或者租赁合同签订之日起十五日内，将物业转让或者出租情况告知业主委员会和物业服务企业。

第五十八条 住宅物业、住宅小区内的非住宅物业或者与单幢住宅楼结构相连的非住宅物业的业主，应当按照国家规定交存住宅专项维修资金。

住宅专项维修资金实行专户存储、专款专用、业主决策、政府监督的原则。

住宅专项维修资金专户以物业管理区域为单位设账，并按房屋户门号设分户账；未划定物业管理区域的，以幢为单位设账，按房屋户门号设分户账。

住宅专项维修资金属于业主所有，专项用于物业保修期满后物业共用部位、共用设施设备的维修和更新、改造，不得挪作他用。

第五十九条 业主转让物业时，其交存的住宅专项维修资金余额不予退还，一并转让给新业主。

第六十条 共有物业的维修、更新、改造费用，由共有该物业的业主按照各自拥有的物业专有部分建筑面积比例分摊。

第六十一条 物业保修期内发生的维修费用，由建设单位承担，不得从住宅专项维修资金中列支。

物业管理区域内依法应当由供水、供电、供气、通信、有线电视等单位承担的相关管线和设施设备的维修、养护费用，不得从住宅专项维修资金中列支。

第七章 法律责任

第六十二条 建设单位未按照本条例第十二条规定向物业所在地街道办事处、乡镇人民政府报告并在物业管理区域公告的，或者未按照本条例第十四条规定向业主大会筹备组提供相关文件资料的，由物业所在地县级以上人民政府房地产行政主管部门责令限期改正；逾期不改正的，可以处五万元以下的罚款。

建设单位未按照本条例第三十八条规定提供物业服务用房的，由县级以上人民政府房地产行政主管部门责令限期提供；逾期不提供的，责令向业主大会交纳相应价款，用于解决物业服务用房，没收违法所得，并处十万元以上五十万元以下的罚款。

第六十三条 物业服务企业有下列情形之一的，由县级以上人民政府房地产行政主管部门按照以下规定予以处罚：

（一）业主大会决定选聘新的物业服务企业后，原物业服务企业不按规定退出物业管理区域的，责令限期退出；逾期拒不退出的，处五万元以上十五万元以下的罚款，并由颁发其资质证书的房地产行政主管部门吊销其资质证书。

（二）损毁或者破坏属于全体业主的档案资料、财物和共用设施设备的，可处五万元以上二十万元以下的罚款。

物业服务企业违反本条例第三十七条第二款规定，擅自提高收费标准，增加收费项目的，由县级以上人民政府价格行政主管部门根据有关法律法规的规定予以处罚。

第六十四条 物业服务企业人员对业主或者物业使用人采取人身、财产侵害等行为的，应当依法承担民事责任；对违反治安管理的行为，依照《中华人民共和国治安管理处罚法》予以处罚；构成犯罪的，依法追究刑事责任。

第六十五条 业主委员会作出的决定违反法律法规规定或者业主大会决定，给业主、物业服务企业造成损害的，由签字同意该决定的业主委员会委员承担民事责任。

业主委员会违反法律法规规定，严重侵害业主合法权益或者严重影响公共秩序的，由政府有关部门依法追究责任。

第六十六条 业主委员会委员违反本条例第三十条规定的，由县级以上人民政府相关行政主管部门依法处理，并在其物业管理区域内予以通报；构成犯罪的，依法追究刑事责任。

业主委员会委员职务终止后未将其保管的属于业主大会、业主委员会所有的资料、印章等物品交回业主委员会，业主委员会任期届满后未及时将有关财物、文件资料、印章等移交新一届业主委员会的，由县级以上人民政府房地产行政主管部门责令限期改正，并给予警告。

第六十七条 违反本条例规定，泄露业主资料或者将业主资料用于与物业管理服务无关的活动的，依法追究法律责任。

第六十八条 违反本条例第五十五条规定，给他人造成损害的，依法承担民事责任，并由有关行政主管部门按照下列规定予以查处；构成犯罪的，依法追究刑事责任：

（一）违反第（一）项规定的，由县级以上人民政府建设行政主管部门责令限期改正，处五万元以上十万元以下的罚款。

（二）违反第（二）项、第（四）项、第（五）项规定的，由县级以上人民政府城乡规划行政主管部门依照有关法律法规的规定查处。

（三）违反第（三）项规定的，由县级以上人民政府建设行政主管部门责令限期拆除，并对业主、物业使用人处一千元以上五千元以下的罚款，对装饰装修企业处五千元以上五万元以下的罚款；逾期未拆除的，县级以上人民政府建设行政主管部门可以申请人民法院强制执行。

（四）违反第（六）项、第（七）项规定的，由县级以上人民政府房地产行政主管部门责令限期改正，给予警告；对个人可以处一万元以下的罚款；对单位可以处二十万元以下的罚款。

（五）违反第（八）项、第（九）项、第（十）项、第（十一）项、第（十二）

项规定的，由相关行政主管部门依法查处。

第六十九条 县级以上人民政府房地产行政主管部门、街道办事处、乡镇人民政府以及其他有关行政管理部门的工作人员利用职务上的便利，收受他人财物或者其他好处，不依法履行监督管理职责，或者发现违法行为不予查处，尚未构成犯罪的，依法给予处分；构成犯罪的，依法追究刑事责任。

第八章 附 则

第七十条 本条例所称共用部位，是指属于业主共有共用的房屋主体承重结构部位（包括基础、内外承重墙体、柱、梁、楼板、屋面等）、走廊通道、楼梯间、电梯井、物业服务用房，以及房屋外墙面等。

本条例所称共用设施设备，是指物业区域内供排水管道、水箱、加压水泵、电梯、天线、照明设施、供电线路、煤气（天然气）管道、消防设施、沟渠、池、井、公益性文体等设施设备。

第七十一条 本条例自2009年3月1日起施行。

附录5 物业服务合同（样本）

××××××花园

物业服务合同

甲　方：××××××花园业主大会

乙　方：××××市××××××物业服务有限公司

××××年××月××日

物业服务合同（示范文本）

使 用 说 明

一、本合同为示范文本，非格式合同。为体现合同的自愿原则，双方当事人可以对本示范文本的条款内容进行选择、修改、增补或删减。

二、本示范文本所称的甲方为业主大会，乙方为物业服务企业。

三、签约之前，合同双方应当仔细阅读本示范文本的内容，对文本中的条款及专业用词理解不一致的，可向物业服务主管部门咨询。

四、在签订合同时，合同双方应当出示有关资质证明及签约主体资格的证书、证明文件。

五、合同生效后，手写项及未被修改的文本印刷文字视为双方对该部分内容意思表示一致。

六、本示范文本的条款由深圳市国土资源和房产管理局负责解释。

甲　　方：××××××花园业主大会（业主委员会）
地　　址：××××××花园2栋______（办公地址）
联系电话：________________（办公电话）

乙　　方：×××××物业服务有限公司
法定代表人：________________
资质等级：×级，证书编号：________
地　　址：________________
联系电话：________________

根据《物业服务条例》及有关法律、法规，在自愿、平等、协商一致的基础上，甲方选聘乙方对××××××花园（物业名称）提供物业服务。

第一条 本合同标的物

物业名称：××××××花园　物业类型：多层住宅区

坐落位置：______市______区______路（街道）______号

四　至：东至____________，南至____________，西至____________，北至____________。

占地面积：________平方米；建筑面积：________平方米。

具体物业类型见附件一（略），规划平面图见附件二（略）。

第一章　物业服务期限

第二条　物业服务期限为__2__年。自________年____月____日起至__________年____月____日止。

第二章　物业服务事项、要求与标准

第三条　乙方提供的物业服务的范围为：

1. 标的物之物业的共用部分（含约定共用部分、法定共用部分）的日常维修、养护管理；

2. 标的物之物业的共用部分（含约定共用部分、法定共用部分）的专项维修资金的收取、使用及管理；

3. 物业服务区域内涉及业主共同事务与共用部分的管理服务。

第四条　物业服务事项与标准：

1. 共同事务与共用部分管理服务的要求与标准详见附件三（略）；

2. 房屋建筑共用部位的日常维修、养护和管理的要求与标准详见附件四（略）；

3. 属于业主共用的设施设备的日常维修、养护、运行和管理的要求与标准详见附件五（略）；

4. 物业服务区域内的环境卫生、保洁服务的要求与标准详见附件六（略）；

5. 物业服务区域内的绿化服务的要求与标准详见附件七（略）；

6. 物业服务区域内的安全防范服务的要求与标准详见附件八（略）；

7. 协助业主大会开展社区文化活动，其要求与标准详见附件九（略）；

8. <u>其他未尽事宜，按照××市现行的物业服务标准（住宅一级）执行</u>。

第五条　乙方自接管本物业之日起即按<u>××市住宅一级以及本合同约定的质量标准（按两者中较高的标准</u>）实施管理。

第六条　管理服务期第一年内，物业服务达到____标准；管理服务期第二年内，物业服务达到________标准；管理服务期第三年内，物业服务达到<u>××市安全文明小区标准</u>。对达标有异议的，由聘请的第三方予以评定。

第三章　物业服务费用的收取

第七条　本物业服务区域物业服务收费选择以下第__（一）__种方式：

（一）包干制

物业服务费用由业主按其拥有物业的建筑面积缴纳，具体标准如下：

多层住宅：__________元/（月·米^2）；

本体维修金：__________元/（月·米^2）。

上述收费标准在本合同约定的期限内固定不变，不因市场价格、政府政策等各种因素变化而调整。

物业服务费用主要用于以下开支：

1. 管理服务人员的工资、社会保险和按规定提取的福利费等；

2. 物业共用部位、共用设施设备的日常运行、维护费用；

3. 物业服务区域清洁卫生费用；

4. 物业服务区域绿化养护费用；

5. 物业服务区域秩序维护费用；

6. 本物业服务范围内的办公费用；

7. 按本物业服务年收费总额比例分摊的物业服务企业固定资产折旧；

8. 物业共用部位、共用设施设备及公众责任保险费用；

9. 法定税费；

10. 物业服务企业在本物业服务活动的利润；

11. 业主大会及业主委员会活动经费（按每套物业每年 8 元提留）；

12. 经甲方同意的其他费用（包括社区文化活动，聘请律师、审计等专业中介机构）。

乙方按照上述标准收取物业服务费用，并按本合同约定的服务内容和质量标准提供服务，亏损由乙方承担，盈余部分由双方各按 50% 的比例分享。

本体维修金应单独建账，专款专用。

物业共用部位、共用设施设备的大修、中修和更新改造费用，应当通过专项维修资金予以列支，不得计入物业服务费用支出。

第八条 物业服务费于本合同约定的服务期限开始之日起计收。建设单位未交付给业主的物业，由建设单位依照本合同第七条约定的标准缴纳物业服务费。

第九条 业主、物业使用人应于每月 20 日前向乙方缴纳物业服务费，逾期缴纳的，每逾期一日，缴纳欠费总额的万分之十作为滞纳金。

第十条 停车场服务费用。

本物业停车场权益属于全体业主共有，甲方委托乙方代为管理，使用人应按照现行的政府指导标准向乙方缴纳费用，该标准在合同约定的期限内固定不变。

按照车位使用服务费标准收费的，不承担车辆及车内物品的保管责任。

收取车辆保管费的，应保证车辆安全，但不承担车内物品的保管责任。

第十一条 会所管理费用。

本物业无会所。

第十二条 乙方应将收取的停车场收费（扣除应缴纳的税费后）纳入物业服务费中，统筹使用。

第十三条 物业共用部分、共用设施（包括共用照明、大门对讲机、监控设置等）运行发生的费用已计入物业服务的包干费用，不得再向业主分摊计收。

第十四条 物业需要装修的，业主或物业使用人应在装修前，与乙方签订《装修管理协议书》，并向乙方缴纳 1 000 ~ 3 000 元的装修保证金。

第十五条 除停车场外，乙方利用本物业其他共用部分、共用设施设备等业主共有部分进行经营的，应当征得甲方同意，并按政府规定办理有关手续，经营所得收益应当主要用于补充物业专项维修资金，也可按照甲方的决定使用。

第十六条 专有部分（包括自用设备、毗连部位等）的维修、养护由业主自行承担，业主、物业使用人要求乙方提供服务的，服务报酬由双方另行约定。

第四章 专项维修资金的续筹、管理与使用

第十七条 物业专项维修资金按以下第二至第六种方式续筹：

1. 每月按建筑面积每平方米收取______元用作专项维修资金；

2. 当年物业服务费结余中按本合同第七条约定由业主分享部分留作专项维修资金；

3. 停车场、会所及其他业主共有物业、公共设施的经营收入；

4. 乙方根据本合同第二十条第三款约定缴纳的管理用房使用费；

5. 乙方支付的违约金、赔偿金；

6. 甲方根据《深圳市公用设施专用基金管理试行规定》向有关单位追索的公用设施专用基金；

7. 其他合法来源的资金。

第十八条 专项维修资金实行专款专用，用于房屋共用部位、共用设备、设施、属业主共用的设施、附属建筑物、构筑物及设施除日常维修保养以外的大中修、更新费用开支。

第十九条 乙方按有关规定，编制专项维修资金使用方案，经业主大会批准后实施，未经业主大会批准，乙方不得动用专项维修资金。

业主大会不批准乙方所编制的专项维修资金使用方案，或资金不够所引致的经济损失及法律责任，由业主承担。

经业主大会批准后，乙方未及时按专项维修资金使用方案实施的，所引致的经济损失及法律责任，由乙方承担。

业主有权根据共用部位、共用设备设施的使用情况，向乙方提出维修申请，乙方应进行检查，并在规定期限内给予答复或提出维修方案。

第五章　双方的权利义务

第二十条　甲方的权利义务。

1. 依据有关法律法规的规定，协助乙方制定本物业服务区域物业服务方面的规章制度，并协助乙方实施。

2. 授权乙方采取批评、规劝、警告、通告等方式制止业主和非业主使用人违反物业服务法规、政策、《管理规约》的行为。

3. 在本物业服务期限内，甲方应按有关规定向乙方提供可使用的物业服务用房建筑面积________平方米（其中办公用房________平方米，住宿用房________平方米，其他用房________平方米），由乙方在合同期内使用。

管理用房按以下方式使用：

（1）乙方应向甲方缴纳房屋使用费，标准为________元/月；

（2）乙方自行承担该房屋及相关设施的水电费等日常维护费用，并保证其在本合同期满向甲方移交时完整无损；

（3）该房屋及相关设施只能用于本物业的管理服务活动，不得挪作他用。

4. 与乙方协商确定物业服务方案、年度管理计划、年度维修养护计划、年度费用概预算、决算报告。监督检查乙方各项方案和计划的实施。

审议决定专项维修资金的使用。

5. 在物业服务期限开始前__10__日内，向乙方提供和移交下列物业资料：

（1）物业的报建、批准文件，规划图、竣工总平面图，单体建筑、结构、设备竣工图，附属配套设施、地下管网工程竣工图等竣工验收资料；

（2）设施设备订货合同及安装、使用说明、产品合格证明和维护保养等技术资料；

（3）物业服务区域内各类建（构）筑物、场所（地）、设施（备）的清单；

（4）物业及配套设施的产权清单；

（5）物业服务用房的清单；

（6）物业的使用、维护和管理所必需的其他资料。

6. 在物业服务期限开始前__5__日，甲方应会同乙方对物业的共用部分（含共用部位、共用设施设备）进行检查验收，并向乙方办理移交手续。

7. 监督业主、物业使用人按时缴纳物业服务费用。

8. 双方约定聘请专业机构对物业服务资金年度预决算和物业服务资金的收支情况进行审计，对重大维修、更新改造项目的实施及资金使用情况进行监督管理；聘请专业机构的费用在物业服务费用列支，专业机构由甲方选定。

9. 不干涉乙方正常的物业服务和经营活动。

10. 在本合同实施前审查乙方提交的派驻机构配置方案。

11. 有权要求乙方对其派驻机构人员的违法违规、不称职行为进行调查处理，并撤换不合格人员。

12. 对乙方的物业服务活动实施监督检查，每半年进行一次考核，具体考核办法由双方根据本合同的质量标准共同制订。

13. 法律法规赋予甲方的其他权利义务。

第二十一条 乙方的权利义务。

1. 在本物业服务区内设立独立核算的专门机构负责本物业的日常管理工作。

在本合同签订前5日内，向甲方提交派驻机构的配置方案、管理制度及相关资料，包括物业服务人员的名单、岗位职责及其资质、履历资料以及所需要的设备、工具配置资料等，所有人员必须符合政府有关文件规定的任职条件，经过培训，并持证、挂牌、同一着装上岗；设备、工具配置应满足本合同约定的服务质量标准。经甲方审查同意，方可实施本物业的管理服务活动。

乙方调整派驻机构主要管理服务人员，应提前10日以书面形式通知甲方，并征得甲方同意。

2. 根据法律、法规的有关规定和本合同的约定，制订本物业的各项管理办法、规章制度等，自主开展各项物业服务经营活动，但不得侵害业主、非业主使用人及他人的合法权益，不得利用提供物业服务的便利获取不当利益。

未经甲方同意，不得利用或允许他人利用本物业共用部分、共用设施设备进行各种经营、商业宣传等活动。

3. 明示物业服务费用、专项维修资金的收费项目、收费内容与收费标准以及特约服务项目与收费标准；严格执行政府《物业服务收费明码标价规定》。

4. 根据有关法律、法规的规定和本合同的约定向业主或物业使用人收取物业服务费用，对于拖欠物业服务费的行为通过合法手段催收、催缴。

5. 及时向业主公告本管理区域内的重大物业服务事项，每___3___个月公布一次物业服务费用、本体维修金、维修资金、共用设施经营的收支账目。

6. 建立物业服务档案，及时记载变更情况。

7. 结合本物业的实际情况，编制物业服务方案，年度管理计划、年度维修养护计划、年度费用概预算、决算报告，报甲方批准后组织实施。

8. 编制房屋、设施设备大中修方案报甲方批准后实施。

9. 依照甲方授权的内容与要求，代表本物业全体业主，维护业主、物业使用人的共同权益。

10. 对本物业的共用部分（含共用部位、共用设施设备）进行年度安全检查，发现安全隐患及时整改。

11. 乙方可以根据物业服务合同的约定聘请专营公司承担机电设备、清洁卫生、园林绿化、工程维修等专项服务，但不得将物业服务的整体责任以承包、租赁或其他方式转让给其他单位或个人。不得将保安、清洁卫生等重要专项业务承包给个人。

12. 应业主、物业使用人的要求，协调、调解相邻关系纠纷。

13. 协助维护物业服务区域公共秩序，做好安全防范工作，发生安全事故可采取应急措施，并应及时向有关部门报告，协助做好救助工作。

14. 向业主和非业主使用人告知物业使用的有关规定，当业主和非业主使用人装饰装修物业时，订立书面装修管理协议，告知有关注意事项和禁止行为。对违规装饰装修行为进行劝阻，劝阻无效的，应及时向有关行政主管部门报告。

15. 对改变房屋规定用途，利用住宅进行商品加工生产，违法储存易燃易爆、有毒有害等危险物品以及其他违法犯罪行为进行劝阻，劝阻无效的，应及时向有关行政主管部门报告。

16. 本合同终止，按有关规定移交全部物业服务用房、代管的公用设施、物业档案资料、专用账户资金和物品，并保证其完好、完整。

17. 以双方名义建立本体维修金和专项维修资金专用账户，并接受甲方监管，未经甲方同意，不得动用该账户资金。

18. 依照法律法规政策、本合同约定和管理规约的规定，对业主、住户违反相关规定的行为及时进行劝阻、纠正、公示等，必要时应报告相关主管部门。

19. 法律法规赋予乙方的其他权利义务。

第六章　违约责任

第二十二条　甲方违反本合同第二十条第九款的约定，致使乙方的管理服务无法达到本合同第三条、第四条、第五条、第六条约定的服务内容和质量标准的，由甲方赔偿由此给乙方造成的损失。

第二十三条　除前条规定情况外，经甲方考核评定，乙方的管理服务达不到本合同第三条、第四条、第五条、第六条约定的服务内容和质量标准，应按考核期内所收取的物业服务费的10%~20%的标准向甲方支付违约金。

第二十四条　乙方擅自提高物业服务费用标准的，甲方有权拒绝交纳超额部分；已被乙方收取的，甲方有权要求乙方按已收取费用两倍的标准向甲方支付违约金。

乙方违反法律法规的规定和本合同第二十一条约定的义务，或因工作失职、失误，给业主造成损失的，除赔偿相应损失外，还应向甲方支付相当于实际损失两倍的违约金；给业主造成重大人身、财物损失的，甲方有权提前解除本合同。

第二十五条　乙方违反本合同第十九条的约定，拒绝或拖延履行维修义务的，甲方可以自行或委托第三方维修，维修费用及造成的其他损失由乙方承担。

第二十六条 任何一方无合法理由提前解除合同的，应向对方支付违约金，金额为剩余管理服务期应收取（缴纳）物业服务费用的20%；由于解除合同造成的经济损失超过违约金的，还应给予赔偿。

第二十七条 乙方在合同终止后，不移交物业服务权，不撤出本物业和移交管理用房及有关档案资料等，每逾期一日应向甲方支付委托期限内平均物业服务年度费用10‰的违约金，由此造成的经济损失超过违约金的，还应给予赔偿。

本章以上各条所约定的乙方违约金和赔偿金，其支付方式为：在收到甲方《违约通知书》十日内，乙方向专项维修资金账户缴纳相应金额的资金。

第二十八条 以下情况乙方不承担责任：

1. 因不可抗力导致物业服务中断的；

2. 乙方已履行本合同约定义务，但因物业本身固有瑕疵造成损失的；

3. 因维修养护物业共用部位、共用设施设备需要且事先已告知业主和物业使用人，暂时停水、停电、停止共用设施设备使用等造成损失的；

4. 因非乙方责任出现供水、供电、供气、供热、通信、有线电视及其他共用设施设备运行障碍造成损失的。

第七章 附　　则

第二十九条 下列词语在本合同中，所赋予的定义是：

1. 专有部分是指在建筑物中依法取得独立使用并具有排他性独立空间或区域，包括为上述空间和区域内专用的计量设施和管线接驳终端以内的相关设施设备。

2. 共用部分是指物业服务区域以内，专有部分以外的，属于包括全体业主或两个以上业主共同所有，共同使用的场所、空间、设施、设备，具体范围按照国家、深圳市的有关规定执行。

第三十条 本合同期满，甲方决定不委托乙方的，应提前三个月书面通知乙方；乙方决定不再接受委托的，应提前三个月书面通知甲方，并在一个月内办理交接手续。

第三十一条 本合同期满，甲方没有将续聘或解聘乙方的意见通知乙方，且没有选聘新的物业服务企业，乙方继续管理的，视为此合同自动延续。

第三十二条 本合同终止后，在新的物业服务企业接管本物业项目之前，乙方应当应甲方的要求暂时（一般不超过三个月）继续为甲方提供物业服务，甲方业主（或交费义务人）也应继续交纳相应的物业服务费用。

第三十三条 双方可对本合同的条款进行补充，以书面形式签订补充协议，补充协议与合同具有同等效力。

第三十四条 本合同之附件均为合同有效组成部分。

本合同及其附件和补充协议中未规定的事宜，均遵照中华人民共和国有关法律、法规和规章执行。有关法规对物业服务活动同一事项的规定存在不一致时，按国家优于地方的先后顺序执行。

第三十五条 本合同正本连同附件______页，一式三份，甲乙双方及物业服务行政主管部门（备案）各执一份，具有同等法律效力。

第三十六条 本合同执行期间，如遇不可抗力，致使合同无法履行时，双方应按有关法律规定及时协商处理。

第三十七条 本合同在履行中如发生争议，双方可以协商解决，协商不成的，可以选择第二种法律途径解决：

1. 向××市仲裁委员会申请仲裁；
2. 向××人民法院提起诉讼。

第三十八条 本合同自双方签字盖章之日起生效。

甲方签章： 乙方签章：

××××××花园业主大会（业主委员会） ××××市×××××物业服务有限公司

负责人（业委会主任、副主任）： 法定代表人：

年 月 日 年 月 日